PPP革命

公共服务中的政府和社会资本合作

[英] 达霖 · 格里姆赛 (Darrin Grimsey)
[澳] 莫文 · K · 刘易斯 (Mervyn K. Lewis) ◎著
济邦咨询公司◎译

PUBLIC PRIVATE PARTNERSHIPS

The Worldwide Revolution in Infrastructure Provision and Project Finance

中国人民大学出版社
· 北京 ·

PUBLIC PRIVATE PARTNERSHIPS

目 录

再版序/曹远征 …… 001
中文版序 …… 019
前言 …… 027

第 1 章　PPP 的本质 …… 001
引言 …… 001
PPP 的本质 …… 003
PPP 的类型 …… 009
PPP 的一般特征 …… 012
具体特征 …… 013
关于 PPP 模式的问题 …… 014

第 2 章　基础设施领域的革命 …… 019
基础设施的性质 …… 019
基础设施的影响 …… 024
基础设施的公共特征 …… 029
基础设施商业化 …… 032
私营部门参与基础设施建设 …… 035
两条私营收费公路 …… 039

第 3 章　PPP 的起源 …… 045
引言 …… 045
历史 …… 046
英国的收费公路 …… 048
法国的特许经营之路 …… 054
私人融资模式 …… 068
DBFO 模式 …… 069

伙伴式项目管理模式……075
小结……079

第 4 章 PPP 与传统形式的基础设施采购……080
引言……080
传统采购方式的不足之处……081
PPP 是答案吗？……088
PPP 中政府角色的转变……091
PPP 的优势……096

第 5 章 合作协议的框架……103
采用 PPP 模式的最佳时机……103
什么是核心政府服务？……105
案例：医院……108
案例：监狱……110
PPP 模式……114
PPP 的组织……120
参与者的角色……124
案例分析……127

第 6 章 PPP 中的问题……140
引言……140
商业预测……141
捆绑……142
融资成本……146
资金最佳使用价值……150
贴现率问题……154
资金最佳使用价值的证据……162
风险和不确定性……166
问责制……172
公共利益……176
PPP 取得成功的条件……180

西米德尔赛克斯大学医院项目 …… 182

第 7 章 风险管理 …… 190
PPP 的风险 …… 190
风险分担战略 …… 196
风险分析实践——实例研究 …… 203

第 8 章 PPP 的管理 …… 215
PPP 交易的各个阶段 …… 215
合同管理 …… 218
管理框架 …… 224

第 9 章 新兴市场中的 PPP …… 234
引言 …… 234
利益和难题 …… 235
私营部门参与基础设施项目 …… 238
融资结构 …… 242
PPP 的障碍 …… 246
一些可能的解决方案 …… 249
建立一个 PPP 小组 …… 252
特许经营供水项目 …… 254

第 10 章 结语 …… 260
PPP 的特点 …… 260
影响 PPP 的因素 …… 262
激励机制 …… 263
对 PPP 模式的担忧 …… 264

参考文献 …… 267
词汇表 …… 278
译后记 …… 284
再版后记 …… 286

再版序

PUBLIC PRIVATE PARTNERSHIPS

曹远征

中国经济正进入一个新阶段。一方面，因世界经济处于深度调整中，外需不足将持续一个相当长的时期，传统的出口导向型经济模式难以为继，内需扩大成为主要方向；另一方面，随着工业化的快速进行，中国已进入工业化的中后期，产品短缺已彻底消失，产能过剩也随之出现。随着居民收入的持续提高，中国经济结构正在向服务业转型。两者共同指向一个目标：城市化。2015 年末，时隔 37 年后，中国再次召开城市工作会议。以此会为标志，城市化不仅成为中国经济可持续增长的希望，也成为国家治理体系和治理能力建设的主战场。

现代基础设施是城市化的基础，是现代社会运转的必要条件。在中国经济的新阶段中，因城市化的加速而使基础设施的投资、建设、运营、监管成为热门的话题。初一看来，本书仅是汗牛充栋的各种有关基础设施文献中的一部晦涩的技术性专著，很难引起非专业人员的兴趣。并且本书作为一本专业性著作已于 2008 年在中国翻译出版。未曾料想，短短几年，竟然脱销而不得不再版。究其原因，除了中国正处于城市化的关键时期，需要基础设施安排方面的操作说明书外，更为重要的是本书还是一份与我们每个人都密不可分的公共产品供给方面制度变迁的总结。它为我们经营基础设施打开了视野，为我们管理城市提供了新的思考维度，为我们提升以城市为中心的现代社会治理能力形成了可资借鉴的操作规范，从而有助于提升我们治理现代社会的能力。从这个意义上讲，我愿意再次重复本书初版序言中的话："这场始于20世纪80年代，以政府和社会资本合作为主要内容的全球性制度革命，虽然静悄悄，但领域如此广泛，影响如此深远，正在持续、深刻地改变着我们所处的经济社会环境，不能不关注。"这里我还需要加一句话："对正处于中华民族从未有像今天这样接近伟大复兴的历史时期，在城市化进程的关键时刻，对包括'硬的''软的'在内的基础设施全面深刻而不是浅尝辄止的理解和体会，精心细致的而不是粗枝大叶的操作和管理，是国家治理体系和治理能力现代化建设中的有机组成部分，是中国经济社会可持续发展的重要一环，因此不能不倍加关注。"

一

政府和社会资本合作（Public Private Partnerships，PPP）是一种涉及基础设施的制度安排形式。按照制度经济学的理解，有效的制度安排是促进经济增长的关键。所谓有效制度，包含相辅相成的两方面的内容：首先，制度应具有内在的激励性，并由此形成动力使产品的生产数量的扩大和质量的提高可以持久进行；其次，制度应具有内在的节约交易费用的倾向，特别是在"外部性"普遍存在的现代经济中，降低整个社会的交易成本具有特别的意义。

PPP产生和发展的历史进程与制度经济学的逻辑进程是一致的。早在19世纪工业化初期，人们便意识到基础设施的重要性，它是构成各种独立经济活动的基础性外部条件。但也正是由于这一点，使它不同于私人产品而具有特别的性质。

第一，基础设施所提供的服务，例如供电，通常构成使用它们的各类产品总成本中虽不可或缺但却很小的部分，但是因"服务失败"(service failure)，例如停电，所造成的损失相对于服务供给的基础成本而言却是巨大的。这就需要基础设施维持庞大的甚至富余的持续的服务能力，因为其高昂成本令人生畏。

第二，基础设施所提供的服务具有巨大的外部性，其收益和成本不是由交易的一方而是由多方来分摊的。这种溢出现象因规模巨大不仅造成核算的困难，更易滋生机会主义的“搭便车”，或造成供给不足，或造成需求过度。

第三，基础设施所提供的服务，在固定成本一定的情况下，随着产出的扩大，平均成本下降，具有典型的规模经济特征。与此同时，它也高度依赖于范围经济。由于诸如铁路、通信线路等网络的存在，单个基础设施服务商提供两种或两种以上产品时的成本低于两个或两个以上服务商各提供一种产品的成本。基础设施的规模经济和范围经济的产业特征使其具有了自然垄断的性质。而这种自然垄断极易演变成为市场垄断，甚至行政垄断。

第四，基础设施所提供服务的资产具有专用性特点。基础设施的投资浩大，形成其专用性的资本成本相对于其运营成本不仅比例奇高而且具有沉没性。这意味着，当一项基础设施服务尚未提交给使用者前，其全部成本的大部分已经支出，而且不可改作他用。

第五，更为重要的是，基础设施所提供的服务具有公共性。如前所述，现代基础设施是现代社会的物质支撑，其服务是面向全社会的，利益是全社会共享的。即使那些不愿或无力支付此类服务的人，例如低收入群体，也不应被排除在外。很难设想，在现代城市，因收入低下而无权享用清洁自来水的情况。

基础设施的上述特征使其自产生之日起就陷入公共性和企业性的两难之中。所谓公共性与普遍服务相关，所谓企业性与提供服务的可维持程度相关。从企业性的角度观察，如果基础设施企业化经营，因盈利的约束，在降低成本、改善效率的同时，因自然垄断极易形成价格的提高，歧视性定价和对高支付能力区域服务的“撇奶油”行为等，势必伤害普遍服务目标。从公共性的角度观察，低收费或者免费最能满足普遍服务目标，这必然造成需求过度并需要政府的介入和巨额的财政支持，而一旦财政能力有限，其可持续性便令人怀疑。

历史表明，在工业化初期，基础设施供给如同其他竞争性私人产品一样由市场提供，随后，由于社会力量的博弈，基础设施的提供转到了政府一边。20 世纪 70 年代以前，各国的基础设施，特别是城市公共事业大多采用了“国有化”模式，其投资、建设、运营完全由政府承担，而作为产业主体的政府部门，尽管采用行政垄断的形式在理论上是次优的，但无论从行政管理还是利益驱动上说，这是唯一可行的制度安排形式。从这个意义上讲，当时的基础设施供给是公益型的行政垄断性的公营事业。

然而，随着经济社会的发展，维持公营事业的制度安排形式日益艰难。从表面上看，公营事业性质决定的低效率难以使既有的供给能力满足社会日益增长的需求，而巨额亏损造成的财政负担使既有供给能力的维持都捉襟见肘，更遑论投资扩大供给能力。基础设施供给瓶颈成为困扰社会的难题。从深层次看，一方面，随着居民收入的提高，消费者主权的诉求日渐高涨，产生了用商业规律约束基础设施的生产和销售，从而实现用更低成本提供更好的产品和服务的社会需求；另一方面，或许更为重要的是，由于资源的稀缺性，持续的经济发展就必须以效率为导向，以私营部门为产业主体，结合竞争机制的市场化制度安排是符合效率性要求的，而基础设施一般具有收入稳定、现金流充沛等特点，对追求稳定回报的社会资金具有极强的吸引力。于是在政府财力难以为继的条件下，使用者的需求与私营部门的投资冲动共同导演了以 PPP 为主要内容的制度变迁。

所谓 PPP，其本质是充分发挥政府（公共）部门和私营部门各自的禀赋优势，进行相互合作的制度安排。在这种制度安排下，产业运营由私营部门主导，不仅发挥了资金筹集和管理方面的优势，而且由于其明晰产权结构中内在的激励性而具有更敏感的市场边际效应能力，从而明显地提高了基础设施的经营效率。与此同时，在这种制度安排下，政府部门因其拥有制定规则的权力，可进行不完全对称性的制度设计和安排，特别是在市场准入、价格形成和公共服务方面监管和督促运营企业为社会提供不间断的物美价廉的产品和服务。从这个意义上讲，这种兼顾效率和公平的互补性的关系，正如本书书名所示，是一种旨在增加基础设施供给的“政府和社会资本合作”，显然，这是对政府与私营部门或对立或从属的传统关系的革命，是制度的创新。

二

PPP 虽然是发生在基础设施领域的制度创新，但却具有深刻的社会影响，按照本书的理解，基础设施更宽泛的定义是“经济代理机构可用的所有物质、制度和人文能力的总和”。它包括三个部分：一是物质基础，例如电信、交通、能源、供水等在内的构成其他直接生产性活动的投入，是经济实物资本的一部分。二是人文基础，包括例如统计、管理、财务、融资、营销等商业技能在内的对经济生产有帮助的人们的事业进取心、智力和技能。三是制度基础，包括塑造经济行为和决策制定过程的内部和外部的、正式和非正式（风俗习惯）的制度。作者认为，“市场经济的关键基础不仅仅是物质基础，还应当包括市场本身以及相应的制度和政策。这些制度和政策有利于支持和促进市场……”，并影响着成本—收益分析。

据此，本书将基础设施分为经济和社会两大类，并因其物质形态不一，又区分为硬软两种。在经济基础设施中，硬设施包括交通、电信、能源等，软设施则包括职业培训、商业金融服务、研发促进和技术转让等。在社会基础设施中，硬设施包括医院、教育、排污、养老，甚至监狱等设施；软设施则包括社会保障系统、社区服务等。作者暗示在这个定义宽泛的基础设施领域，都可尝试用 PPP 模式进行制度创新。这就引出了一个饶有兴趣的问题，即 PPP 的革命性的社会影响。它表现在以下几个方面：

第一，什么是公共产品。一般以为公共产品区别于私人产品的重要特征在于该产品具有非竞争性和非排他性。所谓非竞争性是指一个人对公共产品的消费不减少或不影响其他人对这种产品的消费。所谓非排他性是指该产品一旦生产出来，可以同时为一个以上的个人联合消费。无论个人对这种产品是否进行支付，排除他人消费是不可能的。长期以来，受制于经济发展水平、文化习俗以及社会利益集团的博弈等因素，人们相信，某种产品只要具备上述特征中的任何一条，它便是公共产品而必须由政府提供。但事实上，更多的产品并不同时具备上述两条特征。某些产品具有非竞争性，但却具有排他性，成为俱乐部性的公共产品；某些产品具有非排他性，但它的使用量达到一定水平后又具有竞争性，成为拥挤性的公共产品。显然这类产品虽具有某种公共产品的特征，但又不全然是公共产品，至多是准公共产品。这类产品可以不由政府独家提供，成为 PPP 的首选。更有甚者，那些被视为绝对的公共产品的产品，如司法、国防等，也因时代的变化而渐渐变成某种准公共产品，也可以实行 PPP，本书列举的英美监狱的情况便是例子。由此推想，法国的“海外兵团”，即雇佣军提供的国防服务似乎也可以从这里找到答案。

第二，什么是核心政府服务。准公共产品领域的扩大，对政府的职能提出了挑战。从经济学意义上讲，公共产品特别是准公共产品的提供应遵循比较优势原则。如果政府提供服务比市场提供更具优势时，就应该由政府提供。但现实的情况往往出人意料，由于政府的治理结构迥异于企业的治理结构，在商业项目中，政府机构难以形成像企业机构那样的内在激励机制；政府行政层次的组织方式，相对于企业的组织方式，不仅信息搜寻和传递成本高，而且决定了它是风险厌恶性的，从而创新不足。凡此种种使政府在提供基础设施服务方面处于比较劣势。这种劣势不仅构成政府和社会资本合作兴起的条件，也成为政府职能转变的原因。那么，什么是核心政府服务？按照本书的理解，政府的基本职责是“提供一种我们可用以修改规则的途径，调解我们在规则含义上存在的分歧以及强制少数不遵守游戏规则的人遵守规则”。这实际上是表明政府的核心服务是制度的生产。建立和维持一整套法律和制度体系，以保障经济社会的正常运转是政府的主要功能。如果说政府还是“有责任照顾社会中的穷人和其他弱势群体”，为他们提供公共产品的话，提供的最佳方式不是生产，而是购买。因为“PPP 的本质在于公共部门不再是购买一项资产，而是按规定的条款和条件购买一整套服务”。

第三，什么是私营部门。基础设施投资浩大，传统上认为这是构成私营部门不愿或无力从事基础设施供给的重要原因，因此只能由政府从事，但是现代金融理论和金融技术的发展，可以针对不同项目的特点设计不同的融资方式，这些设计既可针对整个项目的全流程，也可针对项目的某个或某几个环节。这种因项目而异、因流程而异量体裁衣式的金融工程，衍生了多种融资形式，诸如 JV、BOO、BOT、BOOT、DBF、DBFO、DBFOT 等，这从本书列举的众多案例中可窥见一斑。基础设施工程和金融工程相结合架起了社会资金与基础设施的桥梁，不仅使资金筹措问题大为改观，更为重要的是它使私营部门的性质也发生了变化。有别于传统的私人资本，金融工程所筹措的资金是具有社会性的，它是通过不同的金融工具在金融市场上向社会大众募集的，这些社会大众是最终的所有者或债权人。相形之下，那些基础设施的投资公司或运营公司，即便具有私人性质，也是不完全拥有最终剩余索取权的代理公司，从这个意义上讲，在多数情况下，PPP 下的私营部门已不再是原来纯粹意义上的私营部门。

由上所述，PPP 不仅影响我们赖以活动的基础设施供给，而且更为深刻地影响着我们的社会关系，调整着我们的社会角色。或许从这个角度，我们可以理解作者为什么在书名中使用“革命”一词。

三

发生于基础设施领域的 PPP 的制度变迁是一种诱导性的制度变迁。与强制性制度变迁不同，它是从微观制度入手，通过一丝一扣的改进，逐渐累积而成的，属一种帕累托最优的改进的渐变形式。这一点集中反映在针对基础设施投融资的金融创新上。

传统认为，金融活动的本质是资金的融通，而资金交易的核心是资金的时间价值。对于基础设施而言，一次性投资大，非小型金融机构能独家完成；回收周期长，又极易造成资金来源与资金使用的期限和结构错配；与此同时，更为重要的是，由于其具有公共产品的性质，其定价与收费机制难以完善，使其回报存在着极大的不确定性，不易确定资金的时间价值。因此，商业金融机构不宜介入。如果要介入的话，则需要政府通过公开或隐蔽的形式，或在股本方面承诺固定回报，如使用时数和单位价格等，或在债务方面担保还款来源及利息。而由于这一承诺和担保，基础设施的投资和运营无论形式如何，基础设施利用商业性金融资源的主体必然是政府，必然成为政府财政未来支出的组成部分。这就是 20 世纪 70 年代前发生的情况。

然而，随着时间的推移，人们认识到面向未来的投资都是具有不确定性的，不确定性构成了风险。任何资金的交易都是对不确定性预期的合约，即风险合约。不同的风险采用不同的处置办法，形成不同的风险合约，这些不同的风险合约形成了金融市场上的不同产品。由此，不确定性所产生的风险既是金融活动存在的更深刻的理由，同时也成为金融机构推动对风险识别和控制技术的研究与应用的动力，催生了包括资金的时间价值、资金的风险价值和风险管理体系在内的现代金融工程。以此为标志，形成了有别于单纯以资金时间价值为核心的传统金融活动的全方位金融创新。

以风险管理为导向的金融创新观念重新审视有关基础设施的投融资，可以发现，在风险不能识别和控制的条件下，政府的承诺或担保成为商业金融介入基础设施的唯一的风险控制办法，换言之，一旦从技术上而不是概念上识别基础设施的风险所在，一旦从流程细节上而不是从整体轮廓上构造对基础设施的风险控制，基础设施投融资的风险是可以分散于公共和私营部门的，是至少可以部分满足社会资金的风险偏好及承受能力的。社会资本进入基础设施的壁垒，因之而大大降低。从这个意义上讲，“PPP 不仅只是伙伴关系的一种‘模式’，而应该是一个确保以有目的的方式全面考虑并评估所有风险的过程”。

基于这样的理解，作者认为 PPP 的成败取决于细节。“由于双方都承诺为项目的成功提供资源和信誉，因此伙伴关系依赖于具体的成本共担协议、风险降低和风险分配的详细分析。”本书的表 7—1 详细列举了基础设施的投资风险，并用大量篇幅描述分析了不同类型的风险，其意图是明显的，只有充分揭示了风险点，才能将风险点进行合理的组合，并视政府与私人的性质而进行分散，才能铺平社会资金进入的道路。而项目融资是满足这一需要的恰当形式。

所谓项目融资是指以该项目所产生的现金流为基础的有限追索的融资方式。这种融资方式既可以覆盖项目发展、设计、建设、运营、管理的全流程，如 BMFOM，也可视具体情况不同而针对流程中的某一个或某几个环节，如 BOT 等。由于巨额项目在时间上可以分为不同的步骤，在空间上可拆成不同的环节，从而为小额资金根据自己的风险偏好进入不同的步骤或环节提供了便利，形成了杠杆融资、结构融资、租赁融资等多种产品合约形式。更为重要的是，由于在每个步骤或环节的合约中风险界定清晰，使这些合约可以在市场上转让，既满足了社会资金退出的需要，而且也发挥了金融市场风险分散的作用。其结果又为融资的顺利进行提供了条件。

这里，我们不想就项目融资的方法做出评论，而想集中于背后预示的制度经济学意义。就基础设施领域而言，因其具有公共产品的性质，一方面，制度安排形式的变化会遇到强大的社会阻力，使其不易变动；另一方面，一旦变动起来，又会是爆发式的、强制性的，不受控制。这也是为什么各国的基础设施领域长期以来一直采用国有国营形式，财政不断补贴而又不敢改革的重要原因。在这种情况下，唯有具有帕累托最优改进性质的诱导性制度变迁，因引起的社会震荡较少而成为基础设施领域制度变迁的合意形式。而以演进形式为特点的诱导性制度变迁的关键在于找到可以在一丝一扣上改进制度安排形式的工具和技术。也就是说，诱导性的制度变迁蕴涵于工具和技术的创新上。项目融资提供了这样一整套的工具和技术。项目融资的核心在于寻求资金的最佳使用价值，即“满足用户要求的整个寿命期成本和质量（或者用途适应性）的最优组合”。这种资金最佳使用价值的寻找是利用市场机制，“在竞争的环境中授予项目”，利用金融工程技术“严格应用经济评估技术（包括适当的风险评估）”，以便“公共部门和私营部门分担风险”；同时，要比较成本，“公平、现实和全面地对比公共融资和私人融资”。通过项目融资这一整套的工具和技术运用，在基础设施制度层面上形成了这样的格局：“公共部门掌握诸如土地、不动产等资产和通行权，并能在计划过程中，授予开发过程中购置基础设施的权力。私营部门引进外部资金、专业技术和激励机制，以最有效的方式推动项目的发展。”

“于无声处听惊雷”，项目融资在细节上界定了政府与私人不同的风险偏好，并形成细致的风险合约，这种点滴的金融创新推动了点滴的制度创新，积涓涓细流，终成就了 PPP 大业的滚滚波涛。从这个意义上讲，静悄悄的革命更为重要。

四

中国是一个发展中的经济体。由于其经济发展的后进性，基础设施供给能力相对薄弱，而由于其经济发展的快速性，对基础设施的需求十分强劲，两者之间形成鲜明的反差。受这一基本国情的制约，新中国成立后，基础设施建设及其服务完全依赖于政府的能力。

部分是要形成政府的保障能力，更重要的是加速工业化，实现赶超，为此中国采取了动员性的即高度集中的计划经济体制。反映在宏观方面，是用指令性计划取代竞争性的价格机制来配置资源；反映在微观方面，是用行政性生产单位取代优胜劣汰的自由企业制度。而基础设施领域相关制度安排不仅是这个体制的集大成者，同时也是这一体制运行的基础条件。通过基础设施的准政府的行政事业垄断经营，可以进行价格控制，并以此不计成本来支持赶超性的工业化。先工业后农业、先投资后消费、先建设后生活成为基础设施投资和运营的基本方针，其结果必然是以低廉的价格保障工业，以低劣的质量服务社会，于是，当时中国的城市是一种半城市化，呈现出这样一番景象：在宽阔马路的一边是高大厂房的生产区，在马路的另一边则是“干打垒”构成的简陋生活区。这种景象在新兴工业基地的典型代表是大庆，在老工业基地的典型代表是沈阳铁西区。

高度集中的计划经济体制在促进经济发展的同时，也存在严重的弊端。反映在基础设施方面，长期依赖政府的财政。不仅资金来源单一，建设投入不足，而且由于价格不能补偿成本，亏损严重，随时威胁着经营的可持续性；准政府事业垄断经营，政企不分、政事不分，承担大量的政府义务。不仅社会负担重，运营效率差，而且由于长期的行政垄断，服务意识淡漠，并滥用垄断权力，霸王条款屡屡出现。改革成为历史的必然。

改革既然起步于高度集中的计划经济体制，其逻辑和实践起点首先就是减少集中度，表现为行政权力尤其是决策权力的下放。在中央与地方关系上体现为简政放权，地方政府有更大的决策权；在政府与企业的关系上体现为放权让利，不仅企业有了经营自主权，而且还有利润留成；在企业与职工的关系上引入奖金制度，允许干好干坏不一样；在国家和农民的关系上，废除了粮食的统购统销，取消了人民公社制度，实行家庭联产承包责任制度。在农民经营自由的基础上，鼓励农民多劳多得。

这一系列制度性的放权安排，使中国的城市化道路开始摆脱传统模式，相应地引致了基础设施领域制度安排的变迁，表现在以下三个方面：

第一，在以家庭联产承包责任制为基础的农村经济体制改革中，农民可以自主投资、自主经营，使中国的工业化不再是国家主导的工业化，而呈现典型的亚洲工业化特点，即一些富裕农民受工业化规律支配而投资于工业，乡镇企业蓬勃发展，其聚集发展改变了原有的城市布局，小城镇开始涌现。与此同时，城镇建设资金也不依赖于财政拨款而多采用集资、入股等所谓自筹资金的方式安排。从某种意义上讲，这是中国最早出现的政府制定规则、民间投资运营的具有典型意义的 PPP 模式。

第二，原有的城市是国有企业的聚集地，在以乡镇企业为代表的非国有企业的激烈竞争中，国有企业业绩普遍不佳，甚至亏损严重。这不仅极大地影响着地方财政收入，而且因工人下岗，就业形势严峻化迫使地方政府必须招商引资。为吸引投资者，“三通一平”的基础设施就成为基本条件，而老城区改造成本较大，于是多采用在老城区旁建新城的方法，开放区模式由此而大行其道。这是一种具有中国特色变种形式的 PPP。政府不仅制定规则，而且作为主导方参与基础设施投资，负责运营。社会资本更多的是在资本层面上参与，通常只表现为财务收益上的固定回报。

第三，简政放权为上述城市化发展提供了充分条件。20 世纪 80 年代，随着家庭联产承包责任制的广泛发展，从农村动员经济剩余的途径已经堵塞，与此同时，随着对国有工业企业的放权让利，以利润为基础的财政收入又呈下降趋势。前后夹击，动摇了原有的财政基础，财政体制不得不改弦更张。1984 年后，一方面在财政收入上开始推行“利改税”，另一方面在财政支出上开始推行“拨改贷”，与此同时，在政府间关系上开始推行“分灶吃饭”，即中央和地方各自承担本级财政支出。财政体制的这一变动，为地方政府满足本级财政支出而组织财政收入奠定了前提条件。长期在高度集中计划经济体制下所形成的工业化和城市化脱节，造成了城市化欠账，再加上农村剩余劳动力转移就业的压力巨大，迫使地方政府必须以极大的努力去组织收入以满足支出。预算外收入由此产生，而且增长迅速，并日益成长为政府基础设施建设最主要的资金来源，在基础设施供给大幅增加的同时，继续沿用着传统准政府事业经营的体制模式。

制度经济学研究表明，制度变迁有“路径依赖”的特点。一旦初始条件给定，制度演进会在初始条件所规定的发展可能性空间展开，并在这一展开的过程中不断强化对这一路径的依赖倾向。在中国的城市化中，20 世纪 80 年代由决策权高度集中到决策分散这一放权安排，改变了初始条件并引致上述三个方面的变化，而这些变化中都暗含了一条共同的路径——可以不用正规的财政资源（由税收构成的一般性财政收入）来实现城市发展的资金安排。并且随着时间的推移，在各地方的相互竞争和模仿下，这一路径日渐清晰起来，这就是土地批租制度，即通过生地变熟地来使土地增值，进而通过变现来筹措资金。除用于基础设施建设和讨偿债务外，还可以以地养地，滚动开发。“土地财政”的基因由此奠定。

1988 年，国家开发银行与芜湖市政府在国内首创了城市基础设施贷款领域的“芜湖模式”，即把若干个单一的城建项目打包，由市政府构建的融资平台作为统借统还借款法人，由市政府建立“偿债准备金”作为还款保证。2000 年，国家开发银行与苏州工业园区的合作进一步发展了这一模式，创造出一种崭新的制度安排，即政府出资设立商业性法人机构作为基础建设的借款机构，使借款方获得土地出让项目的收益权，培育借款人的“内部现金流”；同时通过财政的补偿机制，将土地出让收入等财政型基金转化为借款人的“外部现金流”，两者共同发挥作用，使政府信用有效地转化为还款现金流。这就是人们所熟知的“地方融资平台”模式。

地方融资平台是原有的开发区模式的演进形式。与传统的基础设施的准政府事业经营体制相比，地方融资平台本身就是经营主体，负有自负盈亏的责任承担、筹措资本偿还债务的义务，并因此是准商业化的企业法人。也正因为如此，不少地方融资平台及基础设施经营单位尝试引入民间力量参与投资和经营，诸如承包经营、租赁经营、合资建设、政府采购等多种支付社会资本合作形式开始涌现。但是与典型的 PPP 相比，它由政府主导，其治理结构更类似于政府，而与商业组织有重大区别。由此，尽管参与其中的社会资本有投资权、经营权及收益权，但常常难以得到有效的保障，从而广为诟病。

毋庸置疑，由开发区模式演变而来的地方融资平台是改革开放以来基础设施建设的创新尝试。它跳出了完全依赖政府出资、受制于政府能力的窠臼，动员社会各界参与，集资办基础设施，有力地促进了基础设施的发展。与此同时，必须指出的是，这种以地方融资平台为骨干的基础设施投资运营，尽管有某种 PPP 的味道，可毕竟因政府主导，商业考虑欠缺，在基础设施建设突飞猛进的同时，其不可持续性也日益显现，并集中反映在其债务负担的加重上。特别是在 2008 年，为抵抗全球金融危机带来的经济衰退，中国启动了 4 万亿元的经济刺激计划，新建、在建的基础设施项目大幅增加，除财政投资外，更多地方政府采用了负债经营的办法，地方融资平台模式备受青睐。与此同时，金融系统对城市基础设施投资的信贷约束大大放松，也为负债投资提供了方便条件。数千家政府性公司的资产负债表迅速膨胀，负债规模急速上升。

不断增加的地方融资平台以及不断攀升的地方负债规模令人担忧。面对不断到期的地方应付债务，国内外金融市场十分警惕。

更大的疑虑在于，现有的基础设施融资模式基于这样一个假设：在中国快速、持续的城市化进程中，城市的土地价值将在相当长一段时间内处于上涨趋势。地方政府的债务融资可以依赖土地储备作为抵押品，并以土地升值作为还款来源。但是随着中国人口老龄化程度的加深，中国“地”的城市化高峰已过，房地产刚性需求将呈下降之势，房地产价格还会持续上涨吗？

“痛定思痛”，正是由于地方融资平台不可持续性开始显现，依靠它来投资运营基础设施的可靠性令人生疑。它促使人们反思，开始向新的方向张望。我想，这是成书于十余年前艰涩枯燥的专业性著作——本书在中国再次畅销的原因。

五

本书是一本专门介绍 PPP 模式的专著，第一版的书名是《公私合作伙伴关系：基础设施供给和项目融资的全球革命》。国内目前将 PPP 模式约定俗成地称为“政府和社会资本合作”。依照这一通称并避免歧义，本书再版的书名也相应地改为《PPP 革命：公共服务中的政府和社会资本合作》。但是称谓的变化并不改变其内涵。PPP 的实质在于充分发挥政府（公共）部门和私营部门各自的禀赋优势，兼顾效率和公平的互补性合作，核心在于公私的伙伴关系，只有公私两方处于平等地位才可以成为伙伴，也才有真正意义上的合作。反思依靠地方融资平台来投资运营基础设施，其弱点也正在于此。尽管这种模式不再与私营部门对立，从而有别于传统的依靠政府出资、准事业经营模式，但是，毕竟还未脱胎换骨，仅演进为政府主导、私营部门从属的关系，与真正的伙伴关系还相去甚远。也正因为如此，其投资理念、运营原则、项目管理与纯粹的商业考虑明显分野，并在项目实施时不断产生冲突。商业的不可持续性导致了基础设施现有投资运营模式的不可靠性。从这个意义上讲，构建公私伙伴关系是 PPP 模式在中国健康发展的真谛，是基础设施管理体制和投资运营机制改革的关键。

目前，在中国发展基于公私伙伴关系真正意义上的 PPP 模式的条件已经成熟。一方面，随着中国经济的转型升级以及居民收入的持续提高，对基础设施质量和服务的需求日益旺盛，并且范围日趋广泛，不仅是“硬”的基础设施，而且扩展到诸如文化、教育、医疗、体育、环保、养老等为数众多的“软”的服务领域。而这些领域，投资门槛低而质量要求高，需求个性化而呈现多样性，市场变化快而需灵敏度，私营部门具有天然的适应能力，成为 PPP

大发展的有利环境。另一方面，随着中国进入工业化的中后期，以投资驱动经济增长的历史使命告一段落，中国政府职能也因此由建设型政府向公共服务型政府转变，由此决定，在政府与市场的关系上，市场开始起决定性作用。提供公平竞争的制度环境并加以监管执行成为公共服务型政府的第一要务，反映在基础设施建设方面，市场准入、价格形成和不间断地提供公共服务的专业性监管体系和能力正在建立，开始为 PPP 健康发展提供制度保障。

正是基于对中国经济社会的新变化的深刻认识，基于对全面建成小康社会所要求的国家治理体系和治理能力现代化的目标追求，中国共产党十八届三中全会提出了全面深化改革的历史任务。其中，PPP 模式登上舞台。2014 年 9 月 23 日，财政部颁布《关于推广运用政府和社会资本合作模式有关问题的通知》，同年 12 月 2 日国家发改委颁布《关于开展政府和社会资本合作的指导意见》，这两个文件一道对政府和社会资本合作模式进行了详细明确的界定，成为新时期我国发展 PPP 模式的纲领性文件。随后财政部和国家发改委分别颁布了《政府和社会资本合作模式操作指南（试行）》和《政府和社会资本合作项目通用合同指南》，对 PPP 操作进行了详尽说明。更具有标志性意义的是 2015 年 4 月 25 日，国家发改委等六部委联合颁布《基础设施和公用事业特许经营管理办法》，把 PPP 模式纳入统一的制度框架。

在制度规范的同时，PPP 在中国的应用也在深化中。2014 年 12 月 4 日，财政部首批推出了投资规模达 1 800 亿元的 30 个示范项目，涉及供水、供暖、污水处理、垃圾处理和新能源汽车公共充电线设施等多个领域。2015 年 9 月 29 日，财政部又公布了第二批示范项目 206 个，投资规模达 6 589 亿元，投资领域扩展到文化、旅游、科技、养老、教育等服务领域。2015 年 5 月 25 日，国家发改委在其门户网站专门开辟了 PPP 项目库，首批公布项目 1 043 个，涵盖水利、市政、交通、资源环境等众多领域，总投资达 1. 973 万亿元。2015 年 12 月 19 日，发改委又颁布了第二批 1 488 个项目，总投资达 2. 26 万亿元。至

2015 年底，财政部和发改委两个批次公布的项目总投资额已经超过 3.4 万亿元。

通观中国政府有关 PPP 的相关文件以及项目清单，可以得知，PPP 除迎来黄金时期外，还出现了新的特点。以 2014 年 10 月 2 日国务院办公厅下发《国务院关于加强地方政府性债务管理的意见》为标志，明确了要逐步剥离地方融资平台的政府融资职能，推广 PPP，使部分地方政府债务转化为企业性质的债务。换言之，将地方融资平台的项目打开，在项目本身的收入和现金流基础上讨论债务重组和后续融资安排，并鼓励社会资本积极参与。这实际上是另一种形式的项目融资安排。与传统项目融资安排相比，其顺序发生了变化，不再是建设、运营、移交（BOT），而是移交、运营、建设（TOB），只不过这里的移交不是私营部门移交于政府，而是政府以移交或授权的方式交给私营部门运营。这是对传统项目融资安排的创新。从这个意义上讲，PPP 在中国正孕育着新鲜经验。

我们正处于全面深化改革的时代，这是一个激动人心的时代。面对市场化取向的基础设施的改革在全国范围内展开，我们不仅仅需要改革的热情，还需要科学的理论指导、缜密的操作安排。对 PPP 的理论研究和方案设计，从未像今天这样迫切。所幸的是，早在 21 世纪初，一大批有志于建立中国特色基础设施新体制的理论研究和实际工作者就走到了一起，相继成立了相关的学术团体和咨询顾问机构，开展了一系列的研究活动和实务咨询，形成了学术积累和操作经验，并愿意以此回报社会。事实上，本书的译者——济邦咨询公司在繁忙的商务活动之余从浩瀚的文献中挑选此书，悉心翻译，认真修订，中国人民大学出版社精心编辑，两次出版，宣传推广，正是这种“位卑未敢忘忧国”拳拳之心的真实写照。在这里，我愿意再次援引在初版序言中的结语：“包括诸如济邦公司在内的一大批致力于中国基础设施现代化建设的同人都怀有共同的宗旨：以科学为基准，为政府提供改革思路、政策和法律建议，为企业寻找发展道路并提供解决方案，为社会提供高品质的学术资源。我们以为，遵循这样的宗旨，既是发展中国经济和建设和谐社会的现实需要，更是当代中国知识分子应尽的义务。”

是为再版序。

2016 年元旦

非常高兴能受邀为我们这本书的中译本作序。借此机会，我们想回顾一下写作本书的初衷，同时也对本书英文原著 2004 年出版后以来市场的发展情况做一个思考。我们希望就中国如何从政府和社会资本合作（PPP）模式的实施中获益以及中译本如何有助于这一目标的实现提出我们的一些建议。

我们为什么要写这本书？私营部门参与基础设施已经有很长的历史，比如英法海底隧道，英国和美国以私人收费公路形式发展公路系统，英国、法国、美国、加拿大和南美的铁路系统，伦敦的地铁网络以及法国的供水等都得益于 PPP 模式。另外，印度的殖民开拓和南澳大利亚建州也都足以作为 PPP 的范例。写作本书的原因之一就是展示这一段丰富的历史。

但这并不是写作本书的主要原因，PPP 涉及工程、经济、金融、会计、公共政策等多种不同的学科门类，但我们认为没有单独哪一个学科能够抓住 PPP 的实质：工程学强调项目管理及一揽子合同的缔约和管理；经济学关注一揽子合同的交易成本和贴现率问题；金融学从项目融资的角度将 PPP 看作结构融资的一种形式；会计学则更注重 PPP 模式的会计处理，以及公共部门是否应当将项目形成资产列入资产负债表的问题；研究公共政策的学者则把 PPP 视作私有化进程中的一个环节（而我们认为并不尽然）。对 PPP 的研究不仅应整合这些不同的视角，而且还需要分析某些未被关注的特征，比如不确定性和激励结构的显著作用。

现有的 PPP 理论就是这样在不同学科门类中被肢解和片面理解的，不仅如此，在不同的国家，PPP 的理论研究侧重点也各不相同。英国当然更关注私人主动融资（PFI），PFI 在国家医疗健康服务体系中扮演什么样的角色这个问题受到（几乎是病态的）关注。在澳大利亚，城市收费道路和收费隧道很早就已经开始使用 PPP 模式运作，风险分担机制和融资模式引起了诸多争论，理论研究也主要围绕这些主题开展。在美国，PPP 也已经有了很长的历史，但与英国和澳大利亚不同的是，美国的 PPP 更多是在政策层面而不是项目层面的合作。这种由政府和私营部门合作共同规范教育、交通、技术政策和城市改造是美国理论界研究的核心问题。有意思的是，虽然法国在制水输配、污水处理、城市供热、垃圾处理等领域采用特许经营形式的 PPP 模式有着很长的历史，但法国几乎没有关于 PPP 的理论研究，也许对他们来说特许经营协议平凡得不值得一写。

我们写作这本书的初衷就是要综合以上所有的观点和理论，以全球化的视角来研究 PPP 市场。此外，我们认为，在一定程度上，由于理论研究和实践的脱节，现有的研究理论对 PPP 的评价并不恰当，我们试图通过这本书来弥合这种差异。

由于我们各自不同的背景——PPP 的实际运用者、学者、工程师和经济学家，使得我们自信能够实现上述的目标。也许，中译本的出版可以看作是在某种程度上实现了我们的既定目标。

2004 年以来发生了什么？在如英国和澳大利亚这样已建立 PPP 的市场，2004 年以来，有更多的项目启动或者完成融资。在世界各地，PPP 模式的应用越来越广泛，更多的证据表明 PPP 的方法在基础设施领域比传统采购方式更有利于实现资金使用价值（VFM）。

本书中我们提供的最近的一个关于 VFM 比较的案例发生在 2003 年的英国。2003 年英国财政部对 61 个 PFI 项目进行调查，发现 89% 的项目提前或准时交付，所有的项目都在预算内完成。另外，2003 年英国国家审计署也对 PFI 项目的施工建设情况进行了调查，与采用传统采购方式的项目不同的是，绝大多数 PFI 项目都按时（PFI 项目 76%、传统采购项目 30%按时完工）并在预算内（PFI 项目 78%、传统采购项目 27%在预算内完工）完工。值得注意的是，在 PFI 项目中，没有一例需要由公共部门来承担超出预算的成本，这是与以前不同的，在非 PFI 模式下，项目遇到困境时相关的成本都是由政府预算来消化的。

从那以后，对传统采购和 PPP 项目的建设情况的比较数据逐渐积累起来。传统采购的结果是：

● 2005 年丹麦一项对 210 个交通项目的研究发现，铁路项目的客流量预测平均超出实际的 106%，而一半的道路项目预测流量和实际交通流量之间相差 20% 以上。

● 2004 年英国财政部的一份报告指出，传统采购方式下，实际项目成本比计划高出 2%～24%。

下面是在建设施工方面，传统采购和 PPP 项目的对比统计：

一家欧洲投资银行对其参与融资的 10 个 PPP 项目进行了深度研究，只有 3 个项目发生了工期延时或超支的情况，但相关的费用是由项目的发起人而不是公共部门承担。与此形成对照的是，50 个以传统方式采购的基础设施项目中，60% 延期超过一年。

上面的数字揭示了在建设成本和建设周期上的差异。VFM 校验以传统采购方式下项目发生的成本（公共部门比较值或 PSC）为基准，对 PPP 方式进行参照对比，这种方法使得我们可以将 PPP 方式所能获得的综合效益进行量化。显然，由于所有项目都还在实施过程中，项目的实际效益还很难计算，因此评估时采用的是预测的项目结果。

● 2003 年的一份报告指出英国国防 PPP 项目合同相比传统采购方式节约

成本5%～40%。

● 2004年澳大利亚对维多利亚伙伴关系政策进行了一项调查，找到了PPP模式提高净收益的有利证据：参与评估的8个PPP项目，其加权平均节省费用为项目全部投资的9%。

● 在德国，2004年开始实施的一项针对PPP项目的小型试验，VFM校验分三步实施：选择项目阶段；招标前预测VFM收益；招标以后采用中标方的数据进行VFM计算。项目运行至今，已经计算了PSC的基准数值，招标前对所有项目进行的VFM收益预测为1%～25%不等，招标以后根据中标方数据计算得到的VFM收益则为6%～15%。

最后，本书中还包含了一系列案例分析，荷兰Delfland污水处理PPP项目（欧洲最大的水务PPP项目）在2003年完成，预期比PSC节约15%的成本。在本书中（以及2005年发表的一系列论文中），我们提供了8个PPP项目，其中3个没有做PSC计算，资金价值是通过竞争性招标程序实现的，还有2个案例，VFM收益很小（低于0.5%），剩下的3个项目中VFM收益为9%～16%。

2004年以来发生的另一个变化是“混合型”PPP模式的出现，模糊了传统的PPP和公共采购模式的界限。虽然有充分的、压倒性的证据表明PPP相对于传统采购模式的优势，但PPP的推行并不是没有困难的。对小型项目来说，采用PPP模式过于复杂，并且成本很高。有时候PPP模式的运作和管理超出了公共部门的能力范围。另外，有些项目周期较长，要精确定义项目成果非常困难。这些问题催生出了新的混合型PPP模式。新的模式有利于降低采购成本、对基础设施的需求保持适度的弹性，体现了不同程度的PPP，但仍以清晰的责任界面和适度的激励为基础。

出现了多种不同形式的“管理合同”，公共部门雇用一个合同商在一个总价合同下代表政府管理包括设计、建档和建造在内的全部或部分（总价包括管理费和子合同下提供服务的工作成本）。采用这种类型合同的优势在于它的灵活性，并且管理公司能够充分运用他们在采购、建档和分包等方面的专业能力。

这种管理合同的一种形式是“渐进式伙伴关系”。政府和私营部门缔结一个框架合同，由私营部门代为采购必要的基础设施和服务。随着项目要求的逐步明晰，政府部门可以取消单个的合同而不必受任何长期承诺的约束。私营部门通过竞争程序向分包商采购服务和设施，利用自己的采购专业能力获得最优惠的交易。私营部门对服务水平满足项目要求承担最终责任。然而，当局保留使用其他服务提供商的权利，在这种情况下管理合同和许可证可能回过头来被授予公共部门。这样可以避免缔结大额合同，公私双方作出长期承诺并受其约束，造成更改困难的情况。

英国出现的另一种情况是捆绑一批项目，分阶段实施。这种方式是与一个单个的合同商签订合同，内容包括分步实施几个小型项目，这样可以降低交易成本、缩短采购程序。这种方法的基础是建立一家合资公司，不同的公共部门在合资公司中拥有少数比例的权益。这样就可以由这一家私营伙伴来完成最初的工作，建立资金使用价值的基础数据，随后公共部门可以通过合资公司的运营以市场化途径检验项目方案成功与否。英国的地方金融改善基金（LIFT）就是通过这种模式以伙伴方式提供地方基础医疗，并完成“Building Schools for the Future”计划。

“联盟”也是一种采购模式。在一个“联盟”协议下，在营造“不责备”和“结果导向”合作文化的基础上，公共部门和合同商分担风险。其中，合同商根据直接成本加公司管理费用和合理利润获得报酬，当然这要建立在会计公开的基础上，要确定完成项目的目标成本。当项目以低于目标值的成本完成时，双方分享收益，同样地，超支的成本也一样由双方分担。比较复杂的项目由于不确定性较高、设计创新的空间较大，适合采用这种方式。这种方式的前提是公共部门在管理基础设施项目方面有丰富的经验，有能力管理主要的项目风险。这种合作框架背后的思想来源于 20 世纪 90 年代中期出现的“伙伴”协议，对此我们在书中也有详细论述。

另一种新的方式也开始在英国试行，叫做信用担保融资（CGF)。这种方式使用政府贷款，但由私营部门提供一揽子风险管理。特殊目的 PFI 项目公司可以使用公共贷款，私营金融机构则提供担保，承诺如果项目公司无法偿还公共贷款，则该机构将承担还款责任。这种安排的目的是降低公共部门的融资总成本，但同时仍然由私营部门承担一定的风险，从而激励私营部门追求资金最佳使用价值并从中受益。

传统采购方式和典型 PPP 模式的区别开始变得模糊，这种趋势是由于满足不同的风险偏好和基础设施服务需求的需要而产生的。因此不存在硬性的标准或现成的规则来决定什么样的情形下适合采用 PPP 模式。真正的问题应该是：对某个项目而言，可以选择哪些采购方式，哪一种 PPP 形式是最合适的。

PPP 对于中国这样的国家有什么帮助？在书中，我们专门用一个章节来阐述 PPP 在新兴经济体中的应用，这里不再赘述，仅仅概括以下几点。

首先，在总体上，我们认为 PPP 能够给公共采购过程注入不同于以往的激励机制。PPP 理论认为，以一个囊括设计、建造和运营维护的一揽子合同的形式赋予私营部门一定的控制力，并将成本超支和工程延期的风险转移给私营部门，这种方式有利于在基础设施的采购活动中引入激励措施，提高效率。同时，在实践层面，私人资本在本质上是有其风险性的，私人资本的参与给项目建立了不同于传统采购方式的“游戏规则”。

其次，由于激励结构的存在，PPP 模式能够给基础设施的提供过程带来实实在在的经济利益。这部分得益于恰当的风险转移。一般而言，PPP 合同架构下，项目超支的风险往往部分或全部地由公共部门转移给私营部门。合同往往规定支付与实现绩效目标挂钩。另外，由私营部门来运营基础设施往往比公共部门更为经济。私营部门这种成本控制能力来源于他们在项目管理、“全寿命周期”运营维护等方面的专业技术，同时私营部门能够避免公共部门常犯的诸如“镀金”和“过度建设”行为以及由此形成的成本放大现象。最后，PPP 相关的项目融资结构提供了资本投资流入的机会。

第三，使用 PPP 模式具有潜在的社会效益：比如能够更好地促进外国投资者向国内的公共部门转移技术（比如先进的收费技术）；选择恰当的项目类型（比如能源和通信项目）有助于推动竞争和市场化行为，有利于运用先进技术、鼓励创新；公共部门能够从资金限制等问题中摆脱出来，吸取私营部门的经验、接触最新的技术诀窍等。

第四，更有利于环保。由于 PPP 模式将设计、建设、运营维护等捆绑成为一个一揽子合同，对实现环保、可持续发展的目标是非常有利的。在 PPP 模式下，除了考虑最初的资本投入以外，合同商有了直接的经济动力去综合考虑设计、全周期运营成本以及最终处置等成本因素。如果某些项目虽然初期投资较高，但整个寿命周期内的运营维护成本较低，因而致使全成本降低，合同商就会在设计阶段投入更多资源，形成一个更为优化的方案，既不牺牲项目全周期的资金使用价值，又满足环保要求。通过一个具有整合效应的设计方案，水可以得到循环利用，垃圾可以更有效地处置，能耗得以降低。

中译本如何帮助中国 PPP 模式的发展？中国在“硬经济”基础设施项目上运用 BOT 技术已经有了较好的经验，比如来宾电厂 B 厂和上海延安东路隧道复线等。在其他一些处在 PPP 前沿的国家（如英国、澳大利亚），PPP 模式的应用领域正在发生变化。PPP 最初的应用更多地集中在“硬经济”领域（道路、高速公路、铁路、桥梁、隧道、机场、通信、电力），随后逐步推广到“硬社会”基础设施（医院、学校、政府办公楼、住宅、供水、污水处理、监狱、城市改造）。现在，PPP 涵盖了包括“软经济”（研究开发、技术转移、职业培训、囚犯改造）和“软社会”（社区服务、社会福利、安全保障、环境规划）在内的所有基础设施领域。

我们希望中国沿着这条路径发展。本书对不同类型PPP模式的应用作了介绍，在8个案例分析中，包含两个电子收费高速公路项目（一个是澳大利亚的，另一个是美国的），两个监狱项目（一个在英格兰、另一个在威尔士），两个医院项目（一个在澳大利亚、另一个在伦敦），其余两个是水务项目（一个在苏格兰，另一个在保加利亚）。

多样性是我们希望中译本能够帮助中国PPP市场发展的另一个方向。在本书中我们反复强调，PPP模式提供基础设施服务是一种非常灵活的方式，这些模式包括公共和私营部门不同程度的合作关系（租赁、商业特许经营、特许经营、BOT、BOOT、DBFO、DCMF以及合资公司），在很多国家使用，涉及多个领域的基础设施需求，收费方式可以是真实收费或者影子收费，具有较高的运行可靠度和透明度。

这样就不存在统一的PPP模式，我们建议把PPP看作一个过程、一个系统化的方式，从确认服务需求、界定项目成果和支付机制、评估并量化项目的财务影响和内在风险、找到最合适的采购方式、建立商业规则、确认资金使用价值、监管设计和建设过程、管理合同，一直到移交和服务的监管。如果每个合同都能严格地使用这个程序，结果必然是每一个项目使用不同的方式，我们认为，如此执行的项目获得理想结果的可能性就更高。

我们祝贺济邦咨询公司，希望他们在中国经济转型和经济发展道路上做出创新性的独特贡献。

达霖·格里姆赛

莫文·K·刘易斯

本书是多方面交互合作的结果。其一，一位作者是受训合格的工程师，另一位是经济学家（不过，两人都有金融领域的工作经验）。其二，一位是执业人士，在英国和澳大利亚均有 PPP 模式的实践经验，而另一位则是理论学者。其三，一位是英国人，另一位则是澳大利亚人（尽管两人在这两个国家都待过较长时间）。其四，也是最引人关注的一点，两人本来毫无关系，而现在，其中一位作者却是另一位作者的女婿。

两人的合作表现在多个方面，尤为明显的是，执业人士将其丰富经验在本书中娓娓道来。有些案例直接反映了这种“亲身”实践经验。另一种合作表现是所用的资料。概括地说，PPP 的相关资料分为三类。其一，执业人士提供的工程学方面的实践资料。其二，基于经济、金融和公共政策的学术性文献。其三，由专业机构和审计部门提供的大量政府报告、独立报告及指导性文件。我们试着将这三类资料贯穿起来，但是发现第三类资料特别有价值。别的不说，我们其中一人参与准备了一套指导性文件，并曾调任到澳大利亚维多利亚州政府部门，向州财政司提供 PPP 模式方面的咨询和建议。在分析很多观点时，我们都会间接引用上述知识和资料。

还有一点或许值得一提，我们（Grimsey and Lewis，2004b）在研究过程中提到和使用的由 36 篇工程和经济学文章组成的《PPP 经济学》一书，在很多方面都可以视作本书的姊妹篇。

在此，我们要感谢很多人。普华永道国际会计公司利用其全球网络资源为我们提供了全球 PPP 市场发展的相关信息。Raphael Arndt 在一个案例研究上给了我们帮助。南澳大学的 Ron McIver 对第 6 章提了不少有价值的反馈意见。南澳大学的图书馆馆际借阅部以其一贯快速高效的方式帮我们查到了许多难以找到的参考资料。另外，在制作方面，Jancelle McHale 和 Belinda Spagnoletti 协助绘制了一些图形和表格，还帮助整理了部分图表文字。当然，最重的担子落在 Kay Lewis 身上，她以惊人的速度和准确性（可以理解的是，有时也情绪不佳）几乎完成了所有文章的打字任务。出版商也为我们提供了巨大支持。在此一并对他们表示感谢！

PUBLIC PRIVATE PARTNERSHIPS

第1章

PPP 的本质

引　言

1998 年，英国国内税务局 2 000 名员工从曼彻斯特地区 11 座大楼成功搬离，集中迁至曼彻斯特市中心服务齐全的办公区。新办公大楼装有通风设备（也就是说，没有安装空调），人员离开时照明设备自动熄灭，此外，还装有燃气取暖器和恒温调节散热器、双层玻璃窗，建筑材料选用可持续原料，另有大楼管理系统监控各种资源的使用。该楼的建造采用了英国政府推行的私人主动融资（Private Finance Initiative，PFI）模式，政府和私营部门的合作方式[①]是签订了一份为期 20 年的设计—建设—融资—运营（Design-Build-Finance-Operation，DBFO）合同。

设计一座环保节能型大楼的想法并不新奇。新奇的是人们意识到像 PFI 这种合作模式将更好地实现项目目的，因为该模式使人们更关注这座大楼整个寿命周期内的资金价值，而不仅仅是最低的建设成本，并鼓励对整个寿命周期

① 英国政府商务办公室（2002b，p. 11）。

全成本的考量。传统的公共采购通常把设计、建造、融资、运营和维护分离开，而新型合作模式则把这些职能结合在一起，统一归一家项目公司负责。长期合作框架下的这种整合（“捆绑”）为项目公司提供了财务上的动力，使其思路不再局限于设计阶段，而是建造节能降耗的项目，起初可能成本略高，但后来，运营成本将不断降低，随着时间推移，将日益凸显成本效益。

这类“绿色”公私合作模式只是政府和社会资本合作（public private partnership，PPP）① 发展历程中一个最新的表现形式。PPP 模式在过去十年已经对公共基础设施服务的提供产生了革命性影响（有资料显示，私营部门参与基础设施供应已经不是新鲜事了）。PPP 的另一最新发展与社会住房计划有关，涉及公共部门、私营实体和非营利性组织之间的合作伙伴关系。而 PPP 模式更多应用在收费公路、轻轨系统、桥梁、隧道、污水处理设施、医院、法院、博物馆、学校和私营监狱等领域。

澳大利亚维多利亚州政府由于 Deer Park 女子监狱的私营承办商经营不善而将其收回，这个例子则时刻提醒人们，并非所有 PPP 模式都是成功的。但英国南威尔士 Bridgend 的私营监狱及其他一些私营监狱则相当成功。尽管现在国际上约有 180 多个私营监狱设施（correctional facilities）在正常运作，但在这一领域采用 PPP 模式仍备受争议。② 一些其他应用领域也是如此，例如英国国家卫生局（NHS）采用的 PPP 模式。本书的一个主要目的便在于分析 PPP

---

① 我们沿用英国写法，缩写 PPP。很多美国作者写成 P-P partnership，或许是避免引起误解，因为 purchasing power parity（购买力平价）的缩写形式也是 PPP。

② 根据监狱设施普查（Thomas，2003），截止到 2001 年 9 月，美国有 151 座私营监狱，澳大利亚 14 座，英格兰和威尔士共 10 座，南非 2 座，加拿大、荷属安的列斯群岛、新西兰和苏格兰各 1 座，总计关押 142 521 名拘留者。McDonald（1990）、Gallagher 和 Edwards（1997）以及 Schneider（2000）均对美国的私营监狱做过调查。澳大利亚因对维多利亚州一些私营监狱的运营不满，开展了一次独立的调查（Kirby，2000）。澳大利亚对国家监狱系统分为公立监狱和私营监狱的做法感到忧虑，于是建议并要求所有监狱运营商采用一致的运营标准。从那以后，在维多利亚伙伴政策下，维多利亚州又设立了两处私营监狱，但采用的是不同的模式：“服务型基础设施”模式。参见第 5 章。

模式建立的成功要素及主要实现方式。但首先，我们要弄清 PPP 的含义。

PPP 的本质

表 1—1 向我们展示了 PPP 模式在欧洲各国的最新应用实例。所涵盖的项目包括污水处理工程、公用高速公路、收费公路、电厂、电信业务基础设施、隧道、学校建筑、机场设施、收费桥梁、政府办公楼、监狱、轻轨系统、铁路、停车站、地铁、博物馆建筑、海港、地下管道、道路改造和维护、卫生机构和垃圾处理。

表 1—1 **欧洲 PPP**

国家	PPP 案例
保加利亚	索菲亚市供水及污水特许经营是保加利亚主要的市政基础设施特许经营项目，也是东欧通过特殊目的公司（SPV）在有限追索的基础上融资建设的第一批水务特许项目之一。International Water 公司是大股东兼私营部门承包商。这个为期 15 年的项目于 2000 年 10 月完成融资。
克罗地亚	其政府政策有利于 BOT 模式应用于交通（Istrian 收费公路）、能源（Lukovo Sugarje 电力项目）和水务（Zagreb 污水处理厂）领域。新法规将有利于特许经营。
捷克共和国	公共机构和私营实体的合作已扩展到能源、电信、供水和污水处理领域，这主要是民营化的结果。收费公路的铺设受阻，两个 BOT 项目未能实施。2000 年，成立工作组拓展 PPP 模式，以完成公路网的建设。
芬兰	构思于 1995 年、始建于 1997 年的 Helsinki-Lahti 高速公路是芬兰第一个，也是最大的一个 PPP 项目，英国、瑞典和本国企业均持有股份。一个试运营 PPP 项目用于建造 IT 专业的高等中学（sixth-form college）。
法国	法国长期以来一直具有利用特许体制进行公私合作（特别是在水务行业）的传统。PPP 模式不允许应用于社会基础设施领域。马赛的 Prado-Carrenage 隧道采用了收费融资的方式。2000 年以来，法国在 PPP 模式下发起了三个主要公路项目（Millau 高架桥，A19 和 A28），此外，跨境项目，如 Perpignon-Figueras 高速铁路和里昂—都灵高速连接线，均采用了 PPP 模式优化资源。

续前表

国家	PPP 案例
德国	德国没有正式的 PPP 项目。过去，在公路项目（如 Warnow 隧道）中倒是有私营部门承包商参与，其中一些项目在特许经营框架下的确曾涉及将风险转移到私营部门的情形。一个 BOT 法案已经获得通过，当然一些特殊的税收问题会使采购过程变得复杂。
希腊	已完成的项目包括斯巴达机场和雅典环城公路。政府在 2000 年发布了 PPP 计划，并成立了一个中央 PPP 机构。不过，有些法律问题还有待解决。
匈牙利	有些交通项目在 PPP 模式下进行（如 M5 BOT 项目），但另外一些项目没有采用该模式或移交给高速公路局（如高速公路 M1）。“Szechenyi 计划”试图扩展 PPP 模式的应用，但还没有专门的政府机构负责管制 PPP 模式。
爱尔兰	1999 年，PPP 公路计划开始试运行，包括三条公路和轻轨系统的建造。M4 PPP 收费高速公路工程（协议签订于 2003 年 3 月）是于 2004—2007 年间完工的 11 个项目群的一部分。收费桥梁、政府办公楼和监狱已经开始由私营部门设计、建造、融资和运营。国家对正式的 PPP 计划有郑重承诺。清晰的法律体系已经到位，专门的 PPP 机构也已经成立，其中央委员会负责保障 PPP 模式的实施。
意大利	1994 年和 1998 年的 Merloni 法案为与私营部门承包商的合作构建了法律框架，随后一个专门的 PPP 工作组 UFP 成立，并在 2001 年进一步强化了其权力。尤其是在特许经营的基础上，一些水务行业和电力行业的项目均有私营部门参与。然而，或许是由于与民法相关的行政复杂性，新的 PPP 项目屡屡受阻。
荷兰	Kennis-centrum PPP 项目开始于 1999 年，另外一个试运营项目（高速铁路工程）也开工建设。此后进行的项目包括公路、铁路、海港和水务项目，即 Zuiderzeelijn/Randstad 环线地铁（磁悬浮技术）和马斯河-2（鹿特丹海港扩大）项目，以及 Delfland 污水处理项目。
波兰	A4 Katowice-Krakow 是波兰第一条收费高速公路。政府乐于为 PPP 模式提供便利，两座桥梁已被确定为 PPP 项目。但法律、会计和税收制度仍然阻碍着 PPP 模式的实施。
葡萄牙	在 SCUT 计划下，三条收费公路已完成了融资，另外一条也已经达成银团贷款。正在进行中的其他大约十多条公路项目中，有六条采取的是影子收费模式。尽管工会的抵制和债券发行上的某些限制阻碍了 PPP 模式的执行，涉及 PPP 模式的高速公路、铁路、机场、水务、停车场、地铁、地方交通和博物馆建设项目已在考虑之中。

续前表

国家	PPP 案例
罗马尼亚	特许经营融资方式受到青睐。2000 年，法国公用事业公司 Vivendi* 经授权获得了一个为期 25 年的特许项目，向罗马尼亚首都布加勒斯特（Bucharest）提供供水和管道修复服务，实现现有水处理系统的现代化。道路维修工程的商业化正在调查研究中，PPP 模式有望在基础设施建设中发挥较大作用，加快罗马尼亚加入欧盟的步伐。
斯洛文尼亚	欧洲复兴开发银行（EBRD）援助的一个项目正在考察国家路网维护中的私人融资。私人融资特许经营高速公路的维护方案是计划中的 PPP 模式的试点项目。
西班牙	政府计划采用影子收费的方式开展公路项目。三条新造的铁轨线和其他新项目都有私营部门的参与。医疗和废物管理领域也计划采用 PPP 项目。不过，还没有支持这一模式的法律体制，也没有特许经营的相关法律。
英国	1992 年，英国政府提出了 PPP 发展政策，引入“私人主动融资”模式。从那以后，该方法已被系统地应用于英国政府所有重要的投资领域。2000 年，成立了英国合作伙伴关系组织（PUK）来推广 PPP/PFI 理念。该模式也用于地方政府主管的项目。

资料来源：D&P（2000）、美国商会（2002）、联合国（2002）、von Hirschhausen（2002）、欧洲投资银行（2004）。

也许这些例子可以让我们对 PPP 模式有所了解。不过，由于任何有关私营部门、志愿部门、公共部门之间的组合都有可能被视为 PPP，这里有必要界定一下本书中提到的 PPP。为此，我们将 PPP 定义为如下的安排（arrangement）：私营实体参与或为基础设施供给提供支持，PPP 项目的结果是：在达成的合同项下，私营实体为公共基础设施提供服务。

该安排机制可采取多种形式，具有如下一些或全部特点（Pierson and McBride，1996）：

- 公共部门实体将其控制的土地、财产或设施移交给私营部门实体（同时支付或无须支付对价），通常是根据合约的条款而定；
- 私营部门实体新建或扩建设施；

* 威望迪，即现在的威立雅。——译者注

● 公共部门实体规定该设施的运营服务；

● 私营部门实体使用该设施在规定的时间段内提供服务（通常在运营标准和定价方面还有限制）；

● 以及私营部门实体同意在合约结束时将该设施移交给公共部门（付费或不付费）。

然而，如同我们将会看到的一样，并不存在有关上述特点的硬性规定。

这里也需要说明一下不属于PPP模式的问题。对PPP工程常有一种误解，认为它们主要是私营部门为公共基础设施建设融资。严格说来，这是不对的。融资只是其中一个方面。PPP的本质在于公共部门不再是购买一项资产，而是按规定的条款和条件购买一整套服务。这一特点也是该合作方式得以立足的关键，因为该模式能提供合理的经济激励机制。

我们的核心观点是：PPP是一种非常有效的激励相容合约安排。与传统的公共采购相比，PPP的成本效益（下面几章将详细解说）取决于：设计方案的前期工程和与项目交付及收益来源的下游管理相结合的融资结构。所有这一切均缘于服务补偿机制内在的激励因素，以及PPP模式带来的风险转移。

与我们的理解比较接近的PPP模式主要应用于英国、澳大利亚、加拿大和南非（Allen，2001；PPP考察团，2001；维多利亚伙伴政策，2001），其基本内容如下：

● 公共部门参照产品规范和明确的业绩标准确定其长期（通常为15～30年）所需的服务，对交付方式没有很具体的规定。

● 在资产交付和运行前，不支付费用，如果服务业绩要求得不到满足，将减少后续付款。

● 在决定所需资产类型进而提供符合标准的服务方面，私营部门实体承担设计风险，资产的所有权和经营权归私营部门所有。

● 公共部门在项目建造阶段不提供资助，成本超支、延误等风险均由私营部门承担。

● 公共部门必须把交付服务所需资产和资源的控制权移交给私营部门，使私营部门承担风险并享受有效的所有权所带来的收益。

还有些人会认为，专门强调基于资产的基础设施这个范围过小，希望能给PPP一个更为宽泛的定义。表1—2介绍了PPP模式在美国的一些应用。PPP模式已经覆盖了交通（即收费公路）、私营监狱和拘留所，同时也应用于教育政策的优先制定、福利供给、健康和医疗服务以及一系列的社区活动和服务，包括学校教育、城市重建（urban regeneration）和环境政策。较为宽泛的PPP框架包括“政策层面”的合作和“项目层面”的合作。政策层面的合作会在制定和确立政策措施时把公共部门和私营部门放在一起考虑。例如，在交通领域，政策层面的合作将评估各种交通模式、投资和运营的一般准则及争议解决方案。项目层面的合作则相反，它强调具体的地点或情形。如一座新的城市交通枢纽的建立，项目层面的合作旨在将私人资本和管理引入该项目。在美国，政策层面和项目层面的合作一直是并存的，但也不是每个地方都如此。Linder（1999）等美国作家，将PPP定义为“一个描述国有企业和私营企业之间合作经营的名称”。

表 1—2　　　　美国 PPP

领域	PPP 案例
交通	在政策层面的合作方面，已经制定出一系列各种交通模式（如城市轨道交通、铁路、高速公路和内河航行）的投资和运营条例。例如：在综合地面运输效率方案（ISTEA）下的联邦高速公路援助项目、城市公共交通援助项目和措施。 项目层面的合作侧重于具体项目或具体情况。例如，在1988—1999年，加利福尼亚州和弗吉尼亚州开始针对公用收费公路的设计、融资、发展、建造和运营提出收费融资特许经营，州政府的职能仅限于授权及对收费费率（toll rates）和/或赢利进行监管。例如弗吉尼亚州采用BOO模式特许经营的Dulles收费公路延伸段、加利福尼亚州采用BTO模式特许经营的州际道路91和125。

续前表

领域	PPP 案例
技术	技术合作通常分两种形式。第一种是政府出资帮助私营部门进行行业研发。例如：开始于 1982 年并在 1992 年得到进一步拓展的小企业创新研究项目（SBIR）；1990 年实施的旨在使新科学发明成果商业化的先进技术计划（ATP）；成立于 1987 年的半导体行业联合体 Sematech，不过 1997 年该合作关系转成了第二种类型。在第二种技术合作中，政府和各行业科研工作者建立直接合作关系。例如：20 世纪 90 年代涉及国家实验室和私营企业之间正式协议的合作研发协议（CRADAs）；始于 1993 年旨在研发环境友好型汽车的新一代汽车伙伴关系计划（PNGV）；旨在建立制造业企业和政府机构之间合作关系的制造扩展合作计划（MEP）办公室。
水务	许多城市已经建立了合作模式以保证污水处理系统的运营和维护。例如：密尔沃基城市排水区域的项目涉及一个为期 10 年的运营和维护（O&M）合约；印第安纳波利斯市污水处理厂和回收系统涉及一个为期 10 年的 O&M 合约；布法罗市水处理系统涉及一个为期 5 年的 O&M 合约及客户计费和收费服务。
监狱	截止到 2001 年 9 月，在全美 32 个州共有 151 座私营监狱设施，可容纳 119 023 个犯人或被拘留者。与所在的州政府签订合约后，一些私营监狱逐步发展起来。更为常见的是，某个私营企业在某个特定的州建造此类设施，然后和那个州或另外的州、县或联邦机构签订合约，负责安置或留出地方给依法惩处的犯人，相关机构按日给予津贴。
医疗	在美国医疗保险制度（medicare）和公共医疗补助制度（medicaid）中，尽管随着管理式医疗的出现，合作形式已经发生改变，实际上，政府却总是依靠私营企业提供医疗服务。 提供管理式医疗的各组织机构（既有商业健康护理组织，也有提供商资助的健康计划）竞争公共医疗补助业务。政府挑选最好的健康计划来签约。反过来，该健康计划招募、管理医疗服务提供商。受益人可在几个相互竞争的计划中挑选其满意的计划。每个（病人）客户都有个主要的医疗护理提供商提供护理服务，并充当其他健康护理系统的“看护人”。在健康计划合约中明确相关规定，这些规定设定了健康计划参与的相关条款和条件。
福利	现在，各种福利计划都有私营实体的参与。例如，“小卡片”用于食物券津贴、母婴健康服务以及其他政府补助服务的电子给付转账（EBT）。私营承包商负责开发并实施这些电子系统。许多非营利性组织提供儿童福利服务，包括调查研究、寻找寄养家庭和提供医疗服务。许多就业和培训服务都可转包给职业学校和社区大学（如 Jobs Corps）。自从 1996 年《个人责任与就业机会折中法案》（PRWORA）实施以来，国家或地方福利机构可以外包全部的福利计划，包括合格人选的招募和服务供给。这便使得一些公司（如 EDS、IBM）得以进入福利市场。

续前表

领域	PPP 案例
城市重建	20 世纪 50 年代，地方政府和商业银行间的城市再发展合作关系建立，并在政策层面运营，为中心市区的再发展作规划。在项目层面上，私营部门开发商和当地政府合资，共同建造政府办公楼、住房和运动设施。20 世纪 80 年代起，开发公司已经与个体房地产开发商在具体的项目上展开合作。例如：Battery Park City 项目、时代广场的再发展项目、波士顿住房合作项目、“明日克利夫兰”计划、Rebuild LA 项目和“Dev Co 新泽西”项目。

PPP 模式的这两种观点也有部分相似之处，即，如何界定“基础设施”。如果我们考虑基础设施的各种形式，很多明显的分歧将不复存在，特别是“经济的”和“社会的”、“硬件的”和“软件的”之间的区别。基础设施将在第 2 章作详细讲解。现在我们应该清楚的是，在英国（和澳大利亚），PPP 模式最初主要应用于“经济”领域，如高速公路、桥梁、隧道等。随后，PPP 模式又用于政府办公楼、医院、学校、监狱等等。现在 PPP 模式的目标进一步转向社会住房、城市重建和固体废弃物管理（HM Treasury，2003b）。医疗保健服务的新型整合方式也在试验中。有关遗产地、房产和设施管理的合作关系已经出现，以前的“绿色”模式已远远不能满足需要。这种发展也表明该理念具有广泛的适应性。

PPP 的类型

PPP 有许多不同的形式，最常见的是 BOT/BOO 安排、合资（JV）、租赁、合同外包或管理式合约以及其他多种形式的公私部门合作。现分述如下：

- **建设—运营—移交（BOT）**。在这类合约中规定，私营部门对项目的融资（筹款）、设计、建设和运营承担主要责任。该项目的控制权和所有权之后会移交给公共部门。BOT 安排的经典案例是泰晤士河达特福第三交叉口，连接起伦敦环城高速公路 M25 的两个分段，该项目由一家汽车公司运营（资金实际上来自可以得到保证的公路收费），最后整个设施将移交给英国政府（极有可能提前移交）。在澳大利亚，悉尼港海底隧道和墨尔本城际高速公路项目也采用了 BOT 安排方式。

● **建设—拥有—运营（BOO）**。在这类合约安排中，项目的控制权和所有权始终归属于私营部门。对于 BOO 模式下的项目，私营企业实体融资、建设、拥有并实际上永久运营一座基础设施。例如：为南澳大利亚部分地区提供服务的水处理厂。这些设施由私营企业融资、设计、建设和运营，对公共部门提供的原水进行处理使其成为净水，然后将这些净水返回给公用事业单位，再由其提供给消费者。

● **租赁**。在这种模式中，部分风险被转移给私营部门。在法国，绝大多数 PPP 项目均签订了特许经营合同（主要是 BOT 类型的合同）或租赁合同（包括项目的设计和建设，或运营，但不包括项目融资）。非洲的几个原法国殖民地（讲法语的非洲国家）均采用了租赁合同的方式，即，市政当局负责建设水务设施，然后外包给私营企业，让其运营和维护该设施（Rondinelli，2002）。

● **合资（JV）**形式指的是私营部门和公共部门共同融资、拥有并运营一座设施。例如：美国推行的许多城市重建计划，当地政府主管部门为私营开发商或自己购买和清理将沦为贫民窟的地区，以便投资兴建新项目，如为配合闹市区再发展的步伐（Beauregard，1998）新建一个市政厅或一座政府办公楼。颇具争议的一个例子是，20 世纪 80 年代中期日本采用的“第三部门”方法，即，号召公共部门（第一部门）和私营部门（第二部门）联合组建基于项目的公司。1995 年，全日本约有7 580家这类企业实体，而其中当地政府的资本比例超过了 25%，涉及城市发展、休闲/度假地开发、交通、电信和其他区域性项目。但是，随着“泡沫经济”的破裂，很多此类企业一直面临着严重的财务危机（Kagami，2002）。

● **运营或管理合同**。在这类合约下，私营部门只是部分参与项目，比如提供一些服务或管理项目的运营。服务或管理合同允许私营部门在特定的时间段内提供与基础设施相关的服务。例如：塞内加尔、科特迪瓦和喀麦隆国有农业企业的管理、几内亚比绍共和国的水电设施、拉美和非洲的采矿经营（Rondinelli，2002）。在加拿大污水处理领域采用的六种PPP模式中，两种形式是DBFO（设计—建设—融资—运营）合约，一种是OM&M（运营—维护—管理）合约，其他三种为O&M（运营—维护）合约。O&M合约的期限为5～10年不等。

● **合作管理**。存在于政府和私营实体之间，与众多的股权合作方式及社会住房计划采用的特许经营安排相比显得更为不正式。在许多地区，政府都会采取财政激励措施或财政担保的方式来吸引私人资本投资社会住房计划，开发低成本的住房群。在美国，技术合作方式包括了不同级别的公私部门合作。在韩国和其他许多国家，独立发电商和自营发电厂（在澳大利亚，还包括使用太阳能电池板的住户）可以向国家电网出售电力。在哥斯达黎加，政府修建并维护国家公园，而私营组织则开发生态旅游项目、资助一些旅游胜地的宣传活动（Rondinelli，2002）。

这些例子涵盖了不少最为常见的合作类型。此外，如果按照首字母缩写组合排序，合作方式还包括BLT（建设—租赁—移交）、BLTM（建设—租赁—移交—维护）、BTO（建设—移交—运营）、BOOR（建设—拥有—运营—拆除）、BOOT（建设—拥有—运营—移交）、LROT（租赁—更新—运营—移交）、DBFO（设计—建设—融资—运营）、DCMF（设计—建造—管理—融资）和DBFOM（设计—建设—融资—运营—管理）。政策层面的合作又在另一种层面上得以实现。

PPP的一般特征

显然，PPP有很多种不同的模式，而且各个国家采用的PPP模式也不一样。事实上，PPP理念在每个国家都在以不同的方式发展，合作方式也自然不同。有些国家设立了负责PPP模式的中央机构（如荷兰），有些国家则只是管理PPP部分应用领域（如英国），而有些国家则让州政府或市政当局处理PPP相关事宜（如澳大利亚和美国）。智利则尝试用另一种不同的体系来拍卖特许经营权（最小收益净现值或LPVR系统）。法国有一个管治PPP类型私营特许项目（公共服务授权）的行政框架，与英国法律框架下的项目运营方式不同。

除了这些差异之外，还有哪些共同之处呢？

PPP模式的特征是什么？简言之，我们通过哪些特征来判定一些合作模式是否是PPP模式的一种？以下所列可能是最为重要的几个值得考虑的因素。

- **参与者**。很明显，PPP模式主要涉及两方或多方，但至少有一方应为公共机构。不过，每一方都应能代表自己参与协商并签订合约。所有各方都必须对该合作关系做出组织承诺。

- **关系**。合作关系应该是持久且是有关联的。政府购买商品和服务，给予授权，征收税费和收取罚款，但这些事务的处理并不表明合作关系的真实延续。即便一个公共部门机构每年都和同一个供应商合作，这种形式也不能被认为是一种合作关系。即使一个政府部门每天都从同一家餐饮企业订购三明治当午餐，这也不能构成一种合作关系（Kelly，2000，p. 10）。

- **资源**。每个参与者都必须给合作关系带来一些有价值的东西。PPP模式试图利用公共部门和私营部门所能提供的最好的技能、知识和资源，并通过提供公共基础设施服务使资金发挥出最佳使用价值。因此，各合作方必须为合作安排贡献相关资源（资金、财产、权力和声誉）。

● **分享与共担**。在 PPP 模式下的合作框架中，各方应共同承担责任及各种后果（不管是财务、经济、环境还是社会方面的后果）的风险。这种相互责任与以下公共部门和私营部门的合作关系不同，即公共实体在制定政策前会听取私营部门实体的建议，但仍保留政策制定的控制权。以前的公共部门和私营部门的关系本质上主要是合约关系，基本上是一种命令式的关系，而 PPP 模式也与之形成鲜明对照。在上述情况下，私营部门实体并不是真正意义上的合作方。公私部门间应具有共同的利益并达成共识。

● **连续性**。加强合作关系将构成一种框架合约，它制定了“游戏规则”，并为合作方提供某些确定性。其存在可以使相关各方在作决定时无须每次均从头开始，而是根据最初的原则制定一些规则来管理这些相互作用的关系。由于 PPP 合约提供了合作关系的基本架构，因此会不可避免地“不完全”，也并未（不能）详细说明所有部分或预测到各种结果的出现。具有共同的价值、对优先等级和政策目标达成共识及具有良好的相互信任都是必不可少的。

具体特征

上文分析了 PPP 的一般特征，现在我们需要更加清晰地了解 PPP 的各种模式及它们各自的特征。PPP 的具体特征如下：

● **类型**。有些 PPP 的形成主要是为了政策的制定、优先权的设置以及协调来自不同部门的组织（如犯罪预防策略、教育行动），但我们主要（并非唯一）关心的问题是基于资产的服务、与社会和经济基础设施相关的长期服务供给合约。在定位上以经济为主的合作关系和那些涉及福利、教育和其他政策的合作关系有很大的区别，部分是由于募集资金（marshal financial resources）

的需要（Peters，1998）。

- **关注服务**。此处强调的是政府接受的服务，而不是政府对经济或社会基础设施的采购。政府为私人团体提供的服务付费，这些由私人所有或租借的基础设施所提供的服务只是一系列服务中的一部分。

- **全寿命期成本**。在 PPP 合约中，有可能实现合约一方将前期设计，建造成本，已开展的服务、运营、维护和更新成本完全整合。

- **创新**。注重产出物规格的一种 PPP 实现途径，为投标者提供更多的机会和激励措施，使他们提供创新的解决方案，以满足对产出物规格提出的各种要求。

- **风险分担**。一般情况下，政府拥有和运营基础设施所承担的风险成本相当大，且通常未经过估算。而如果将其中一些风险转移给能以较低成本进行管理的私营部门，则可以极大地降低政府的全部成本。

关于 PPP 模式的问题

在很多国家发展起来的 PPP 模式也带来了不少议题，这也是本书成文的一个依据。第一个也是最明显的议题是：PPP 模式以及私人融资和运营基础设施的想法从何而来？从某个角度来说，答案非常简单。这种想法并不新奇。收费公路和收费桥梁很早以前就存在了。在 18 世纪和 19 世纪的英国和美国，2 500 多家公司被特许和公司化以发展私营收费公路。随后，它们不断地感受到来自另一种私营基础设施开发项目——铁路——的竞争压力。自从 17 世纪法国式特许经营模式开了先河以来，法国就一直使用 PPP 模式为公共基础设施提供私人融资。在 19 世纪后半叶，法国更加广泛地采用特许经营模式资助基础设施的发展。铁路、水、电和有轨电车路线都由私营企业和银行设计、建造、融资和运营。因此，本段开头所提问题实际上应为：究竟是什么原因使得

PPP 模式在最近几十年里有了新一轮大发展？我们可以从以下几个方面寻找答案：对公共服务交付的态度转变，对传统的采购和建设模式感到不满，项目融资模式也在不断发展。

不过，对基础设施态度的转变也起了部分作用，这便催生了第二个议题：在基础设施规划中，私营部门到底扮演什么角色？在美国，这个答案是不言自明的。考察 PPP 模式应该考虑 19 世纪初以来在美国人思想中占主导地位的“个人主义”的历史背景（Beauregard，1998）。个人主义是一种推想：经济活动应留给市场；“一种信念：私营机构本质上能比公共机构提供更好的产品和服务”和“一种信心：市场效能实际上在所有社会活动中都是社会效益的适当标准”（Barnekov et al. ，1989）。

在欧洲并不存在类似的传统。在美国，政府的角色被描述为：在分散多元的体系中将不同的利益联合起来。而在欧洲，政府被视为有自身权利的政治和经济活动参与者，其角色被定义得非常明确：广泛“公共利益”的守护者，且这种“公共利益”“不仅仅是私人利益的集合和对其进行的妥协”（Keating，1998，p. 166）。此外，两种地方的政府结构也有不同。在美国，各个州政府对联邦政府保有高度的政治和职能独立性；同样，各地方政府对所属各个州政府也享有高度的自治。而在欧洲，政府则更加集权化，公共服务和行政机构也是如此。欧洲政府在中央和地方都有较大的、专业的和相当单一的行政机构，中央和地方之间关联紧密，而美国的行政系统则相对分散。美国各州和地方政府行政部门对上一级政府的依赖性较小，但是出于同样的原因，它们更多地依赖于私人资本——因此就有必要“起用”PPP 模式。① 像 Keating 一样，有些

① 美国有评论人士认为地方政府面临越来越沉重的负担导致了 PPP 的出现，特别是城市管理方面（Beauregard，1998）。这和澳大利亚 PPP 模式的发展有相通之处，该模式起初是在各州而不是联邦层面推行（Grimsey and Lewis，2002b）。相反，英国和荷兰的 PPP 项目都始于国家层面，在英国，该模式随后又推广到地方政府层面。

人认为这些有巨大差别的起始点和传统会让欧洲各国对PPP模式的使用格外谨慎，对该模式一哄而上只会被认为是“对美式个人主义一种天真的、过分的谄媚”（Ibid，p.168），“通常只是政府借钱的一种非常昂贵的方式而已”（p.170）。因此，Keating的结论是：

> 也许，如果地方政府的资源储备较少，债券评级问题较多，它将会别无选择只能不断地求助于PPP。美国很多地方政府都是如此。而欧洲各国对私人资本的使用并没有太多依赖性，能更有效地分辨出投资的优先次序。欧洲没有必要一窝蜂地仿效美式合作模式，但是一旦采取那种模式，也应该更有能力制定相关规定。（Ibid，p.170）

但事实并非如此。以荷兰为例，虽然在荷兰法律中，PPP并不是一个公认的理念，但荷兰却制定了相关的PPP框架，专门设立了PPP机构，如成立于1999年、归属于财政部的“Kenniscentrum”或“知识中心”（Linklaters and Alliance，2001）。三个主要的PPP项目已经进入采购阶段：HSL（阿姆斯特丹和比利时边境的高速火车线路）、A59（Oss至Den Bosch）和Delfland（按DBFO模式兴建的新型Hamaschpolder污水净化装置）。合作关系也存在于当今欧洲经济发展和竞争优势凸显的核心领域，因为人们认为这类模式能促进革新，将各方不同利益整合在一起并让公共主管部门紧紧围绕着共同目标（Jacobs，1997）。贯穿欧洲各国的交通、电信和能源基础设施的建设都是被认为可以采用合作模式的大项目（欧洲委员会，1995）。从20世纪80年代末期起，欧洲投资银行（EIB）批准了欧盟国家100多个项目，从广义上讲，这些项目可以被认为是PPP模式的应用，截止到2003年10月，又有50个项目已在进行之中（欧洲投资银行，2004）。

英国没有公共部门和私营实体合作的传统，PPP模式通常被认为是保守派思想观念中一种特殊的“副产品”（尽管在布莱尔率领的工党政府支持下

PPP 项目增加不少）。不过，第二次世界大战后很长一段时间以来一直围绕“国有化/非国有化”和“是否私有化”展开的争论似乎开始平息，渐渐转向讨论该如何保证一些组织（不管是公共机构还是私营机构）能最好地为公共利益服务（Harding，1998）。于是，以 PPP 的各种不同形式展开了大量的试验项目，几乎涵盖了政府活动的各个领域。现在 PPP 的叫法被视为涉及私营部门和公共部门合作的总称，而 PFI 项目和 DBFO 合约则是其下属模式。①

尽管如此，Keating 对 PPP 的疑虑仍得到了很多学术界人士的支持，此外，普通民众对 PPP 模式也有很大的质疑，甚至还有些反对。据公私合作委员会（2001，p. 23）记载，在公共服务供给领域，“公共不错，私营不好”的想法仍然得到许多民众的情感支持。这类态度也带来了一系列的问题。传统的公共采购方式出了什么差错？PPP 模式能否通过所花资金获得最大价值？如何才能做到这一点？PPP 模式的风险如何通过最好的方式分摊？

另一组议题则是关于 PPP 的管治（governance）。PPP 模式中至少有一个参与者必须是公共机构，这一事实使一套问责机制的建立成为必要，而这一套问责机制显然不同于当所有参与者都是私营机构的情况。此外，采用合作模式的一个原因是避免当所有活动或项目完全由公共机构提供时可能产生的官僚政治作风。这些潜在的相互冲突的需求该如何调和？政府的角色能否从基础设施

① 在英国，对 PFI 和 PPP 进行区分是很有用的。私人主动融资（PFI）是当时的财政大臣拉蒙特（Norman Lamont）在《1992 秋季声明》中提出的，旨在增加私营部门在公共服务供给领域的参与。2000 年，工党政府发布了《PPP——政府提议》，将 PPP 划分为三类：通过各种可能的产权结构（如筹资开办、引入战略合伙人等）把私营部门的所有权引入到国有企业，也可以出售大部分或少量企业股份给私营部门；PFI（私人主动融资）及其他安排（合作方式）。公共部门通过签订合约，向私营部门长期购买高质量的公共服务，以便充分利用私营部门的管理技术，让其私人资本承担风险。这就需要授予私营部门特许经营权，让私营部门承担起提供公共服务的责任，包括维护、改善或建设必要的基础设施；向更广阔的市场出售政府的公共服务，以及在私营部门专业知识和财务实力占优势的领域开展其他的合作方式，从而充分发掘政府资产的商业潜力（HM Treasury，2003b，p. 3）。

资产的采购者转变为长期合约式合作关系的管理者？如果这样做，要满足什么样的行政需求？

在本书中，我们对很多此类议题作了考察，不仅试图直接解答一些相关的问题，而且对 PPP 给出全面详细的解说，它们是什么以及如何操作。本书的一个特点是，把有关这些问题的学术观点以及组织 PPP 模式和向政府机构提建议的实际经验结合起来。这类实际工作经验都直接反映在前文列出的实例中，本书会充分利用 PPP 市场上的实际经验进行分析，此外，会提到七个具体的案例研究。两个案例涉及公路项目（第 2 章），一个案例涉及监狱和拘留设施（第 5 章），两个案例涉及医院项目（第 5 章和第 6 章），还有两个案例涉及水项目（第 7 章和第 9 章）。所有案例分析涵盖了不同国家的各种 PPP 模式，反映了提供基础设施服务所采取的合作方式的多样性。

PUBLIC PRIVATE
PARTNERSHIPS

第2章

基础设施领域的革命

基础设施的性质

第二次世界大战后绝大多数时间里，政府一直是基础设施的主要提供者（至少美国以外的国家是这样）。过去十年中，这种格局开始有所改变。政府日益感到预算紧张，同时又面临扩大和改善公共设施和服务的压力，于是转向让私营部门参与，希望能利用私人融资，使资金获得最佳的使用价值。私营部门实体签订了长期合约，建造或管理公共部门基础设施，或（使用基础设施）向社会提供服务。这些技术一直在国家层面的范围推广，用于加大地方政府服务和全国各处基础设施项目的投资，在区域性重建中，出现了公私合资企业和基础设施项目。

提到基础设施项目，有必要先来区分一下“基础设施融资”和“基础设施投资”。前者源于现有设施的私营化，而基础设施投资则涉及私营部门独立或政府和私营部门实体合资开发、运营和取得所有权。这种区别类似于购买一座现成的、已全部出租的办公大楼与开发建设一个新的地点之间的区别——在这两种情形下，融资要求和风险显然是截然不同的。我们现在重点关注的是基础设施投资，在 PPP 合约中，它包括：

- 由私营部门在规定的截止日期前，按固定的价格及采购代理机构要求的服务标准，对新基础设施资产进行设计、建设和融资（或对现有基础设施的整修与翻新）。
- 与该资产相关的基础设施服务供给的长期（25～35 年）合约。
- 经营者取得经营收益或公共部门实体向私人实体支付酬金或单一费用，承包商可获得与所承担风险相称的投资收益。

那么，什么是基础设施呢？显然，在煤、钢铁或机动车辆的生产方面，我们不会采用 PPP 模式。为什么不采用呢？基础设施有哪些特征呢？对于基础设施投资，曾有多种不同的定义：提供“工业和家用基础服务”①，“对经济的关键投入”② 以及“对经济活动和增长的极重要的投入”③。但是，不同国家、不同时期，“基础”、“关键”和“极重要”各有其不同的含义。例如，在许多国家，钢铁生产曾经被认为是必需的基础设施。在二战后初期的英国，煤、铁和钢被认为是“经济制高点”的组成部分，但如今，很少会有人这样描述它们。

“公共所有”是另一种暗含的特征。例如，Gramlich（1994）在其关于基础设施投资的调查文章中重点关注了所有权，并将“基础设施资本”定义为“公有部门拥有的有形资本股份”（p. 1177）。绝大多数评论人士都认为，公路、港口、桥梁和其他交通设施，发电和电力配送，供排水处理以及电信系统是一个国家基础设施的组成部分。不过，在当今的英国，上述各项中只有普通道路和高速公路仍采取公有制。即便如此，有些高速公路和桥梁还是由私营部门运营，其中包括 2003 年 12 月新建的 42 公里长的 M6 收费公路，它也是英

① Martini 和 Lee（1996）。
② Threadgold（1996）。
③ 东亚分析机构（1998）。

国第一条收费高速公路。在下一章，我们会发现，私营部门长期以来一直参与向公众提供此类基础设施和服务（包括收费公路）。如今，私营部门在基础设施服务中的参与度越来越高，所有权本身不能被视为公共基础设施的界定特征。任何情况下，“公共所有”的定义都不会有特别的用处，除非我们把某个时间导致某些资产处于政府范围内的因素考虑在内，此时，根据相关定义，这部分资产可以被视为基础设施。

大部分观点将基础设施定义为有形的资产，如桥梁、公路、街道和隧道，而其他一些观点则认为这个定义应该再宽泛一些。通常，基础设施被分为“经济”基础设施和“社会”基础设施两类，每一类中又分“硬”（实体形式）基础设施和“软”基础设施（Argy et al.，1999）。据此，基础设施可以分为四类：

- 硬经济基础设施；
- 软经济基础设施；
- 硬社会基础设施；
- 软社会基础设施。

这些分类如表2—1所示。

表2—1　　基础设施分类（按类型）

	硬	软
经济	道路 高速公路 桥梁 港口 铁路 机场 电信 电力	职业培训 金融制度 研发促进 技术转让 出口援助

续前表

	硬	软
社会	医院 学校 供水 住房 排水 儿童保健 监狱 养老院	社会保障 社区服务 环保机构

经济基础设施向工商业界提供关键的中间业务，其主要功能是提高生产率，推动自主创新。“硬经济”设施包括道路、高速公路、桥梁、港口、铁路、机场、公共交通、电信以及电力和燃气的生产、传输和配送。“软经济”基础设施包括职业培训、商业金融服务（付款、信贷、股权、衍生品、风险资本等）、研发促进和技术转让，以及鼓励出口的组织和个体与实体间的生产合作。特别要指出的是，很多此类经济基础设施均归私营部门所有和运营，有些设施由单个机构（如：信用评级组织）提供，而其他基础设施则由私营实体组合形成的合作网络来提供（如：支付系统）。

社会基础设施向居民提供基础服务，其主要作用是改善他们的生活质量及福利，特别面向那些资源贫乏的人群。“硬社会”基础设施包括医院、教育和培训大楼、水贮存和处理设施、住房、排水管道、儿童保健机构、养老机构和监狱。其中有些设施还是由私营部门机构（如：私营医院和私立学校）提供。

“软社会”基础设施包括社会保障系统、各种社区服务以及环保机构。许多服务被社会认为是“必需的”，并且倾向于具备“公益品（merit goods）”的特征［按照 Musgrave（1959）的说法］，因为它们被认为是社会所需要的。

至于这些分类的重要性，经济合作与发展组织（OECD，1993）将“硬经济”结构（如公路和铁路网络、水路和港口、机场、能源和水公用事业、电信）描述为“核心”物质基础设施，与“其他”基础设施（如教育和健康，或无形的投资）相区别。据估计，在澳大利亚，经济基础设施服务在国内生产总值（GDP）中的比重高于10%（澳大利亚生产力委员会，2001）。此外，经济基础设施在价值上约占澳大利亚基础设施存量的70%。不过，这种比较在某种程度上会引起人们的误解，因为经济基础设施包含的各个类别在狭义的经济或金融用语中是较容易定价和增值的，而社会基础设施所包含的许多投资的收益在经济或金融用语中倾向于无形，不容易定价或计量其价值（Allen咨询集团，2003）。

“经济”（硬或软）和“社会”（硬或软）基础设施的区分对于分析基础设施政策或许是有用的，不过这些分类也有部分重合。有些形式的社会基础设施，如提升劳动力技能、健康、生产率、道德和生活质量的一些设施，就与作为经济结构的工业生产率有很大的关联。经济基础设施，如道路和交通网，对生活质量也有较大影响，虽然这类设施的目的并不在此。此外，这两种类型的基础设施起初都要花费较高的资金成本，有较长的寿命期，需要长期进行管理并投入资金。

有些人仍然希望基础设施的定义更宽泛一些。其中一个定义是这样的，“那些支持社会生活和相互交往的物质和社会结构”①。von Hirshhausen（2002）则引用Jochimsen（1966）的说法，把基础设施定义为“经济代理机构可用的所有物质、制度和人文能力（personal capacitics）的总和”（p. 100），并划分为如下三类：

1. **物质基础**是经济实物资本的一部分，成为其他直接生产性活动的投入。这类基础设施类似于发展经济学（Hirschman，1958）中的**社会间接资本**。例如：电信、交通、能源、供水和排水系统中的设备和结构。

---

① 艾伦咨询集团（2003，p. 4）。

2. **人文基础**包括对经济生产有帮助的人们的事业进取心、智力和其他技能。商业技能则包括统计、储蓄和融资、采购、管理和市场营销。

3. **制度基础**与新制度经济学①中的“制度环境”比较一致。它包括塑造经济行为和决策制定过程的内部和外部规定（或正规和非正规的制度）。这些规定受制于Buchanan和Tullock（1962）所称的法制框架（约束经济和社会交往的各种规定间的选择）、未明文的规定以及各种形式的内隐行为（implicit behavior），即“在规定内作选择”。例如：法律体制、经济制度、银行和金融规章制度、行政系统；非正规的制度包括信任、文化、商业网络、社会规范的接受等。

Jochimsen对基础设施的定义和制度层面的强调表明，市场经济的关键基础并不仅仅是物质基础，还应当包括市场本身以及相应的制度和政策。这些制度和政策有利于支持和促进市场，以及基于市场的行为、技能和进取心。一个基础设施项目能开拓新的市场或改变市场结构，扩大其他市场的竞争，拓展市场导向行为，加快革新，推动能改变一个国家投资环境的政府制度和实践的改革（Stern and Lankes，1998）。原则上，这类影响似乎可以归于成本—收益分析②，而实际上，成本—收益分析并不能囊括基础设施投资所带来的制度变化产生的全部影响。

基础设施的影响

尽管判定基础设施项目的全部影响时会遇到上述困难，有些学者还是区分

① 杰出代表是Douglass North（1990）。随后的论文集参见Deepak Lal（1999）和Rodrik（2003）。

② 成本—收益分析用于评价一个投资项目在预期寿命内的所有社会和财务成本及收益，进而确定收益的贴现值是否超过成本。相关问题的经典分析参见Mishan（1971）。

了基础设施投资（公共资本构成）和私人投资（Aschauer，1989；Munnell，1992）。Aschauer根据这两者间关系的性质，找出了一些证据表明：基础设施的生产率大约是私人资本生产率的两倍左右。根据公共投资是“挤出”还是“挤入”私人投资，公共资本积累对私人投资的影响可以分为两种宽泛的范畴。

“货币主义者”认为，公共资本支出通过许多直接和间接机制（包括较高的通货膨胀）完全“挤出”私人资本支出。[①] 如果公众提供的资本可以替代在私营生产技术（公共健康设施为私人主动融资所留机会甚少）中的私人资本，企业会要求以较少的私人资本获得相同的输出量。此外，若公共部门对资本物品的需求提高，则资本物品的价格会提升，从而减少私营部门对这类物品的需求数量。最后，政府在经济中需求的增加使得现有资源普遍短缺，出现通货膨胀压力，名义利率和实际利率上涨，资本支出进一步收缩。

不过对“挤出”的争论建立在如下假定基础上，即在遇到较高的公共资本积累时，私人资本的回报率不变。如果在商品和服务的生产和提供中，专门用于基础设施的公共资本对私人资本具有补充作用，而不是相对更具竞争力，则公共资本存量的增加会使私人资本的生产率更高。例如，新高速公路和主干线使得商品从工厂到市场的运输更加快捷，电站可以降低机械运转的成本。因此，较高水平的公共投资会为私营企业提高利润率，而不仅仅是抵消不良后果。Aschauer发现，如果初始阶段公共投资增大挤出了私人投资，中期阶段就可以大大提高私营部门的生产率（劳动生产率和多因素生产率），使其对私人投资的影响变成完全正面的。

Aschauer的发现在20世纪90年代初期引发了一轮研究和讨论热潮，其在很大程度上重新发现了基础设施作为主要公共政策的问题（Hieronymi，1993，p. 76）。有些研究支持Aschauer的发现，并估计了公共基础设施的超常

① 要大体了解货币主义者的观点，参见Lewis和Mizen（2000，chap. 7）。

规收益。尤其是 1994 年世界银行发现的一些证据全面证实了基础设施在发展中可以起到重要作用，比其他形式的资本投资的作用要大得多。他们有关此问题的 14 次研究成果和评估涵盖了单个国家和多个国家之间的数据，表明在公共基础设施领域的潜在投资收益相当丰厚。

然而，有些人对此持怀疑态度，他们认为这些评估的统计数据基础不具有说服力。欧洲投资银行发表的数篇文章中有充足的证据显示，不能简单地将大量的间接收益都归功于公共投资。文章认为，根据经验得出的结果并不能充分说明模式规范的变化，实际上还有些证据表明过多的公共投资会阻碍发展——这可能是因为较高的税费或私人投资的挤出起了反作用（Gruber，1994；Girard et al.，1994；Hurst，1994）。

Aschauer 在多个场合重申了他的观点（Aschauer，1995，2001），并坚持自己的原有估测。2001 年，他转向靠经验支持自己的观点，对于不少国家来说，公共基础设施投资会对经济生产率，进而对经济增长产生积极的溢出效应。例如：

> 根据经验分析得出的结果：证实了“公共资本和经济增长具有非线性的关系”这一观点；提供了公共资本对经济增长具有积极影响的合理推测；揭示了核心（公路和供排水设施）和其他（主要是学校和医院）公共投资的增长带来的影响，特别是城市基础设施（如供排水资产）的深远影响。（Aschauer，2001）

他的早期作品表明，各个国家间生产率增长的差异可以通过基础设施支出水平的差异做出部分解释（Aschauer，1989）。最新的研究成果通过统计分析证实了生产率和基础设施之间存在重要的正向关系，并认为基础设施可能是国家间比较优势的关键性决定因素（Yeaple and Golub，2002）。此外，Milbourne 等人（2001）发现了公共投资对经济增长的积极作用，尤其列举了在交通、通信和教育领域的投资收益。

最近的证据还发现，不仅仅只有经济基础设施投资才是有价值的。Aschauer（2001）再次对这一观点提供了最有力的支持。

> 以前对公共资本与经济之间关系的研究倾向于找论据证明这种观点，即："核心"公共资本——主要包括高速公路、供排水系统——比"其他"公共资本更加重要。

当他估计产量和就业率增长时（核心公共资本和其他公共资本各自的影响均含有相关补贴），其结果表明：产量和就业率增长对核心公共资本和其他公共资本均有积极的影响，这一点在前面的引文中已经提到过。

这些研究主要集中在国家层面或多个国家的层面上。当基础设施投资的效用被认为比较分散时，要想确定基础设施回报率比其他投资的回报率略高会更加困难。至少 Flyvbjerg 等人（2003）是这么认为的，他在提到区域性增长和经济增长的影响时警告不要"过分吹嘘"项目（pp. 65-72）。

以交通为例。交通基础设施由企业和个人使用，它可以被视为对交通服务供应的投入，反过来又可以作为对客户要求的最终产品或服务（比如：拜访一个朋友，或当地商店有某种商品供应）的投入，对交通设施的投资应该使相应成本降低，即通过降低旅行的费用或者减少旅途花费的时间，后者也会转变成费用的减少，或者同时采用这两种方式来降低成本。实际上，投资会降低"价格"，而基础设施服务的价格降低在短期内会产生两个结果。首先，这会增加私营企业和个人对该服务的需求；其次，由于较低的交通成本能减少该区域内公司的全部生产成本，一般情况下企业获得的利润就会增加。由于这种影响相当大，交通成本在全部生产成本中就成为很重要的要素，那么因道路而引起的交通成本就会有较大的变化（Parkinson，1981）。

从更长远来看，交通投资能实现工业和经济活动的重新定位。由于公路投资能实现公路使用状况的改变，企业决定重新定位，才会出现上述情况。从短期看，改变交通成本也有重要意义。不过，有证据表明，交通成本在商品和服务的最终成本中只占相对较少的部分。Parkinson（1981）发现，尽管不同行业、不同公司的交通成本有所不同，但通常只占全部生产成本的5%～10%。① 其结果是，即便是能大量节省费用、节约时间并增加便利性的大规模投资，对公司盈利能力的影响也可能是微乎其微的（Flyvbjerg et al.，2003）。

这并不表示对公共基础设施的投资没有收益——例如，没有人会赞成一个国家不修公路。部分困难在于，基础设施投资并不是一个连续的过程，而是倾向于不连续、“凹凸起伏”（lumpy）。一旦经济发展到一定阶段，就需要较好的公路系统相配套。主要投资可能出现在建造高速公路和主干线领域。在该系统完工之前，其全部效益并不会立即显现在经济或社会领域。然而，一旦项目建成，其作用会在之后许多年中充分显现出来。因此，在经济发展的某个阶段，基础设施或许会限制经济增长，不过，一旦这类限制问题得到妥善解决，进一步的投资对扩张生产能力所起作用将非常小。衡量基础设施投资的全部经济影响或许是件非常困难的事情（FitzGerald，2003）。

也可能出现这样的情况：高回报存在于某些形式的基础设施中，但并非存在于所有类型的基础设施中。Aschauer在早期研究中认为街道、高速公路、机场、轨道交通系统、供排水以及电源和电气都可以看作对生产的投资，能减少交易成本。随后，他又发现了社会基础设施具有高回报率的证据，不过当劳动力流动性很强时，在地方或区域层面上判断上述影响或许更为困难。在区域层面上，如果地理区域范围内的基础投资密集，就会使得利用相似区域基础设施和资源的相关行业公司产生聚集效应，而投资越密集，则对该区域发展的影

① 例如，美国一项研究发现，交通成本占产品价格的百分比范围较广，从3%～27%不等。实际上在交通成本敏感范围内的行业比率要相对较小（Hurdle，1992）。

响越大。尽管如此，经济影响并不是唯一考虑的因素，因为基础设施具有相当明显的社会经济和组织特征。有些基础设施服务被认为是每个公民应该享有的权利，政府应该在某种程度上确保每个人尽可能地享受此类服务（如医疗保健服务），而不考虑他们的支付能力。这将我们引向下一个话题：基础设施的公共特征。

基础设施的公共特征

经济学家们普遍认为，在基础设施领域，政府的经济政策是必需的。过去，这种意见意味着，基础设施应由政府拥有的企业（欧洲采取的主要方法）或遵守回报率规则的私有部门（美国多数地区采用的方法）提供。这类想法源于基础设施的一系列本质特征。

第一，网络系统的存在将经济活动联系在一起。这种网络化的系统就是通常所说的“硬经济”设施，如通信、能源供应、供水、排水处理和交通。这些服务通常构成使用它们的各类产品总成本中很小但不可缺少的部分，但因为服务失败（service failure）所造成的损失相对于服务供给的基础成本来说是相当大的，例如，一家餐馆在准备饭菜时突然停电造成的损失。2003年夏季发生在整个北美洲东北部和意大利全境的大范围停电等严重的服务中断事件更能说明这一问题。在上述案例中，由于是联合电网和跨国中继馈线，一些地方电线的故障引发了较大范围内的电力损失，并且这两个地区的停电几乎都持续了一整天。从这个方面讲，这些基础设施服务可以被描述为具有“战略上的重要性”（Kay，1993，p. 55）。

第二，基础设施通常提供公共物品。这也就是说，利益是全社会共享的，即便是那些不想购买此类服务的人，也不会被排除在希望购买此类服务的人所创造的利益之外。一般来说，在竞争力较强的市场，这些服务往往供不应求。

监狱便是一个典型的例子，再比如灯塔或航行灯标；一旦建成，就很难（或不宜）将这些设备提供的保护作用限定在为此类建筑或服务付费的人群（非排他性原则）范围内。其他类型的活动，如技术或信息基础设施，具备公共物品的许多特征。首先，技术是非竞争物品。当某实体采用某种技术生产某一物品或服务时，这种做法并不会阻碍其他人也这么做（甚至同时）。这一特点可将技术与一件资本设备区别开，后者每次只能在一个地方使用。其次，在很多情况下，技术部分上属于非排他性物品。也就是说，技术信息的创立者或所有者要想阻止其他人未经授权使用该技术（至少在某些领域内）是相当困难的。技术的这一特征再次将它与资本设备区分开，后者很容易形成排他性。知识的这种非排他性表明，工业研究与开发会产生“技术溢出”。通过技术溢出现象我们可以知道，公司在市场交易中无须支付费用便可以获得他人创建的信息，同样，在现行法律下，如果其他公司未经授权使用，则该信息的创立者（或当前所有者）实际上没有多少有效追索权。

第三，存在着服务网络的外部性，因此，收益和成本并不是由交易的一方承担而是由多方来分摊的（如上面讨论过的溢出现象）。一般而言，竞争市场容易出现负外部性物品生产过剩，而正外部性物品则供不应求。许多物品都有正负溢出现象。例如，公路对配送系统已有改善的一些公司有正外部性影响，尽管这些公司可能并未支付公路的相关费用。当然，公路也有负外部性影响，例如，新公路沿线的居民会发现以前的景色被破坏，或宁静被打破，且这些损失还未得到赔偿。外部性的困难之处在于，它们实际上在所有的经济活动中或多或少都存在，而如果产生外部收益或成本的所有服务都必须由政府提供，那么，这类服务实际上能产生一切。尽管如此，与很多经济领域相连的基础设施的网络特征仍意味着，由基础设施项目产生的溢出比在很多其他活动中产生的溢出具有更大的数量级。实际上，这些溢出几乎界定了基础设施的本质（Threadgold，1996）。

第四，基础设施会引起自然垄断，规模经济使得只有一家供应商提供服务变得切实可行（例如，在某特定区域内的电网)。只有一家电网供应商要比多家小型供应商具有更高的成本效率，后者无法单独实现由规模经济带来的价值。由于涉及较高的固定资本成本，要提供富有竞争力的基础设施服务花费高昂，而且通常高得惊人。与这一特点相关的是，许多基础设施服务的开发和供应需要获得土地开辟交通线路，或在地上或地下铺设导管、输送管道和电缆的权利。通常只有政府才有能力让与这些谈判权利。不过，自然垄断特征不需要排除基础设施使用方面的竞争，财产权受公共机构控制并不表示政府需要拥有或运营基础设施服务。

第五，基础设施通常涉及非常大的投资。基础设施的资本成本相对于运营成本来说一般数额巨大，建立基础设施资产的沉没成本也相当可观。这就意味着，在一项服务为大众使用前，其全部成本的大部分已经事先支付了，而且不可撤销。

许多被普遍认为是基础设施的项目——如公用事业单位的配电网络和公路、铁路系统的开发——一般都满足上述五条中的所有特征。其他一些也被普遍认为是基础设施的项目，如邮政服务和财务支付系统，与公用事业配电设施有几个共同的特征：涉及服务网络、有大量的沉没隐没成本、被广泛使用、不可或缺、用户成本相对较低。

传统上，这五个特征被认为是对私营部门生存能力和有竞争力的市场供给能力的质疑，尽管事实上，有些基础设施归私营部门所有和运营。其中两个特征——自然垄断和显著的沉没成本——只是表明竞争性供给不可能出现。基础设施的网络特征增加了在中央协调机制不到位时不能达到有效供给的可能性。最后，服务对经济的战略重要性意味着，政府惯例上就一直不愿依赖竞争力强的私营部门的供给。出现外部性和公共物品特征时，增加物品的供给所带来的收益或许比向用户收取合理的费用要多得多。收费公路和内河航道都是典型的案例。从理论上说，这些设施能够，过去也曾经由私营企业建造并收取费用。但是此类费用可能会超过现有交通模式的成本，因此，这种企业的利润可能因用户不愿选择成本稍高的交通模式而受到威胁。尽管如此，新交通设施的高效率仍会给整个地区的许多非用户带来极大便利。

因此，公共融资和公共供给被视为确保高效率实现的必不可少的因素。于是，在大多数国家，大量的基础设施由公共部门拥有、管理和融资。然而，基础设施的政府垄断正受到越来越多的质疑，要求改革的呼声逐渐加大，使得基础设施领域商业化得以发展。

基础设施商业化

基础设施正由公共供给转向私营供给，这一趋势因思维方式和实践的巨大变化而受到支持，因技术进步和制度创新得以加强。在过去二十多年里，发生了世界性的私营化和放松管制（deregulation）运动，这意味着自由化市场的理性复兴。对国有企业效益不满的呼声日益高涨，尤其在盎格鲁-撒克逊（Anglo-Saxon）国家和发展中国家更是如此。有些情况下，有人就认为国家主导的发展项目不能发挥作用。政府预算正面临压力，伴随着这种形势的发展，出现了两种反应。一种是希望减少基础设施支出对政府预算的影响，既可以减少政府借贷，也可使经济上需要但缺乏政治必要性的基础设施的费用免受总预算的压力。另一种反应是，政府转向私人资本市场，为基础设施建设募集资金。

基础设施本身正越来越趋向于商业化。例如，曾经有这样一种观点：在基础设施服务（水和电）供给中，由“纳税人付费”到“用户付费”（即，从支付能力到受益的原则）① 的转变可能与该服务的更经济的使用相关联。许多被认为属于自然垄断的行业（如发电和通信）已经按地域划分为不同的区域性公

① “支付能力”原则指的是税费或公共服务费用等应根据用户的支付能力而定，而“收益”原则则认为，个人应按照从服务中获得的收益支付相关的费用，这和市场上的交易比较类似。

司，或通过减少国家对经济的干预，分成了竞争性（或竞争潜力大）部门，以区别于那些仍为自然垄断的部门（例如供电和高压输送的区别）。因此，输送电力的发电厂之间的竞争越来越普遍。在通信领域，微波接力线路以相对较少的输送量提供远距离的联络服务是非常经济的，这也使得原先由公共通信公司掌控的自然垄断局面发生了变化。

事实上，绝大部分通常被认为属于自然垄断的行业正将其竞争力较弱的活动与具有竞争潜力的活动捆绑起来，这一现象已经越来越明显。那些“捆绑”（bundle）部分容易受市场活动收益的影响，通过推动其竞争，可以提高这类行业的效率。例如，减少对能源行业供应的干预，使通信行业当地网络与长途运营业务分离，分开客车运输和客车终点站、空运和电脑预订系统以及火车服务和轨道基础设施。即使在那些保留自然垄断特征的行业活动中，用价格上限管制代替回报率管制（即固定最高价格而非提高成本）也已经激发出降低成本的强大动力，而第三方能够使用某些复制成本昂贵的设施也扩展了该设施所服务的上下游市场的竞争。

同时，技术进步也在挑战运营基础设施的传统方式，也使经济上更为合理的定价机制能得到更广泛的应用。与其他市场一样，只有当所有成本和收益都能完全呈现并让用户和经营者一目了然时，基础设施服务（交通、能源、水务等）市场才能有效运转。要想实现上述目标，最直接的方式便是通过定价机制。但是，基础设施供给的有效定价机制仍不完善，许多基础设施的定价与最终用户的消费毫无关系。公路便是最典型的例子。公路的建造和维护费用筹集几乎完全来自一般税和指定用途税以及车辆牌照费。除了一些高速公路、桥梁和隧道，以及极少部分市内公路外，公路使用的定价机制严重滞后。然而，在缓解交通拥挤、判定哪些地方需要额外的基础设施供给以及为公路维护和新投资增加财务资源等方面，潜力却非常大。

采用新技术后，在很多桥梁、高速公路甚至街道上就可以推行收费融资和定价，并根据交通情况的变化来确定收费。如今，世界很多地方都在使用或试用电子收费系统，其中包括我们两位作者都熟悉的墨尔本城市连接线公路项目（City Link project in Melbourne）①。电子收费技术能改变车道内人工收费的状况，实现收费操作的自动化。这样，司机不必在收费站停车支付现金，从而可以减少用户的成本。目前主要采用的三种技术包括车辆自动识别、车辆自动分类和逃费抓拍技术。电子交易均在节点间——发射机应答器②和收费点——实现，两者都与财务结算网络其他部分相连。电子收费系统的使用增加了收费通道或高速公路的交通容量，减少了收费站收费和车辆排队的时间。开立预付费账户可以让客户在每个收费站不再为准备现金而烦扰。开辟专用的电子收费通道或全路段使用上述技术意味着，装有发射机应答器的车辆在付费时无须减速或停车，从而可以减少噪声污染、空气污染和燃料消耗。

另外一个例子是，使用电子设备控制进入市中心的车流。2003 年 2 月，英国政府决定对驶入以伦敦市为中心 8 平方英里区域内的车辆收取每天 5 英镑的拥挤费。

收费区域为公园道（Park Lane）、尤斯顿路（Euston Road）、商业街（Commercial Street）和沃斯荷（Vauxhall）围成的地区。收费时间为周一至周五早上 7 点到下午 6 点 30 分。在该计划中，通往市中心的所有道路上一共安装了 700 台摄影机，以扫描所有进入该区域的汽车的牌照。这些信息每天晚上与通过电话、网络，商店或车库付费的用户数据库进行核对，对午夜前没有付费的人则处以 80 英镑的罚款。罗马也引入了一种电子标签系统，旨在确保

① Arndt（1998）分析研究了城市连接线公路项目（连接起来的汽车高速公路和隧道）。

② 应答器指的是安装在车辆内挡风玻璃上的一种小型电池驱动的无线电设备，用于识别客户的预付费账户。车辆经过收费区域时，悬垂天线会读取应答器的信息，相应的费用额将从客户账户中自动扣除。应答器便于从一个车辆移到另一个车辆。此外，其他没装应答器的车辆的费用也可以从该账户中计算，只要把车辆牌照告知相关操作员即可。

进入市中心的只限于居民和基本服务。①

从经济学角度讲，上述发展状况具有明显的优势。公路使用收费将收入流直接与公路的使用（或需求）联系起来，使公路融资决策更为有效，并减少决策的政治性因素。由于电子收费方式可以向某特定设施的用户收取费用，因此也能提供激励措施，减少因过度使用造成的低效现象。例如，公路损耗的增加与车辆轴重的立方幂积直接成比例（Small et al.，1989）。考虑到可能会对公路造成的损害，可以对重型卡车征收较高的费用。大型、重型四轮驱动车辆发生交通事故，伤及行人及小型车辆内的司机和乘客的风险更大一些，因此在城市内可以对这类车辆征收更高的费用。为减少交通拥挤，可以根据每天或每周的车流量分时段调整收费。

将来，摄影机可能会被采用全球定位卫星的技术所代替。② 对于装有卫星接收器的机动车，可以通过随车携带的数字地图，依据车辆类别、时间段、位置和经过的路程收取其公路使用费用，这样，在整个城市范围内或相邻城镇都可以采取灵活的定价机制。这要比“一刀切”定价体系更为有效（Levinson，2002，p. 203）。本章最后一节会概括讲解采用新式收费技术的两个私营收费公路项目实例。

私营部门参与基础设施建设

与基础设施的商业化相关联，人们开始认可引入私人资本市场规范的价

① 参见 2003 年 2 月 15 日《经济学人》（*The Economist*），51～53 页。

② 目前有限度地使用全球定位系统（GPS）技术的系统是“基于路程的重型车辆费”（LSVA），于 2001 年在瑞士率先引入。在瑞士境内行驶的卡车均按行驶公里数收费。GPS 被用作监测工具，检查卡车上记录的路程，当卡车进入或离开该国时，GPS 就会被激活或关闭。更先进的基于 GPS 的卡车收费系统已开始在德国研发，当时预计将于 2005 年投入使用。参见 2004 年 6 月 12 日《经济学人》（技术季刊），22～24 页。

值，以提高建造和运营的效率，尤其是确保在不出现不必要的延迟情况下，使项目以最大的资金使用价值完工。此外，人们还认为：在公共部门和私营部门之间不存在二选一。在基础设施项目中，通过整合公共资源和私有资源便可获得市场机制的大量收益。

当私营部门在基础设施服务供给中起重要作用时，这些部门可以提供资金，或进行管理，或兼有这两种职能。

如果私营部门只提供资金或进行管理，那么现有的公共管理和控制体系必须转变为由公共部门机构对私营部门进行更为明确的管制和监督体制。如果私营部门既不提供资金，也不进行管理，那么也可以借鉴私营部门的观点和想法。

广义上讲，基础设施走向商业化有三种方式（Stern and Lankes，1998）。其一，也是最基本的层面，公共部门可以尽可能采用类似私营部门的运营方式来运营。换句话说，要密切关注收入、成本和市场需求。这将涉及创建一个管理结构：目标明确，管理层负责绩效，允许他们独立完成各自的任务。这些变化的引入可能需要引进一名私营部门顾问提供咨询和建议，以解决政府在政府企业管理层中推行激励计划时所面临的特殊困难。其二，政府能通过各种PPP模式挑选数量有限的新私营部门供应商。这种方法表明私营部门在更积极地参与合作，它们通常以服务供应商的身份出现，同时也是设施的设计者和建造者。这种私营部门参与合作的基础通常是某些形式的特许经营。第三种方案是政府选择让某些公共服务完全私营化。

显然，我们关心的是合作路线。对很多人具有吸引力的一个因素是，合作模式并不是私营化。因而，它能适应某些地区较强的政治倾向，即，国家的基本资产不能永久地脱离公有制。然而，人们常容易忽略的是，走合作路线标志着基础设施政策的巨大变化，这也为政府机构带来了新的责任。

人们通常认为，基础设施政策涵盖下列三个层面：

- 网络规划（即，中央和区域层面的长期基础设施规划）；
- 融资；
- 运营（建造、运营、维护等）。

过去，这三个方面都属于政府活动。采用合作伙伴模式就相当于承认，在融资和运营领域，认为基础设施的竞争性供应导致市场失灵，实在找不出令人信服的论据（von Hirschhausen，2002）。较高的沉没成本减少了直接竞争，但是，只要经济政策框架仍然是以竞争为导向，容许竞争的存在（若不是市场内部的竞争，也至少是为市场份额而竞争），就不能完全阻止竞争的出现（Demsetz，1968）。

实际上，最后一个观点应该用更为肯定的术语来描述。市场竞争是协调的一种形式，与官僚组织形式相比，它有其内在优势。市场合约安排中体现出的约束和激励因素对于基础设施服务的运转效率都是颇有价值的，体现在以下几个方面：

- 机构面临的难题通常是由资产所有权和控制权不一致引起的，在私营部门中，通过管理激励措施和市场约束，这些难题更容易解决。
- 风险转移到私营部门迫使私营部门追求效率最大化。
- 一旦建立产权清晰的市场，各种资源就能更高效地进行配置。

后两点在PPP模式中尤其重要。从公共部门向私营部门有效地转移风险是非常必要的，因为承担风险后，私营实体会更有动力有效地进行定价和生产。但是，要转移风险，必须先明晰产权。传统的对产权的分析表明，所有权市场的建立会导致资产配置给那些能在资产使用中做到效率最大化的所有者（Alchian，1965）。在PPP模式范围内，这也就表明，责任的分摊会使政府保留那些难以建立清晰的合约规范的区域，使私营部门在能形成清晰明确的合同或产权的领域开展活动。

政府作为PPP模式的合作者，必须管理这些合约关系，同时提供网络规划的功能。各种外部性（如：环境负效应）可能要求某种公共协调和走廊规划（corridor planning），但是，国家参与网络规划并不排斥私营部门提供基础设施资产和相关服务。

资金是选择 PPP 模式的另一具有吸引力的因素。政府希望与私营部门建立合作关系，来提供日益增长的基础设施服务、社会服务和区域性发展计划，因为双方均不能依靠自身提供相关的资源。我们重点谈到的 PPP 模式是通过采用项目融资方法来获得所需的私人资本，并借鉴高速公路和其他交通规划采用的 DBFO/BOT 方式来满足私人融资者和风险资本提供者的风险回报要求。这种结构实现了两个目的。其一，将风险分摊给多个参与者（发起人、建筑商、供应商和融资人），其中，政府主要负责提供场地，减少法律上的不确定性，并购买相关输出服务。其二，形成风险监控机制。私营投资者所要求的风险溢价组成明确，通过让项目风险更加显而易见，从而帮助实现对风险的控制。

PPP 模式另一处吸引力在于其多功能性。前文我们提到基础设施通常被划分为“经济基础设施”和“社会基础设施”两类，每一类又分为“硬基础设施”和“软基础设施”（参见前面表 2—1）。在英国，PPP 模式起初用于“硬”经济基础设施项目，如公路、桥梁、港口等，随后又扩展到社会基础设施，如学校、医院、监狱和拘留中心、排水设施等。如今，“戴安全帽的建筑工人”已经成为“软服务”的提供者（D&P，2001）。服务商如今不仅仅关注建筑合同和一个项目前两年的进展情况，而且在项目整个寿命周期内为资产提供服务。例如，英国主要的建筑公司现在已经更像设施管理公司，它们的定位已经发生改变：既是项目运营商又是服务供应商。它们已经开始有效地转变为基础设施服务公司，这一发展使它们的经营底线脱离周期性的建筑市场。同样的趋势还发生在整个欧洲以及采用英国 PPP 模式的其他地方。这也说明 PPP 制度具有灵活性，并可以通过不同的方式让私营部门参与。

两条私营收费公路

本节详细介绍两条私营收费公路，它们均采用了本章前文提到的新型自动收费技术。这两条公路是美国加利福尼亚州第91号高速公路（Express Lane SR 91）和澳大利亚墨尔本城市连接线公路。

加州第91号高速公路

美国弗吉尼亚州Dulles绿色公路于1995年底开通，全长22.4公里，是50多年来美国第一条主要由私人资本融资建成的收费公路。而随后不久在南加州Orange County开通的全长16公里的SR 91高速公路则是北美地区第一条配备全自动收费设施的公路。SR 91高速公路完全通过基于车辆自动识别（AVI）的电子收费/车辆管理系统（ETTM）收费，1996年初投入使用。

按照项目规划，在洛杉矶附近已有通行权的拥挤的高速公路上新建了一个四通道收费区。该项目耗资1.25亿美元，进展迅速，主要因为新车道只是附加在现有运营的八通道免费高速公路之间，所以不需要提交环境影响报告（Lockwood et al.，2002）。私营投资者负责新通道的融资和运营，包括其定价和收费，而高速公路其他段则可免费使用。按照交通拥挤定价规则，高速公路的收费在拥堵高峰期会增加。运营商可特许经营35年，在某个时间段过后，政府和特许经营公司可以分享利润。从运营商角度来说，成功的主要因素之一是高峰时段车辆对特定路线有较高的需求，此外，公众容易接受交通拥挤定价收费，以及其他面向用户的收费激励措施。例如：第91号高速公路对乘坐三人以上的车辆、摩托车、零排放的车辆以及残疾人牌照的车辆按某一折扣收费。

收费采用的是FasTrak系统（三维运动跟踪和数字化系统），采用这种电子收费系统后，在第 91 号高速公路上驾驶的用户在收费亭处不必停车便能付费。FasTrak 系统包括三个要素：一个安装在车辆内的挡风玻璃上的电子应答器；安装在道路上的收费记录设备以及稽查系统。车辆经过收费区域时，应答器通过悬垂天线读取信息，相应的费用就会从客户账户中自动扣除。由于高速公路上没有收费亭，加利福尼亚州法律要求所有车辆配备安装好 FasTrak 应答器，以实现收费电子化。在第 91 号高速公路上行驶的车辆如果没有正确地安装应答器，那么第一次违规要收取 100 美元的罚款，第二次还没安装则收取 250 美元费用，一年内每多出现一次违规则每次要收取 500 美元费用。作为加州高速公路系统的一部分，第 91 号高速公路也遵守其他加州高速公路法律，由加州高速公路巡逻队监督执行。

高速公路账户持有者应按照申请表和账户持有者协议中的规定，在账户中预留最低的存款值。每次当账户的余额少于允许的最低值时，预付的收费账户就会自动从账户持有者的信用卡转 30 美元，或者月付费的平均值，哪个数值大取哪个。最低的存款值相当于第 91 号高速公路计算的 10 天内的平均缴纳费用，或 10 美元，实际数额为两者中较大的一个。

不管是卡车还是带拖车的汽车都不允许使用收费通道。第 91 号高速公路上唯一允许行驶的特大型交通工具是露营车和公交车。禁止大型卡车通行主要出于以下几个原因：

- 加州交通运输局批准在第 91 号高速公路上行驶的车辆最大载重量为一万磅。
- 在加州法律下，各种车辆（包括牵引一辆拖车的车辆和超过两个车轴的卡车）只能使用四车道限驶高速公路（如 91 号免费高速公路）的右侧两个车道。因此，这些车辆不允许使用第 91 号高速公路。
- 绝大部分经过 91 号免费高速公路的大型卡车必须在远离第 91 号高速公路的某个地磅站停下。

墨尔本城市连接线公路

虽然墨尔本城市连接线公路长 22 公里，并不比加州第 91 高速公路长多少，但它是一个更大、更艰巨的项目，也是全新的开发项目，由私营部门融资、设计和建造，采用了更为先进的收费技术。事实上，该项目花费 18 亿澳元（合 12 亿美元），在当时是澳大利亚最大的由私营融资修建的公共基础设施项目［规模上不及其之后花费 22 亿澳元修建的西悉尼环线（Western Sydney Orbital）］。城市连接线公路项目的发起人是 Transurban 公司，该公司是于 1996 年在澳大利亚证券交易所上市的单一项目型公司。Transurban 公司从维多利亚州政府获得了 34 年的特许经营权，可以设计、建造、拥有和运营收费公路。特许经营权到期时，该项目将无条件转让给国家公共机构管理。

按 Arndt（1998）的话说，特许经营协议的签订要经过艰苦、周详且代价昂贵的谈判，这就要求建立一种新型的风险分摊机制。融资结束时，中标人花费了 2 400 万澳元，其中包含设计成本。未中标的投标人（“备选”投标人）差不多也投入了这么多。显然，这种规模项目的招标者不能无限期地承受这么高的投标成本。当他们赢得项目时就会把那些因不成功投标而累积的成本计算在所需的回报率内（这一事实通常被评论人士忽略，因为他们关注的是明显较高的“毛”回报）①。在这种特殊情况下，另一个投标者 CHART Roads 公司（在融资结束前一直处于“有效备选”状态）得到了政府支付的 300 万澳元，部分弥补了因延长投标过程而产生的额外成本②。

---

① 这实际上是政府要解决的问题，因为投标者必须在其他工程上补偿成本，要么是其他政府项目，要么是私营项目。如果是前者，从长远看，政府是在直接买单。如果是后者，这对经济来说是额外的负担，因为这会增加交易成本。

② 维多利亚州有关 PPP 模式的最新评论认为，政府应考虑设立一笔资金在适当情况下补偿投标者，如成为国家资产的某项设计创新，或由于政府“投标过程变更”给参与者带来了额外成本。

私营公司 Transurban 的发起人包括 Transfield 基础设施投资有限公司、Hastings 基金管理有限公司和日本的大林组（Obayashi）公司。1996 年 3 月融资结束，该项目也标志着在基础设施股权募集、基础设施收入债券，基于通行费收益的无追索权融资方面都有了较大创新突破。维多利亚政府将这份协议视为未来新项目（包括除公路以外的其他行业中的项目）的范本，维多利亚审计总署（Victorian auditor general）普遍认可这份协议（审计总署报告，1997）。

尽管后来执政政府发生变化，但该项目实际上成了 PPP 模式下其他大型项目的“先行者”。

大体上，该项目包括一条长 5 公里的隧道和 6 个收费区，均采用电子自动收费技术，涉及不少重要的施工工程，包括扩建现有的、以前免费的公共高速公路[①]、新高架区域、在人口密集区域和 Yarra 河建造新型主要桥梁和隧道。如今，城市连接线公路可以连接现有公共投资的免费高速公路，允许车流绕过中央商务区（CBD）。以前，从北面（Tullamarine 高速公路）、东面（东段高速公路）、东南面（东南主干道）和西面（West Gate 高速公路）开往 CBD 区域的车流都不得不穿过已经比较拥挤的城市街道。城市连接线公路拓宽并改造了 Tullamarine 高速公路（通往墨尔本机场）和东南主干道，并将这两条由公共投资修建的公路与 West Gate 高速公路连接起来。建造或改造完工的公路总计约 22 公里长。

墨尔本城市连接线公路属于按 BOOT（建设—拥有—运营—转交）模式建设的第一批城市收费公路项目。市内收费公路通常比城际间或乡村公路在通

① 由于以前公路的延伸段是免费通行的，现在有些人不想为此支付费用，因而在这个问题上引发了争论。评论人士忽略了一点，即，公共道路在很多方面都享受了诸多补助。有些公路拖车承运商持很强烈的反对意见也不足为奇。然而，他们忽略了一个事实：卡车对公路造成的损害要比机动车大十倍多，而它们却不支付相应比例的公路使用费。

行权（right-of-way）上受的约束更大。这样有时会将收费广场排除在外，该项目即是如此。因此，有必要建立一套全自动化的收费体系，但这类体系在城市连接线公路项目谈判前从未用于任何实际的项目，所以需要开发一套全新的体系。

在有些自动收费体系中，汽车需要通过收费广场，通过大门时需将时速减至 50 公里。但这并不适用于城市连接线公路项目。在加州第 91 号高速公路上，收费技术相对简单，因为车辆都是在专用车道行驶，不能在高速公路的收费车道和不收费车道间切换行驶。而在墨尔本城市连接线公路项目中，汽车可以在免费公路各个车道间切换行驶。问题在于，要设计一套体系“捕捉”那些时速通常在 110 公里或以上及想逃避缴费的汽车，这类汽车有时会快速地从一个车道切换到另一个车道，或从一条路线转到另一条路线。

在这种情况下，解决这个问题的一套体系 Transroute 由法国工程师设计完成。通过使用 Transroute，该项目的收费体系实现了完全自动化，汽车驾驶员不必在快到收费广场时减速，也不必只在一个车道上行驶。汽车里的应答器会在收费点记录高速切换车道的信息，按照“用户付费”原则，直接从公路用户的账户中扣除相关费用。

墨尔本城市连接线公路项目在项目融资协议和风险管理等方面都体现出重大创新和突破。感兴趣的读者可以参见 Arndt（1998）的一篇文章，该文章和很多其他文章都被翻印，在 Grimsey 和 Lewis（2004）合著的这本书中所提到的参考文献中也能找到。但在下一章的讨论中，关于风险分担有两个方面值得关注。私营部门参与交通基础设施投资的历史表明，私营部门的能动性比较突出地受到两种因素的影响：（1）催生需求风险的技术和经济的发展；（2）政府监管制度的改变。这两种风险因素在本案例中都曾明确提到过。

交通流量需求或许是市内收费公路所面临的最大的单一风险（single risk）。对于反对付费的司机来说，他们可以选择很多不同的路线，这样便有许多机会逃避收费。城市连接线公路设施尤其如此，因为在CBD区域及周围的确有许多路线可供选择。项目开始前的初步研究预测，如果仍然实行人工收费，将出现40%的转移率，这更加促使承包商确保（未经使用的）自动收费系统便于使用，且效率极高。通常在这类情况下，需要从公共机构寻求需求风险担保。值得关注的是，Transurban公司明确表示将承担交通流量的需求风险，该公司也认为这是项目竣工后能否“存活”（viability）所面临的最主要的风险。在这个案例中，政府不保证任何最低公路使用或收益。

政府一贯坚持的政策是，只接受那些能最好控制和管理的风险，此外，政府还坚持风险回报理念，即，承担风险的一方应获得相关回报。相反，最终受益的一方也必须承担风险。鉴于这一观点，政府承担了与城市连接线公路相连的国家控制的公路网络变化的风险，这反而对城市连接线公路的政府保证产生不利的影响。风险分担应该对称化，这一点也很重要。也就是说，如果一方要承担下行风险的后果，那么也应该享受上行风险所带来的好处。因此，政府完全同意，在“实质性反作用”（material adverse effect）体系下，就交通网络中公共资助的变化给该项目带来的任何损失，向Transurban公司做出赔偿。但是，如果政府所作调整能使得交通流量增加，为Transurban公司带来更大利润，则收益中只有50%将转交给国家。

PUBLIC PRIVATE PARTNERSHIPS

第3章

PPP的起源

引　言

本章主要关注近年来私营部门在基础设施相关服务提供方面参与度的增加。我们研究的重点是这一现象背后的共同支撑和形成这种趋势的各种力量。在这里，我们将论述“新公共管理”议程、对传统采购方法的不满、私人融资模式的发展以及“形成合作伙伴”作为管理过程的概念化。但是，我们还是要从PPP的历史开始，因为私营部门投资于基础设施有着悠久的历史。要正确评价基础设施投资给私营实体带来的特殊风险，最重要的就是了解这些历史，了解为什么有如此多的项目面临困境。

很多人都认为19世纪中叶的“铁路热”是私营部门参与基础设施投资的辉煌时期，他们有理由这样想，因为铁路建设的繁荣“使得那一时期所有其他的经济发展都黯然失色”（Briggs，1959，p.296）。通过维多利亚时期的经济学家托马斯·图克（Thomas Tooke）的计算，我们可以了解到私营活动在基础设施领域的发展程度：在19世纪40年代末英国铁路建设的鼎盛时期，铁路建设从业人数相当于整个英国工厂的总从业人数（Court，1962）。此外，不久后各国开始效仿英国的铁路建设，它们都利用英国的资金和设备，往往也沿用英国的管理并使用其劳动力，尤其是在美国。

但私营部门在基础设施领域内的活动最早是在公路和水利工程上，这些就是我们在本章第一部分要重点讲到的内容。在第一部分中，我们将考察英国和美国的收费公路制度以及法国首次面向供水实施的基础设施特许权制度。轨道交通方面，我们将简要地介绍一下伦敦地铁的历史。现在看来，这无疑是一个比“蒸汽时代”更有趣的例子。在伦敦地铁建成一百年后的今天，英国政府最近决定利用 PPP 重建或翻新它。事实上，2002 年和 2003 年为实现伦敦地铁现代化与 Tubelines 和 Metronet 财团签订的 PFI 合同就是资本价值最大的 PFI 合同（英国财政部，2003b，p. 19）。本章下部分所讲的主题就是近年来私营部门参与基础设施领域的复兴。

历　史

早期的公路

收费公路并不是什么新事物。希腊历史学家和哲学家斯特雷波（Strabo，公元前 63 年—公元 21 年）在恺撒·奥古斯都（Caesar Augustus）时代的 *Geographia* 中记载了 Little Saint Bernard's Pass 上收取通行费的历史。作为对养护道路、带路和跨山脉搬运的回报，罗马大帝授予 Salassi 部落征收通行费的特许权。在中世纪，通行费都用来支付桥梁建设的成本，早在 1286 年伦敦大桥就开始收取通行费。虽然在 1364 年，英格兰的爱德华三世（Edward Ⅲ）准予在伦敦至 Philippe Litchfield 的 Great Northern Road 上收取通行费，作为对其改善道路工作的回报（Levinson，2002），但是，对公路收取通行费还未得到普及。

然而，中世纪（至少在英国）大部分公路都和今天的公路大不相同。主要的“高速公路”是大海与河流的结合体。许多大城市（如伦敦和巴黎）都坐落在可通行的河流和海洋的交汇处（Kindelberger，1974）。大量运载着煤、石头、石板、粮食、木头甚至日用百货的小型船舶定期往返于英国周边的水域。一本小册子中对公路做了这样的描述——“它们是上帝在洪水之后遗留下来的东西”（Ashton，1955，p. 78）。一般而言，公路更像是为了避免损坏庄稼而在别人的土地上通行的一种权利，而不是建造的路面。就像人行道、骑马专用道以及今天其他公共道路一样，那时候的公路也是主要通过不断使用来保持的。不同的是那时候公路上行走的主要是农民和朝圣者，而不是漫步者和马拉车（Mountfield，1976）。

直到1555年英国才通过立法规定对道路进行养护，但是负责管理的机构却不能胜任这一任务。养护高速公路的责任就落在当地教区的身上。每个教区都派出检查员——不领薪水，也没有相关技能——来监督应召维修各自区域道路的教区居民。

有财产的居民必须送上马匹、推车和犁帮助养护道路，而其他人则必须在检查员的监督下每年为道路连续工作六天。这项强制劳动制度直到1835年才最终被废除。美国也有类似的规定，在一些农村地区，要求对高速公路投入劳动的法律一直沿用至20世纪（Goddard，1994）。事实证明，这两个国家实行的制度都是低效率的，因为当地社区既没有资源也没有动力去有效地养护公路。人们被强迫劳动，但是他们中几乎没有人具备特殊的资质，在通过型交通量不断增长的教区，高速公路的状况很可能恶化。对优质公路的需求促成了下一阶段的发展——收费公路。

英国的收费公路

在建筑师 Adrian Smith 的描述中，收费公路就是“现代‘建设—运营—移交（BOT）’体系的前身”（Smith，1999，p. 11）。收费公路是由通行者在收费站全部或部分付费的公路。它的名字（Turnpike）源自横跨在公路上的转动路障（带刺的栅栏或英语“pike”——收费关卡），只有在通行者付费后才会转动打开。收费公路包括新建公路和改建公路。

我们注意到，尽管 1364 年英格兰的法律首次允许设立收费站，第一条收费公路直到 1663 年才得以建成。赫特福德希尔、亨廷顿和剑桥的法官请求议会通过法案，允许他们募集资金维修和改善横穿三个郡的 Great Northern Road 的一个路段。依据该法案，法官有权在公路的特定路段设立三座收费站，对过往的车辆和牲畜收取规定的费用，收费期限为 21 年。预计在这 21 年内就可以偿清债务，此后，公路将恢复免费通行（Cossons，1934）。但是直到 18 世纪早期，才确立了将公路的管辖权归属专门的地方机关以及将养护成本从国家转移到使用者的惯例性规则。

1706—1707 年，第一个所谓的“收费公路信托”成立，旨在改善 Fornhill 和 Stony Stratford 之间的 London-Holyhead 高速公路段。它的成功设立促成了上百个法案的通过，这些法案几乎将这一制度推广至英格兰全境。到了 19 世纪 40 年代，有效的收费公路法案接近 1 000 个，它们都是由镇区议会、商人、制造商、农民和地主推动制定的，其中也包括负责养护公路某一路段的人。

收费公路信托机构的受托人有权募集资金——通常的费率是 4%或 5%，并利用募集来的资金在特定地点修建新公路（或者，往往用来改善旧公路）。公路的实际养护和建设则由指定的检查员负责，检查员往往要监管多条收费公路的运作。收费“保收人”享有公路收费的特权，他们向信托机构支付固定的金额，以换取在收费公路特定收费站收费的权利（外包或转包的早期实例）。1773年以后开始拍卖收费租赁权，开始是拍卖给当地的商人，后来就面向可以收购多条收费公路租赁权的大集团。①

建筑技术由当地的工程师负责。有一位著名的建筑师叫John Metcalf，他是Knaresborough的一位盲人工程师，曾经设计了英格兰北部180多英里的收费公路。他使用的建筑方法是：挖土，在柔软的土层上铺满石楠花束，然后在上面铺上石头，覆上一层沙砾，形成中间凸起而非平整的路面。这样雨水就可以流进路两边的沟里。但是也有许多其他的筑路方法，每种方法则与土层的变化和当地的需求相适应（Ashton，1995，p. 81）。

由于收费公路信托都是些相对较小的企业，每家企业只负责十英里或二十英里公路，有利于吸引本地交通和通过型交通，因此每段收费公路的受托人都想方设法使他们的公路和其他公路相连。例如，在1765年，从伦敦至Berwick-on-Tweed之间有一条收费公路，仅在Doncaster附近有一段空缺（Cossons，1934，p. 12）。但是由于每七英里或十英里就要付费，所以长途运输大部分是旅客和小批量高价值的货物。

1773年通过的《收费公路法案》规定了详细的差别收费制度。依据车辆轮胎的宽度对车辆进行分类。轮胎越宽，对车辆的收费就越低。对于“滚轮”宽度在13～16英寸之间的四轮马车免收一年的通行费，一年之后享受部分优惠待遇，因为它们在路面上留下的车辙较少（Cossons，1934，pp. 20－22）。此外，并不是所有的旅行者都要缴费。邮递员和神职人员以及收费公路的养护工人都不必缴纳通行费。政府和住在公路所在地的居民支付年费来代替通行费，所得收入由信托机构用来偿还抵押贷款——用以延长、重铺、平整和

① 1825年，一家合伙企业收取的过路费占整个伦敦过路费的3/4（Levinson，2002）。

拓宽公路。

虽然高速公路基础设施有所改善，但是反对收费公路的声音仍然很强烈。就像今天的收费高速公路一样，收费公路被视为财富从穷人向富人转移的工具——在公路收费之前穷人可以推着手推车，骑着马免费通行；而富人的旅行路途更长，并且他们的马车在路况更好的路面上将更方便地通行，因此他们可以获得最大的收费公路行驶收益。曾经就发生过多起收费公路暴乱事件。

美国的收费公路

直到独立战争之后收费公路才被引入美国。第一条收费公路实际上就是一家依据 1785 年《弗吉尼亚法案》组建的州属企业。第一条有私营企业建设并运营的收费公路是费城至兰卡斯特收费公路，该公路于 1792 年在宾夕法尼亚州获特许建设权，并于两年后建成。从那以后，收费公路的发展日新月异，截止到 19 世纪 40 年代已经批准建立了 1 600 多家收费公路公司，也有私营的收费桥梁。早期的公路按照当今的标准只能勉强过关，但却能满足当时的要求。修路之初往往是砍伐树木，铲除树桩，把圆木并排铺着（“木排路”）穿过沼泽地。收费公路的路面有时是泥土，但通常都是碎石或者木板。Estache 等人（2000）称“在19 世纪上半叶私营收费公路的数量超过了公共公路的数量”（p. 10）。

就像在英国一样，并非所有人都要支付通行费。马萨诸塞州立法规定，去教堂做礼拜的人、军职人员以及在收费站镇内做生意的人可以免交通行费。在纽约，每隔十英里设一个收费亭，这样许多当地人的短途旅行就可以免费通行。同时，“支路”（非法收费旁路）也悄然出现，人们可以避开设有收费亭的路段。通行费对于旅行的人来说是个麻烦，许多人都支持这一想法，即公路是公用设施，理应让所有人免费通行。

免费通行和支路的出现使得收费公路的投资收益大大降低。收费公路每年分红和资本回报率最高的为 8%，更普遍的是每年 3%的收益率（Levinson，2002）。有人认为收费公路的“认购方更感兴趣的往往是新交通线路可能给他们带来的利益，而不是投资的盈利性”（Durrenberger，1931，p. 100，在 Levinson 2002，p. 25 引用），因为乡镇及其领头的居民（leading citizen）想从改善的交通运输之中寻求对当地经济的拉动力。很显然，乡镇的经济繁荣程度随着收费公路的兴衰而起伏——收费公路的地位首先随着运河，随后是铁路的出现而一落千丈。随着收费公路的衰落，依赖收费公路的乡镇也开始衰败，而在运河上的乡镇则繁荣起来。后来，收费公路的竞争压力来自可免费通行的大获改善的公共平行道路。到了 19 世纪末和 20 世纪初，公路的公共经营和融资再次成为主流。

在美国，当收费公路获得特许建设权的时候，就已经设想有朝一日它会回归国有，一般是在 99 年的租赁期结束后。事实上，极少数收费公路的运营时间超过了租约期限，它们中的大多数被废弃或者被收费公路的所有者以公平和公正的价格转卖出去。20 世纪初，剩下的收费公路都被各州和当地政府收购并归入国有高速公路系统。英国也发生过类似的情况。在英国，没有一家收费公路信托机构能在最初 21 年之内偿清它们的全部债务，托管被或多或少地自动延长（更像智利现行的为“建设—运营—移交”特权而推行的“最小收入现值”招标制度）。① 随着 19 世纪 20 年代铁路的出现，城市间的公路运输份额急剧减少，应公众需求而取消收费公路势在必行。1858 年，爱尔兰用

① 通常在特许经营拍卖的情况下，特许权期限（例如 30 年）在招标开始之前是固定的。固定期限的特许经营可能会导致特许权持有人的需求风险；当长远来看公路有利可图时，特许经营也可能造成亏本。这是因为就需求方面来看，特许权的期限可能太短。Engel 等人（2001）提倡的另一可选机制是最低现值收入（LPVR）拍卖。在这一体系下，整个项目寿命周期中中标者是根据通行费收入的最低现值来选择的。但是特许经营权的期限不是事先确定的，而且可以依经济环境变化而发生变化，并在通行费收入的现值等于特许经营权持有人的中标值时终止。最低现值收入拍卖利用了这样一个事实，即如果在增加特许经营期限的情况下，车辆通行量比预期的还是要少，那么，公路最终可能要为自己买单。最低现值收入拍卖技术已经被应用到智利的高速公路特许经营权项目中（Engel et al.，1999）。

地方税代替了通行费，1865 年苏格兰也取消了通行费，英格兰的收费公路信托机构也迅速消失了。到 19 世纪 80 年代晚期，大多数英国公路系统都回归公有。最后一次通行费的收缴发生在 1895 年的 Shrewsbury 至 Holuhead 的公路上。

伦敦地铁

竞争压力促成快速发展，这一相似的模式在伦敦地铁的历史中得到了印证。1894—1907 年间参与七条“电力管沟”地铁线①建设的各家公司必须先通过《议会私营法案》（Private Act of Parliament）获得特许建设权。为此，议会和包括专家证人（工程师、统计学家、金融家等）在内的上议院成员组成了联席遴选委员会听取陈述意见，裁定各种议案。一旦该议案被通过，公司就必须筹集资金，就通行权（right-of-way）进行谈判②，并着手建设工作（通常超过四年）。有些公司在融资时遇到了极大的困难③，大量合理化安排的最终结果是，地铁线路的所有权集中在“两只手”中。公司财务困难有两个根本原因，一个是源于技术方面，另一个是源于监管方面。这两个因素——技术进步和监管的变化——对任何交通基础设施投资都会构成威胁。

当公司获得特许权并开始建设时，以汽油为燃料的公共汽车常常出现抛锚，无法满足每天运行及高峰时段频繁停车和启动的苛刻要求。它们似乎对地铁车辆构成不了什么潜在的威胁。到 1907 年，地铁系统最终建成通车时，公

① 有 Waterloo and City，Central London Railway，Great Northern and City，City and South London，Baker Street and Waterloo，Charing Cross，Euston and Hampstead，Brompton and Piccadilly Circus Railway。我们感谢南澳大利亚佛林德斯大学的 Owen Covick 向我们提供的有关伦敦地铁的信息。具体内容请参阅 Barker（1990）和 Taylor（2001）有关伦敦交通的研究。

② 铁路公司发现与一个或两个权威部门对线路的通行权进行谈判比与众多个人所有制实体中的一个谈判更为容易。这些线路在地下按地上街道和公路的走向修建。

③ 七家公司中有四家首次筹资尝试失败，它们不是被其他利益实体收购就是需要其他公司的资金支持。

共汽车也更为安全可靠了。分别于1909年和1910年引进的“X型”和改进的“B型”公共汽车平均时速达到12英里，加之在公共道路上行使，盈利非常可观，而地铁线路却在为缴费而挣扎。

有轨电车也成为地铁的另一个竞争对手。当高架火车被排除在大都市和市区线路形成的交通网络之外时，法规环境却发生了变化，允许有轨电车在“内环”或“环线”以内运营，这些有轨电车有些是私营的，有些是市政当局的（如伦敦市政议会）。1906年12月15日，伦敦市政议会的电车经过允许首次穿越威斯敏斯特大桥，并沿着维多利亚堤区行驶。

出于上述两种原因，地铁线路在建成之初就面临两方面的竞争，这两个方面在其经营预测[①]中都未曾预测到。当其中一些公司提供稳定的收益时，大多数公开股票发行中的投资者们可能松了一口气，因为在1933年7月一家公营企业——伦敦旅客运输委员会（London Passenger TransportBoard）接管经营，通过补偿的形式使地铁公司有效地国有化。

从简短的叙述中可以看出，私人对基础设施（至少对交通设施）供给的历史有盛有衰。这项投资为改进交通基础设施作出了重大贡献，但是这些公司自身（或者更确切地说是股东）却面临着巨大的风险。新的技术进步和监管规则的变化使其财务生存能力容易受到竞争的影响。此后，公共供给（public provision）和融资在20世纪的大部分时期占了上风，但在最后二十年，私人融资再度回归议程之首。法国便是最清晰地见证这一循环的国家。

---

① 有趣的是，20世纪90年代类似问题困扰着Sheffield Supertram项目。该项目预期的乘客需求是每年2 200万人，但是刚开始时每年只有800万名乘客。在系统运营之时，原本计划由它支撑的房屋计划已经失败。然而，Sheffield Supertram项目的一个特点是它在规划阶段遭遇了未曾预料到的、来自竞争对手巴士公司的强大竞争。Supertram本来预计它的速度优势会胜过对手。然而，由于衔接延误和路线变动，速度优势无法体现（Mackie and Preston，1998）。

法国的特许经营之路[①]

与欧洲其他国家（例如，英国、荷兰）不同的是，法国至今还没有关于PPP的政策。其原因是：在法国，PPP被视为“旧观念”。法国的PPP模式要追溯到一百多年以前，当时的形式是“社会经济混合体”和“特许经营”，今天，特许经营制度在法国仍然是建设和管理“商业型”公共服务和公共基础设施的最普遍的模式。事实上，在1995年，75％人口的供水便是通过PPP合同实现的。Lyonnaise des Eaux（里昂水务）和Vivendi（威望迪，现在的Veolia Environment公司）两家PPP模式的经营者控制着全国62％的供水、36％的污水处理、75％的市中心供热、60％的垃圾处理、55％的电缆运营以及36％的垃圾收集，这些都是在PPP模式下完成的。在大多数国家这些数字都是非常惊人的，但法国例外，因为PPP长期以来一直存在——可以追溯到17世纪。大部分铁路网络、供水设施和街道照明都是在PPP模式下发展起来的（Ribault，2001）。

第一批特许经营合同授予了地中海—大西洋航道（Canal du Midi建于1666年）和Canal de Briare（1638）的建造和融资，及许多其他公共基础设施，如桥梁和隧道等。依据特许经营合同，企业家们被授予有效的特许经营权，可在特定时期内提供公共服务。法国长期实行的供水特许经营权可以追溯到1782年，当时Perrier兄弟被授予第一项供水特许经营权，为巴黎的部分地区提供供水管网（尽管随后在大革命之后被废除）。另一个由私营部门通过特许经营制度涉入基础设施的著名例子是160公里长的苏伊士运河（Smith，

① 作者特此感谢Paul Lingnieres，Directeur du Departement Partenariats Publics/Prives/Croit Public Econmique，Landwell & Associes，Paris对该节编写给予的帮助。

1999)。这项特许经营权是1854年由统治埃及的土耳其总督授予的，运河于1869年竣工，特许经营的期限为99年，自运河开航之日起计算（但在1956年埃及政府将苏伊士运河公司国有化时，特许经营权便随之终止）。

19世纪下半叶，法国大力推行特许经营计划为其基础设施网络融资。铁路、水务、电力和电车轨道网络都由私人运营商和银行进行设计、融资和经营。这些工程大部分都是通过长期的特许经营合同实现的。合同规定，在合同到期时这些基础设施的所有权将收归公共实体。后来，这一制度推广到在法国被视为“商业公共服务”的诸多领域，例如供水和卫生、垃圾处理或城市交通。这种模式已经影响了许多基于大陆法的制度，特别是欧洲大陆南部地区和说法语的非洲国家。

受1929年经济危机和第二次世界大战的影响，法国的基础设施特许经营制度经历了一段相对衰退的时期。当时的公共服务和公共基础设施部门都被收归国有，大量获得特许经营权的企业都被国有化，尤其是那些在全国范围内经营的特许经营企业，例如铁路和能源部门。这一时期，法国电力公司（EDF）、法国国家铁路公司（SNCF）、巴黎机场（ADP）及巴黎公共交通公司（RATP）等国有垄断企业成立，它们仍然通过特许经营合同与中央政府和/或地方政府保持紧密的联系。主要的基础设施项目通常采用公共工程合同的形式，在专项公共资金的基础上启动。

受这一传统的影响，法国的公共服务和基础设施采用了两种截然不同的制度：基于PPP模式的私人特许经营制度（在法国叫做公共服务委托制度）和政府直接管理制度。在政府直接管理制度下，基础设施或服务直接由公共机构或国有机构建设和/或运营（Lignieres，2002)。大量基础设施一直以来都是在将特许经营合同授予公共特许经营者的形式下进行管理和开发的，通过成立特殊目的的公共企业来建造和运营。例如，20世纪50年代组建特许经营控股公司用于开发法国高速公路网的事件，当时由地方政府和公共信贷机构（一种使中央政府避开其预算限制的方式）提供股本金。但是，征收的通行费受到管制，并且上涨率低于通货膨胀率，这损害了公司的收益，恶化了公司的资产负债表。当这些公司遇到财务困难时，大部分都被政府接管了（Smith，1999；Levinson，2002）。

但是，纯粹的私人特许经营从未完全消失过，而是以各种合同形式继续存在，特别是在市政服务部门。在法国，供水、排水、城市供热、垃圾处理、城市交通和外包的餐饮服务一般都在PPP模式下运营。自20世纪90年代末以来，采用PPP方案为基础设施项目进行融资和设计开始迅速复苏，法国的公用事业公司，如威望迪（威立雅）集团、苏伊士里昂水务、布依格集团、万喜建筑公司、SAUR、索迪斯集团和康运思公司，充分利用了这种新形势。法国政府已经向私人特许经营者开放了以下项目：Millau高架桥、连接Perpignan和Figureras的高速公路以及几个高速公路路段（A19、A86、A28）。在地方层面，几乎所有的公共服务都向特许经营开放。污水处理、垃圾收集与管理、电缆、城市交通、体育运动设施、学校餐饮、殡仪服务和供水都可以按照委托管理（delegation de gestion）合同来组织（Ribault，2001）。

这种变化的环境使法国形成了不同于盎格鲁-撒克逊国家的PPP立法结构。法国从未有过这样的立法，但是却有着悠久的特许经营传统。法国行政法院已经拟订了配套的法律框架，特别是涉及经营者和公共机构之间责任的划分（Lignieres，2002）。这一框架是由国务委员会在遵照下列原则的基础上制定的：

- 合同仍然要遵循指导公共服务活动的原则，即，共同利益（general interest）高于私人利益；
- 公共实体高于私人合作伙伴；
- 提供公共服务所必需的基础设施和建筑，即便由私营部门融资、设计和运营，仍应遵守公共财产制度，也就是说它们一开始便是公共实体的财产，在合同到期后当归属公共实体；

● 与赋予公共实体这些权力相对应，法国的法院已经授予私人合作伙伴在下列情况下享受补偿的权利：为维护共同利益而单方面做出的决策对私人合作伙伴的境遇产生影响；不可预见的情况（imprevision）影响了合同签订之日的财务平衡①；

● 合同必须符合法国公法的一般原则，服从行政法院的管辖。

最后一个原则的结果是，一旦PPP合同涉及共同利益或者涉及管理被视为公共服务的活动，通常情况下就必须遵守法国的公法。法国公法对公共资金和公共财产的使用有着严格的规定，对设计PPP项目所依据的法律和财务制度的性质有着极大的影响。特别要提到的是，在法国，有关公共财产（domaine public）的规定使长期租赁合同和"建设—拥有—运营—移交"合同的实施即使不是完全不可能，也变得相当困难。因为依据这些合同的规定，基础设施的财产应该是私有的，或者至少在合同期内是私有的。

但是，判例法的灵活性和国务委员会及行政法院的现实主义通常使PPP项目新结构的采用成为可能，这种新结构允许对风险、资金和责任在项目各主要方之间进行精确和充分的细分。例如，涉及项目融资计划的大多数"盎格鲁—撒克逊"规定都可以依据法国的法律实施。尽管如此，法国行政法院有时似乎仍不愿承认传统特许合同以外的PPP方案的创新形式。为了保护公共财产，法国国务委员会在准许铁路私人融资计划方面非常严格。

最新发展

本书主要关注已在英国、澳大利亚、加拿大和南美获得发展的PPP模式，以及适用于美国（例如："建设—移交—运营"或"建设—运营—移交"公路）许多项目层面的PPP模式。但是，这并不是基础设施私人融资的唯一途径。

① 这些规定和澳大利亚一些PPP合同中使用的重大负面影响条款相似。

在欧洲，爱尔兰已开始效仿英国。相反，像法国、西班牙、荷兰和比利时等国家却采用特许经营制度，而其他地方也采用了这种方法。第 9 章介绍了关于保加利亚某供水特许经营项目的一个案例研究。特别要提到的是，虽然法国和荷兰的经历是基于设施设计、建造、融资和运营的 PPP 备选方案的两个重要实例，但是这两个国家在合同安排上存在着较大的差别。

另外，在经营层面上，荷兰利用 PPP 知识中心作为对 PPP 模式感兴趣的政府机构的联络点和咨询处，而法国则没有这么做。尽管如此，虽然不能确定欧洲通用的 PPP 模式，且具体操作也不尽相同，但是各种公/私安排之间却有着一系列的相似之处。而且，很明显，PPP 模式所起的作用似乎正在欧洲大多数国家扩展。

是什么在背后推动 PPP 的发展（在许多情况下，推动 PPP 的复兴）呢？一般来说，PPP 有着基本的吸引力，其原因非常简单，即 PPP 把私营部门和公共部门的方法结合应用于基础设施的开发之中。基础设施的私人融资驱使许多怀揣梦想的企业家加入到基础设施的建设和运营中来，也使许多团体在地方层面参与合作。但是这些企业往往很难筹集足够的资金来启动项目，它们容易受技术和法规变化的影响，承担着交通网络无规则发展（例如，道路复建、铁路“轨距之争”和不同的运河宽度等等）带来的风险。

然而，纯粹的基础设施公共途径（public approach）也有其自身的问题——项目因官僚主义、政治介入和干预、缺乏新的投资资金、设施的管理和维护常常较薄弱——而陷入困境。伯格等人（2002，p. 2）对此有独到的见解。他们认为，经济学的基本经验便是米尔顿·弗雷德曼的一句格言——天下没有免费的午餐。关于这一点，他们补充道，政治学的基本经验就是“下一次选举是公共政策的重要时间考量因素”。总之，这些格言暗示，政策制定者可能牺牲人们的未来利益来推动有利于今日选民的项目。这样做的成本将通过多种途径显现出来。对于电信、能源和水务等基础设施部门来说，与投资相关的沉没成本意味着政府和私营主体的机会主义行为可能导致次优化的投资和低劣的项目管理。基础设施的效率可能因新项目启动所耗费的时间而受到损害。过去，州政府、地方政府和中央政府通常以违背经济效率甚至违背广泛认同的公平的方式参与网络基础设施的融资、定价和供应。

在这种形式下，PPP 寻求从这两种参与基础设施的方法中获得最佳的途径，在适当的时候采用私营部门的创新成果和商业智慧，同时保留公共部门对基础设施网络进行总体规划、协调和监管的控制权。当然，PPP 同样也会遇到短期政治压力，这样的案例曾在日本发生过。① 但是在一个开放的、多元化的社会中良好的 PPP 政策可以通过多种方法使这些压力置于公众的监督之下。

在试图利用私营部门的资源与政府合作的过程中，PPP 概念的发展受到诸多领域发展的推动，这些领域结合起来为 PPP 注入了新的活力。至此，我们从 PPP 的理论起源讲到了三种影响力。我们先概括一下这三种力量，然后在本章后面的部分再做进一步的探讨。

- 不断变化的公共服务市场。第一种影响力是人们对公共服务生产和提供方式的态度不断转变。PPP 只是一种采购方法（虽然仅仅针对基础设施服务而不是基础设施本身），因此 PPP 的应用被视为自由化议程的延伸——如今自由化议程被称为公共部门的“新公共管理”或市场化（Broadbent and Laughlin，2003）。这些术语还包括公共部门活动的企业化、私有化、商业化、管理化、外包和缩小化。PPP 便是这些趋势的一个例证，是不断变化的公共服务市场的例证，因为 PPP 允许有着合作伙伴关系的公共部门机构和私营部门机构提供公共服务。

① Kagami（2002）研究了困扰日本所谓“第三产业”项目的政治和经济问题。存在一些公私领域合作的合资企业，用作者的话说，在当地政府机构的税收鼓励政策和政治压力下“日本如雨后春笋般涌现的公园和旅游胜地”在泡沫经济破灭的时候全都倒闭了。

● 私人融资模式。此外，我们认为在过去十年中其他两个因素一直在推动着 PPP 的发展。私人融资模式的改进，以及用于“设计”融资以适应 PPP 结构的项目融资技术的发展。

● 合伙的概念。我们确定的第三个影响力对于大多数经济评论家来说是比较陌生的。PPP 是由工程建设行业（介于工程和管理二者之间的边缘）中发展起来的“合伙”概念形成的。我们的观点是，合伙的概念为 PPP 的组织提供了知识背景和智力支持。

演变中的公共服务市场

PPP 可以视为公共部门重组的一个组成部分，其管理文化注重以市民或客户为中心，注重结果问责制，注重对各种备选的服务交付机制的调查，注重公共机构和私营机构之间为服务交付合同而展开的竞争，符合成本回收和资金最佳使用价值的实现（Manning，2002）。PPP 是广义的政府职能转变的一部分，是寻求新型执政方式的一部分。在这一重新定位过程中，政府从直接服务供应商转变为推动者，借助和通过其他各方协调供应和行动。其重点“是任务而不是执行人”，“是结果而不是投入”。政府“更多是掌舵，更少去划桨”（Stoker，1998，p. 34）。

为了理解 PPP 的突出作用，我们就需要思考在公共部门商业化和市场化背景下的各种政府业务模式（government business model）。Hood（1995）从各个方面分七条概括了什么是“新公共管理”：

1. 对于每个公共部门的“产品”，大型公共组织趋向于崩解为单独管理的“公司化”（corporatized）单位（每个单位都是独立的成本中心，拥有各自的组织身份）。

2. 公共部门组织之间的竞争以及公共部门组织和私营部门之间的竞争呈现增强的趋势。

3. 在公共部门内部，从私营部门那里得到的管理经验发挥更大的作用，而不再是公共部门指定的业务操作方法。

4. 在资源使用方面更加注重控制和节约，鼓励积极探索可替代的、以较不昂贵的方式提供公共服务的方案，而不是把重点放在机构的连续性方面。

5. 更多有决策权的高层管理人员使用“亲手操作式”（hands-on）控制，而不是传统上公共部门组织高层的缺乏个性特征的官僚主义者的“光说不练式”（hands-off）。

6. 在服务的规模、水平及内容上，公共部门组织的绩效标准更明确，更易衡量（或至少是可证实性），而不是依靠对公共部门通行的职业标准和专长的信赖。

7. 尝试由预先设定的“产出量测”（output measures）（特别是根据工作绩效付酬，而不是按照级别和受教育程度付酬），及一种更为“自我平衡”（homeostatic）的方式来控制公共组织，代替传统的上层特别安排的“例行规律”（orders of the day）形式。

这一议程的实施已经产生了大量不同的公共部门业务模式，拓宽了公共机构和私营机构之间的接触面。表 3—1 列出了一些公共/私营业务模式，列表一端从完全的公共供应（“集体化”）开始，经服务供应合同和外包，再到另一端彻底的私有化——资产的所有权完全转让给私营部门实体。

表 3—1　　公共/私营业务模式的范围

- 集体物品（collective goods）的公共供应
- 服务供应合同
- 外购/外包
- 设计和建造（D&C）
- 售后回租
- 运营和维护（O&M）
- 运营—维护—管理（OM&M）
- 建设—移交—运营（BTO）
- 建设—运营—移交（BOT）

- 建设—租赁—移交（BLT）
- 建设—租赁—移交—维护（BLTM）
- 建设—拥有—运营—清除（BOOR）
- 建设—拥有—运营—移交（BOOT）
- 租赁—翻新—运营—移交（LROT）
- 设计—建设—融资—运营（DBFO）
- 设计—建造—管理—融资（DCMF）
- 设计—建设—融资—运营—管理（BMFOM）
- 建设—拥有—运营（BOO）
- 商业特许经营（franchise）
- 公用事业特许经营（concession）
- 合资企业
- 重建 PPP 模式
- 彻底私有化

传统的公共采购包含在设计和建造合同中，而售后回租模式往往受到税收利益的驱使，而不是受到任何 PPP 动机的驱使（Grimsey and Lewis，2002b）。大多数其他模式都包含某种形式的 PPP 安排，基于某种形式的租赁、特许经营或固定期限特许权的 PPP 种类繁多，它们都利用私营部门资源的不同组合来从事设施的设计、翻新、建造、融资、运营、管理和维护。除了在 BOO 模式中所有权实际上永久性地归私营部门享有外，在一项特许经营权到期时公共部门一般都会接管（或者重新获得）对资产的所有权、经营权和管理权。尽管如此，公共实体仍可通过“运营—维护”（O&M）合同、“运营—维护—管理”（OM&M）合同或者“租赁—翻新—运营—移交”（LROT）合同有效地延长特许经营期限。

基于这一点，可以把政府和市场之间的关系看作一个连续统一体。传统的公共资助和服务供应构成一极，纯粹的私营活动构成另一极。而 PPP 涵盖了二者之间的点，每个点的位置都代表略微不同的公共部门和私营部门之间的融合。例如，外包可能构成一种“PPP”，这取决于合同条款下分配给私营实体和公共实体的职责的本质。

我们由此想到三个问题。第一，PPP和私有化有哪些不同之处？第二，PPP和外包之间在哪些方面存在区别？第三，PPP对公共部门管理有哪些贡献？

PPP和私有化

首先要考虑PPP和私有化是否不同，有哪些不同。在PPP中，公共部门代表社会向私营部门购买并获取服务，且对这类服务的提供负有最终责任，尽管这些服务是由私营部门在一定时期（譬如25年或更长）内提供的。与此相对的是，当政府实体实现私有化时，接管业务的私营公司也需承担服务交付的责任。在这种情况下，认为政府不关心新私有化实体所提供的服务的质量是错误的。相反地，另外两种机制开始发挥作用，因为在与其他公司的竞争和融资竞争中，私营公司要遵守产品市场和资本市场的双重规定。并且，如果这些市场约束因素可能因私有化公司具有某种形式的自然垄断而不能发挥作用，政府通常都会对其实施某种形式的监管制度——比较典型的是对价格或收益率实施监管。

在后一种情况下，对私有化公司实施的监管与PPP模式下的监管大不相同，这些不同之处便是PPP并不等同于私有化的另一个原因。PPP是公共部门和私营部门之间的正式业务安排。这种业务活动的性质、要求的结果、服务支付的费用（由此产生的利润空间）以及各方的一般权利与义务，在合同或特许经营协议中都有非常详细的规定。因此，监管不是由法定监管机构或不可见的市场力量产生的，而是细则明确的合同产生的直接结果，这些合同要求遵守绩效指标和质量标准，一旦不能连续保持服务标准就会违约。

这两个不同之处——通过合同来监管和政府不脱离干系——界定了PPP的诸多特性。尽管如此，除了名称以外，公私合作伙伴关系可能仍然被视为私有化，正如很多公共部门联盟所认为的那样。关于私有化如何定义的问题，还处在争论之中。Starr（1988）指出，私有化一般具有两层含义：（1）政府的活动或职能向私营部门转变；更具体的是（2）物品和服务的生产由公有向私营转移。第一个更广义的定义包含减少政府的监管和开支活动。第二个较为具体的定义则不包括放松管制和削减开支，除非这些措施使物品和服务的生产由公有转到私营。Starr 比较倾向于第二种定义。

Starr 继续指出，四种政府活动可以促使生产从公共部门转向私营部门。第一，公共项目的停止和政府放下具体的责任就暗示着隐性私有化。在另一层面上，公共部门生产的服务在数量、可用性或质量上的局限性可能使消费者转向私营部门生产的替代品（当政府缩减公共服务时称为“消耗引起的私有化”）。第二，私有化可能采用明显的形式，即通过销售或租赁公共土地、基础设施和企业把公共资产移交给私人所有。第三，政府不直接生产某些服务，但可以为私营服务融资，例如，通过外包或担保等形式。第四，政府放松对原先被视为公共垄断活动的准入管制，也可能导致私有化。

这四种政策中没有一种是直接涉及 PPP 的实例。有些资产的转让，特别是通过租借实现的转让，构成了大多数 PPP 的一个要素，但它并不是界定 PPP 的一个特征。当然还有采购，但是正常情况下在 PPP 中这不仅仅涉及运营和维护（O&M）合同。政府放松准入管制对于许多 PPP 来说都是至关重要的，例如，允许私人收费公路运营商征收通行费，并允许他们动用公法执法官员强制付款和征收罚款。然而，PPP 仍允许公共实体和私营供应商之间存在合同关系，而这种合同关系远远超越了放松管制。

PPP 和外包

思考第二个问题“PPP 和外包有哪些不同”时，我们注意到私有化和外包往往被当作同义词使用，尤其是在美国，我们看到的 Starr 做出的定义便是如此。在其他地方，特别是在英国和澳大利亚，私有化指实物资产的所有权从公有转为私有（即，Starr术语中的“明确”私有化）。依据这些术语，通过股票流通出售公用事业（public utility）就直接构成了私有化。然而，私有化了的组织可能在或可能不在竞争的环境中运营。就这个意义而言，私有化可以从根本上独立于竞争力提升。私有化之后会出现多少竞争，在很大程度上取决于产业结构和政府的监管政策。

与PPP相反，外包则是将原来排除在竞争外的一系列经济活动引入到竞争中来。公司应邀参加合同投标，为客户提供特定的服务。外包的显著特点是事先竞争——为获得市场而竞争，这与在市场中的竞争相对应。在这种情况下，市场就由合同条款来界定，而竞标过程就像是一次拍卖（Domberger and Rimmer，1994；Domberger and Jensen，1997）。各方依据正式的合同，按照预定的服务的质量和数量，以商定的款额交换服务。各方之间的关系就通过合同来管理和规范。

Domberger等人对外包活动的类型进行了调查，主要包括“洗洗刷刷”的清洁服务和垃圾收集服务，也包括空中交通管制、公共汽车和商业服务。延长合同期限以及拓展合同的范围使其纳入延长期限内对公共设施的运营、维护和管理（OM&M）——比如延长期限为五年，我们就可以发现外包和PPP之间存在的一些相似之处。加拿大安大略省Haldimand-Norfolk污水处理设施就采用了这种OM&M合同，依据该合同，经营者负责现有设施运营、维护和管理的方方面面，包括人员、能源利用、化学品和淤泥处理等方面的决策。但是这种OM&M合同与加拿大新布伦兹维克省Moncton市的另一个水处理项目合同还存在一些差距。这种PPP包括两份合同，一份是关于新水处理厂的设计、建设和融资的；另一份是该设施为期20年的运营和维护合同。二者综合起来便形成一个高效的“设计—建设—融资—运营”（DBFO）项目。很显然，这样的PPP包含了与外包中相似的一些元素，但同时要比外包复杂得多，因为在PPP中错综复杂的融资和组织/合同问题纠缠在一起。①

外包通常都和节省资金联系在一起。自20世纪80年代中期以来，已经涌现出大量的证据，Domberger等人对这些证据做了调查，结果表明，政府通过将服务纳入竞标过程可以节约服务开支的20%。因此，这样做的益处是相当多的，而且受到越来越多的专门提供各种商业服务和管理服务的私营部门的支持。这种政策成为通用的公共部门改革——实现纳税人资金的最佳使用价值——的工具也就不足为奇了。但是由于这种政策覆盖面广且较为复杂，因此PPP将更多元素引入了这一平衡中。实现资金的最佳使用价值很显然是一个重要的问题，但却不是最重要的因素。PPP不仅仅是生产资产或服务，更多的是尽力实现一种社会成果，这种社会成果不可能由政府或私营部门力量单独实现。这就把我们引向第三个问题。

PPP与公共部门管理

第三个问题是关于PPP议程对公共部门管理产生的影响。从某种程度上说，整本书全都在解决这个问题，因此现在回答这个问题为时尚早。但此时介绍PPP的功能，可能是非常有价值的。

从广义上讲，PPP是通过使公共部门和私营部门联合起来建立长期合同关系以生产和交付公共服务的一种方法，在这种合作关系中，各方都保留各自的身份和责任。公共部门和私营部门的资源按照明确划分的任务和风险进行组合。这种合作的目的在于通过创新为基础设施增加价值，使政府能够以相同的费用提供更优质的最终产品或者用更少的成本提供相同质量的产品。PPP是

① 在该案例中，私营合伙人（美国Filter Operating Services和Hardman Group）承担设计、建造、运营和维护风险。保证提供不间断服务，水的质量达到或超过加拿大饮水标准。向市政当局收取的水费按合同规定收取。与城市对自身承担该项目所需花费的估算相比，这个项目20年预计可以节约1 200多万美元。

在这样一种假设的基础上预测的——假设在私营部门中存在可以引入基础设施项目的核心竞争力和可以写进合同的激励机制，以鼓励参与者找到能够通过互补技能和协作带来额外价值的其他各方。总之，PPP 的设计旨在最大限度地利用私营部门的技能，作为对公共部门现有技能的必要补充，同时为项目交付和运营落实明确的问责制和风险转移（美国商会，2002）。用 Linder 和 Rosenau（2000）的话说：

> 它们（指 PPP）是指资助和交付公众所需的服务，其性质不同于私有和公有，而是优于二者中的任意一个。例如，PPP 的结构可以避开包含重要利益冲突的极端私有化的不足，也可以解决公共部门因垄断造成的业绩不佳和效率低下等困扰（p. 9）。

借助美国在 PPP 方面的经验，Linder（2000）建议采取六种方法，使 PPP 将变革引入公共部门。第一，PPP 是管理改革的一种工具。作为一种工具，它们可以通过把市场规律引入公共服务而改变政府的运作方式。第二，PPP 鼓励“问题转化”（problem conversion），这样，公共部门管理者的任务就变成了重新组织他们面临的限制因素，以便推动私营部门经营者及他们承诺的资金的进入。问题的中心就变成了要实现的一个结果，而不是执行事务的过程。第三，一旦做到这一点，PPP 就能通过增加结果中参与者的数量并为公共服务管理者积累市场经验，从而实现“道德重建”。第四，PPP 允许将财务风险从公共部门转移至私人投资者。第五，PPP 可以作为重组公共服务、整合行政程序和为公务员提供私营工作场所的载体。第六，作为一种权力共享的安排，PPP 可以从基本的途径改变企业和政府之间的关系。其中一种途径就是，合作精神和信任能够代替“指挥和控制”监管中普遍存在的对抗关系。另外，合作伙伴之间的任何关系都将涉及责任、知识或风险的互惠性共享。在大多数情况下，每一方都为将要投资或交换的其他方带来有价值的东西。最后，期待合作伙伴之间互通有无，通过谈判来协商可能诉诸法律的分歧。这就是本章后面讲到的合伙的本质。

私人融资模式

众多PPP的其中一个特点是私营部门承诺为设施的建造和翻新融资。支持PPP的理念已经成为引导基础设施项目私人融资供给的适当模式——这就是早期人们在寻求私人基础设施融资时遭遇困难所凸显出来的需求。为“设计和建设”公路合同而开发的方法开创了技术先河，现在许多PPP项目都在使用这些技术。

传统的公共部门采购方法一般都会产生“设计和/或建造”合同。然而，Hodgson（1995）根据英国采用这些合同的经验得出了这样的结论：

> 公共部门在资本计划的设计和建造中的记录较差。超时和超支现象非常普遍。部分原因在于公共部门的态度和文化。在建设部门这通常导致保守设计或过度工程化设计。（p. 68）

传统的方法也给政府带来了很多风险，包括资产所有权的风险。这种风险就是指资产没有得到适当的设计、维护和更新，致使其有效寿命短于预计期限，而资产的经济价值也不同于项目财务结构所依据的资产经济价值。

这些研究结果不仅出现在英国。在一项对许多国家的主要基础设施项目的调查中，大多数国家都借助“传统的方法”使用公共资金，Bruzelius等人（1998）发现，在大型基础设施项目中成本超过固定价格50%～100%的是很常见的；而与实际情况相比，交通流量预测偏差超过20%～70%的也很寻常。对项目生存能力的预测也过于乐观。他们把这些归因于基础设施项目传统公共方法的弱点，形成这些弱点的原因有：依靠政治威望对项目作出的过度承诺、在项目后期对项目规格和技术说明做出的高成本变更、特殊利益集团“攫取”项目、没有明确的政策目标、未进行风险分析。我们将在下一章对这些要点进行详细的分析。

DBFO模式

诸如采用“设计—建设—融资—运营”（DBFO）模式的公路，其合同的关键创新源于它不是传统的资本性资产采购，而是一种服务采购政策，该政策明确规定了服务结果和绩效标准。DBFO这个术语是英国高速公路局提出来的，用来描述依据私人主动融资模式制定的基于特许经营的公路计划，DBFO合同具有下列特点：

● 它是一份长期合同，合同期限一般为25年或30年；

● 它对付款、服务标准和绩效评估作出了详细的规定，提供客观的方式依据绩效进行支付；

● 通常合同只有一个公共部门，一个私营部门。虽然也可能涉及其他私营部门实体，但是执行的职责一般通过分包形式分配给DBFO合同的主要私营部门一方。

DBFO特许经营者必须承担实质性风险，其本意是政府机构将购买公路服务而不仅仅是一条新公路。特许经营者必须能够承担长期义务，因此需要具备雄厚实力并且致力于提高业务质量。为了鼓励这种优质服务，支付制度包括激励良好绩效的措施和惩罚较差绩效的措施。

在英国和其他一些欧洲国家（如芬兰、葡萄牙和西班牙），支付机制的主要形式已经围绕影子收费展开了。影子收费涉及依据定价结构用项目公路的公里数计算的按车辆进行支付的方式。将其称为影子收费是相对于实际收费而言的，因为道路使用费是由政府支付，而不是由道路使用者支付。一般地，支付的金额不同是因为不同的交通路段，交通流量也不同，这取决于车辆的多少。在英国的模式下，要求投标人最少投标两个、最多投标四个交通流量等级指标，限制条件是最高段——每年超过 X 车辆公里数的任意路段——的收费等级必须以零为起点，以便确保有效完成 DBFO 合同规定的对国家应尽的最大义务。投标人根据其对交通流量等级的评估设定路段和通行费。大多数都选择四个段，其中价格最低路段表示对该路段内的交通流量和通行费持谨慎态度，且该路段的收费水平达到偿债要求（但是可能不包括股权收益）。因此影子收费的本质就是政府按量付费，理论上允许公共部门将使用风险转移给私人经营者，而无须引入用户直接付费和避免产生相关的交通分流效应。

英国国家审计署（NAO）已经在 DBFO 公路项目的审核中批评了影子收费。国家审计署的批评大部分指向这样一个问题——在经营者不能通过明确规定用户费用等直接定价措施来影响公路需求时，把数量风险转嫁给私人经营者是否合适？实际上，在影子收费的机制下，私营的公路经营者几乎无法增加交通的使用。另外，投标人构建定价等级的方式将导致在更高交通流量范围内每辆车付费的减少。最终，由于最高付费段以零为起点，额外的交通流量并未收取通行费反而增加了私营部门额外的维护成本（国家审计署，1998）。国家审计署接着得出这样的结论：通过影子收费机制转嫁数量风险的费用很可能超过这样做所获取的收益。在交通一向繁忙而交通风险较低的地方——很可能是市区，影子收费是否能提供最合适的付费基础依然是个突出的问题。

认识到影子收费起初在英国被认为是向未来某一时候实际收费制度转变的短期机制，这一点非常重要。影子收费是在公路用户收费的前景不明朗时产生的，曾经被视为可能使后期改变成用户收费合同变得更为容易的一种过渡措施。然而，到目前为止，向实际收费的转变还没有发生，很大程度上是因为英国近代没有收费公路的历史，因此这样的举动是非常敏感的。并且，技术方面直到最近才发展到可以实现电子收费的水平，正如我们在前面的章节讨论的那样。

近期大多数“设计—建设—融资—运营”公路项目更多地关注于可用性付款和绩效付款。执行可用性机制要求确定某个路段被认定为无法使用的时间以及其缓解程度。无法使用包括因道路经营者或第三方开展维护工作而造成的某个路段关闭，以及道路经营未达到指定标准以及安装路标、照明设施、通信设备和防撞护栏等导致的道路堵塞。其基本目的是促使经营者快速、有效地对无法使用的事件作出响应。

绩效付款可涵盖许多方面，例如将付款与运营商成功完成单项任务（例如路面保养、维护以及排水、照明和路肩保养等等）以及运营商实现关键总体目标相挂钩。通常，目标可以设定为根据预先规定的关键绩效指标（KPI）测定事先明确的产出物。使用这些方法的款项支付流是以绩效为基础的，而且根据是否达到各项 KPI 以及实现程度而变化。财务奖罚制度也是根据该理念制定的。在设定 KPI 时，将参考与下列内容相关的标准：

- 没有交通堵塞（平均通行时间），
- 道路事故（交通事故的数量），
- 行驶质量（道路路面状况），
- 环境影响（违反噪音/空气质量要求的事件的数量），
- 提供行车信息（准确性和频率），以及
- 车辆故障服务（是否到场和反应时间）。

目标是促使运营商通过持续的额外工作和道路改善活动和安全设计来实现安全的目的。

这类方法通常符合将道路经营风险转移至私营部门的原则。实现适度的风险转移是 DBFO 模式的主要目标，包括以下因素中的全部或一部分：设计风险、建造风险、启用日期风险、交通量风险、法律和不可抗力风险以及经营风险。最初出现在道路系统中的这些特征目前已经成为一种标准。道路的设计和建设方法的范例有：Dartford River 交叉口、the second Severn River 交叉口、M8 St James 立交以及 GlasgowBirmingham Northern 疏导公路项目。我们从后来研究的一些案例中可以了解到，以影子收费、可用性测量和绩效指标的组合为基础的 DBFO 型支付机制在大多数 PPP 安排中起重要作用。

项目融资

DBFO 型项目的另一个特点是私营风险资本的介入，同时期望资金处于风险状态的投资人需要一个更加贴近实际的项目评估、风险管理和项目执行方法。项目融资中采用了融资技术，而且可使用一系列的工具和方法组合，其中包括基于资产的融资、租赁、分期付款购买以及使用特殊目的无追索权融资工具。基本前提是项目可产生盈利而且项目收入可用于清偿借款。投资的未来收入将用于还贷，向融资人提供担保时将投资项目的业主和发起人的财产与项目贷款的偿还相隔离。一种比较标准的做法是项目发起人建立一个特殊目的公司（SPV），并在其中作为主要股东。每个发起人都持有合资企业中非常少的一部分股权，因此从法律和会计核算层面上说特殊目的公司无法被诠释为子公司。而项目融资通过特殊目的公司完成。

鉴于特殊目的公司较低的资本化程度，在实现期望的风险资本回报率时，需要依赖直接收入支付运营成本和归还融资款项。高级私人资本融资者关注并评估项目现金流和收益作为还款资金来源是否足够。由于公司通常有最低的非项目特定资产而且融资不涉及项目公司背后的发起公司，因此不会让项目公司提供资金担保。其目的是实现对发起人最小追索权的资金结构，并同时提供足够的支持让融资者对风险感到满意。

在这方面，PPP 项目的融资必须进行“设计”，以考虑涉及的风险、资金来源、会计核算和税收规则等。项目设计需要在合理分配风险的竞标程序（一项通常委派给财务顾问或投资银行的任务）开始之前对所有伴随风险（attendant risk）以及合同安排结构进行专业分析。项目执行需要对服务交付的所有组成部分（例如建造、授权、运营和维护）进行专家管理。从高级融资者的角度看，该阶段对于成功处理所有伴随风险并进而实现对现金流担保唯一来源的控制是必不可少的。

在我们看来，项目实施的前期工作和后续管理的组合在实现预期结果上起了决定性的作用。这些结果即是项目达到资金最佳使用价值、在不超出预算的情况下按时交付、提供符合标准的服务。如果没有市场规则且不能从中获益，那么，复杂的项目融资方式可能被视为另一种比国债更昂贵的融资方式而被排除。这样，可能忽视整个 PPP 过程的基础是评估风险以及实施适当的评估程序和处理这些风险的管理方法。实际上，持有私人提供的风险资金起着催化剂的作用，它可以以一种政府融资无法实现的方式将风险管理技术应用于项目中。

正如我们已经了解到的，使用投资的未来收入为融资提供担保是一种年代非常久远的观念，在我们前面讨论的收费桥梁和公路的时期便已经存在。其全盛时期无疑是 19 世纪铁路建设融资的繁荣时期，那时债券持有人一般除了铁路本身及其收入外没有其他任何担保。但现在的情况不一样，金融工程中采用了大量的金融工具，而计算机程序也被用于预测现金流并对可能的结果进行测试。

收入来源

当私人融资者在 PPP 下为基础设施融资时，他们需要确定一个可行的收入来源。在 PPP 模式中，私营企业的收入可能来自两个途径，即消费者支付的款项和公共实体支付的款项（或二者的某种组合）。收入来源非常重要，因为它决定了（1）私营企业按照消费者的支付意愿来调节成本和质量的激励措施，（2）公共支出的数量和时间，以及（3）影响收入的风险的性质。

针对公路的 PPP 项目提供了这两种实例，并说明了看似相同的合伙模型中存在的多样性。在美国，三种基本类型的 PPP 已在公路项目中采用（Lockwood，1995）。在建设—拥有—运营（BOO）方案中，私营联合体同意在有限的时间内融资、建设、拥有、运营并收取使用该设施的费用。弗吉尼亚州Dulles-Leesburg收费公路的外延工程Dulles Greenway就是此类设施的一个例子。私人拥有并运营，所有建造前的开发成本都由业主支付。道路的融资方法包括以公路收费为担保的债务、私人股本和一些政府次级债支持。所有通行权已被授予或者由项目发起人购买。

美国公路的其他PPP安排有建设—运营—移交（BOT）或建设—移交—运营（BTO）方案，不同之处仅在于政府财务责任的时间跨度。在BTO中，私营联合体向政府租赁已竣工的设施，并负责运营，收取足够的费用偿还项目负债、赚取合理的投资回报，在此之后将所有权利归还给政府。尽管从运营开始之日起政府便正式拥有设施，但是所有的财务责任仍由私营联合体承担。当政府以某种形式拥有设施较有利时，BTO体系可能比BOT体系更受欢迎。这是因为政府所有的项目在民事侵权案件中受美国主权豁免法律的保护，这可规避私营联合体在运营过程中遭遇不可保险的风险。

在上述两种类型的安排下，经政府部门批准的私营联合体提交一份竞争性提案；若被选中，私营联合体将被允许进行谈判；最后签署特许经营或特许权合同。在公用事业特许经营合同中，私营联合体将被授权在限定的时间（通常是20～40年）内规划、设计、融资、建设并经营一条收费公路。在此期限过后，设施的所有权将无条件转让给主办的政府机构（BOT模式下）或者在工程完工后直接转让（BTO模式下）。

大多数最近建造的英国公路采用的就是DBFO合同。正如我们已经了解的，特许经营者负责设计、建造、维护和运营，而且它必须为项目融资。但是所有权并不转让给开发者，开发者也无法获得任何土地权益；国务大臣在整个合同期限内对公路项目享有最高权力。而DBFO的承包商仅享有使用公路的权利，也就是运营公路的“许可证”，许可期限通常为30年。与法式特许经营模式不同，上述权利不包括收取用户使用费。支付的款项是“影子收费”、可用性测量值和绩效指标的组合。

显然，这些安排在收入来源和伴随风险的性质方面存在不同之处。当私有实体收入由价格或用户费用（用户支出、通行费、电费价格）组成时，项目收入将受商业风险的制约，就像在任何市场环境下那样，尽管一旦费用或回报率受到监管，它们也将面临监管风险。虽然电子收费系统的使用改变了以前的成本效益计算，但是仍然要考虑收费成本和外部因素。

另一方面，如果公共部门实体是收入的来源，那么商业风险可能很小或者不存在，但是合同纠纷可能仍然存在并导致支付失败。Daniels 和 Trebilcock（1996）论述到，政府机构可能由于两个原因导致合同执行困难。首先，政府可能明确取消合同承诺并通过立法废止合同。其次，一系列的政府改革，例如环境政策、健康和安全条约、交通和地区发展，可以改变授予私营投资者的特许经营模式的特许价值。除此之外，对公共机构施加财务影响、扣押资产或起诉相关政府机构也比较困难。另外，一部分私营企业或其赞助者和投资者也不愿意承担公共支付风险。在这些情况下，需要谨慎构思合同。一些调解和风险规避因素将在以后的章节中讨论。

同时，我们可以注意到 DBFO/BOT 安排在运输项目中得到改进，技术不断传播，并构成其他基础设施应用中的 PPP 的基础。如 Adrian Smith（1999）观察到的：“运营收费公路从概念上说和运营铁路、医院或监狱并没有太大差别。因为它们都必须在既定的预算范围内提供达到承诺标准和可衡量标准的特定服务”（p. 138）。

伙伴式项目管理模式

我们已经研究了在“新公共管理”标题下公共部门商业化方面的 PPP 概

念的起源和“建设、设计”模式的形成（或者更准确地说是设计—建设—融资—运营），以及相关的改进融资技术的需要。下面我们开始研究第三大影响——伙伴式项目管理模式本身。

20世纪90年代中期，工程管理文献中出现了许多研究，审查和评估建筑行业最近发展的概念—伙伴式项目管理模式（Crowley and Karim，1995；Hellard，1995；Wilson et al.，1995）。项目管理文献（例如Kerzner，1989）早就认识到提早花费在建设综合性项目团队过程中的时间可能会给项目采购、建造计划和建造过程带来更为成功的效果。团队建设的目的在于形成将在组织的各个层面传播开来的以项目为基础的文化和精神。伙伴式项目管理模式试图在组织间推广这个理念，通过制定高度组织化的管理方法促进团队跨合同合作从而消除组织壁垒。其基本组成包括正式化的共同目标、达成的问题解决方法以及对持续的、可测量的改进方法的积极探索。

伙伴式项目管理模式的提倡者将建筑行业因敌对关系而遭受损害作为工作的起始点。此前的承包方法以及项目管理实践，不论是否涉及私营部门的项目或公共部门的项目，都使参与方——项目业主、设计人和承包商陷入敌对境地，最终损害了共同的项目目标。缺乏沟通和合作导致破坏性冲突，结果是成本和进度超出原定计划、耗费时间、浪费金钱、质量低劣、士气低落最终甚至导致起诉事件。相反，伙伴式项目管理模式紧紧围绕冲突管理、团队建设、信任、承诺和共同目标。有关伙伴式项目管理模式的研究提出了实现这些目标的方法。

Crowley和Karim（1995）将伙伴式项目管理模式定义为一种解决跨组织冲突的方法，它可以让两个或更多的组织在实现共同项目目标时实现资源的最大效用。这种关系中引入的关键因素是信任、承诺和共同愿景。信任对于信心和鼓励思想交流至关重要。承诺允许技术和方法上的共同改善。共同愿景的实现取决于双方就实现共同目标达成一致。一个成功的合作关系的标志是公开、创新、公平、分担风险以及通过解决问题来消除矛盾。虽然伙伴式项目管理模式可以应用到公共部门实体和私营部门实体，但是作者提到公共部门机构想要达到成功合作的目的必须战胜传统的官僚架构。

在另一篇有关该主题的文章中，Wilson等人（1995）主张，对于大多数组织而言，伙伴式项目管理模式代表一种重大的文化转变。一个主要障碍是项目合作是单一事件，它们本身不会产生伙伴式项目管理模式过程所要求的文化转变机制。作者试图将伙伴式项目管理模式排除在单一事件项目的安排之外，并从组织转变模型（其中的战略转变是改革领导团队驱动的）中的伙伴式项目管理模式进程的战略角度研究伙伴式项目管理模式。这个团队负责确定伙伴式项目管理模式要达成的目标、管理伙伴式项目管理模式进程以及开展持续诊断、协调和问题解决等工作。目标是通过将共同目标、信任和团队合作设为建筑合同中所有协议的中心，实现制度化转变。但是要实现上述目标，需要一个适当的框架来促成并执行合作关系的组织结构内的转变。

该框架不仅仅是任命人员共同为协调项目而工作。其理念是让主要参与者结成联盟，将注意力集中在项目上而不是各参与方。这样产生的文化迫使组织壁垒被削减。这种形式的伙伴式项目管理模式对于PPP特别重要。因为私营部门组织的灵活性和渗透性更大；而公共部门组织的边界更为顽固，克服起来可能比较困难。而且，那些在公共部门链条中的较低阶层可能不会分享部长和高级官员的“利己主义”（privatism）热情。

伙伴式项目管理模式本身不是合同，然而该方法通常由直接参与人而不是组织签署的、设定各方共同达成义务要点的一份书面伙伴式项目管理模式协议，即非契约性协议支持。Smith（1999）举例说明了建设—运营—移交收费公路特许经营模式的伙伴式项目管理模式（见表3—2）。一般情况下，参与方会聘请一名外部服务商对整个程序提供帮助并协助制定协议。服务商的任务是帮助各方培养所需的“团队精神”从而明确并制定伙伴式项目管理协议，通过确定每份合同都符合善意原则来帮助各方坚持已经达成的契约（Helland，1995）。

表 3—2　　项目合伙协议示例

合伙协议
我们是 Blanktown Bypass 收费公路特许经营的合作方，同意在整个特许经营期限内共同努力确保高质量项目的设计、建造和运营。我们特此申明我们是一个团队，共同致力于实现以下目标： ● 设计、建造、运营高质量的方案使相关各方满意。 ● 完成或者超标准地完成目标。 ● 维持有效的团队关系。 ● 采用有效的沟通方式。 ● 以及时、积极的方式解决任何争议问题，尽量减少争议。 ● 完成或者超标准完成环境目标。 我们同意尽最大努力制定特定行动计划改进问题处理进程并确保项目的成功完成。 签字人：

资料来源：Smith，1999，p. 137。

合伙协议是伙伴式项目管理模式代表的联盟方法的一部分。PPP 模式中并不需要这些协议，因为合作伙伴安排本身便是为此服务的，并致力于巩固共同的目标。

也许考虑伙伴式项目管理模式向 PPP 转变的最好方法是采用 Peters 的将合作伙伴关系的概念视为“机构”（Peters，1998）的提法。相关实体不再是依靠个人进行一系列谈判形成共同的行动目标，而是选择组建一个组织（或一个“机构”）形成合作伙伴关系。不再是政府和私营部门参与者之间的临时性关系。

> 可以将这些合作伙伴关系的概念定义为稳定的机构结构。它们依靠各方对优先级和价值的共同理解，由两名（或更多）参与者共同商定的整套规则进行管理。稳定性和机构化可以被视为减少交易成本和促进决策形成的机制，而这一过程则是通过在政策上达成共识来实现的。(p. 19)

小 结

PPP继承了“伙伴式项目管理模式”和“设计、建设”，但是增加了新的复杂性。这些复杂性首先来自于这个事实，即许多伙伴式项目管理模式具有DBFOM（设计、建设、融资、运营、管理）特点，整合了（有限）所有权与运营、管理以及设计和施工。其次，PPP涉及许多基础设施服务（例如监狱、医院和法院），其通行费和用户使用费等不能按消费者付费方式征收。最后，在一些PPP中，例如重建和地区发展方面，非政府组织（NGO）与公共和其他私营部门组织共同参与；而在许多项目上，发起方有义务广泛征求社会团体和其他利益关系方的意见。鉴于上述原因，PPP成为中心议题，后面的章节还将围绕这方面内容进行讨论。

第4章

PPP 与传统形式的基础设施采购

引　言

本章从采购步骤、后续程序及整体采购绩效三方面，对传统形式的采购和PPP 的采购进行对比。进入本章前，有必要重提促使基础设施项目采用 PPP 模式的一些因素。前一章我们回顾了英国、美国和法国私营部门参与基础设施投资的变化情况。在 20 世纪的大部分时间里，这三个国家以及其他国家的公共部门在基础设施服务的生产、交付和融资中占主导地位，但是近年来公共部门开始逐步让位，尝试让私营部门以各种不同形式参与其中。私营部门得以重新参与的部分原因是由于公共部门改革的持续深入。在这个过程中，很多被认为应当由国家垄断的领域都已经商业化。但这并不是唯一的原因。

对传统基础设施公共采购方式的不满是导致私营部门重新参与的主要原因。第二次世界大战后，许多国家的基础设施政策都是基于“国家能够成功地改变市场失灵的状况”（援引世界银行的话）这一信条设计的，但事实证明并非如此。许多国家公共部门的基础设施项目效率低下，可靠度低，财务控制不良（世界银行，1994）。这种最多算是稀疏平常的绩效表现使越来越多的道路建设采用建设—运营—移交（BOT）/设计—建设—融资—运营（DBFO）型模式，并且人们开始寻求更具合作性的"伙伴关系"（partnering）来建设项目。我们将这两种模式看作是公私合作关系概念的前身。

传统采购方式的不足之处

正如我们所看到的，Hodgson（1995）将公共部门在设计和建造重大工程方面的糟糕表现归咎于公共部门的态度和文化，正是这种态度和文化致使工期拖延、成本超支时有发生。此后，掌握了更全面且更确凿的关于基础设施投资成本超支和收入短缺程度的证据。我们将在"乐观评价"一节中介绍这一现象。

乐观评价

最近的两项研究（Flyvbjerg et al.，2002；Mott MacDonald，2002）进一步证实了早期的研究结果（Pickrell，1990；Fouracre et al.，1990）。Flyvbjerg 等人已开始关注丹麦的研究，此项研究考察了涉及 20 个国家的 258 个大型交通基础设施项目，其中绝大多数的项目采用的都是传统的公共采购方式。① 研究发现 90%的案例中成本都被低估。铁路项目的实际成本比预计成本平均高出 45%，隧道和桥梁项目平均超支 34%，而公路项目则为 20%。没有证据表明，在过去 70 年中这种情形曾发生过改变。表 4—1 概括了他们的研究结果。

① 一个重要的、明显的例外情况是海峡通道。

表 4—1　　大型公共工程交通项目中实际成本与预算成本的差异

	所有地区		欧洲地区		北美地区	
项目类型	项目总数	平均成本增长（%）[1]	项目总数	平均成本增长（%）[1]	项目总数	平均成本增长（%）[1]
铁路	58	44.7（38.4）	23	34.2（25.1）	19	40.8（36.8）
固定连接工程[2]	33	33.8（62.4）	15	43.4（52.0）	18	25.7（70.5）
公路	167	20.4（29.9）	143	22.4（24.9）	24	8.4（49.4）
所有项目	258	27.6（38.7）	181	25.7（28.7）	61	23.6（54.2）

注：1　括号中的数字是成本误差的标准差。
　　2　固定连接工程由隧道和桥梁组成。
资料来源：基于 Flyvbjerg 等人（2002）的数据。

2002 年进行的另一项重大研究中，英国财政部委托莫特·麦克唐纳（Mott MacDonald）公司对过去 20 年中英国 50 个大型公共采购项目的结果进行审查，范围涉及各类基础设施，包括办公楼、医院、监狱、机场候机楼、大型改造工程、公路、铁路、信息技术设施和隧道。表 4—2 概括了采用常规（即传统）采购方式的项目结果。大量证据证实了英国绿皮书（2003 版）中提到的“乐观偏差”——每一类项目在商业预测和最终结果之间的差异（HM 财政部，2003a）。在所有项目中，项目的实际工期超过预计工期的 17%。资本开支方面，实际成本比预计成本平均高出 47%；运营成本方面实际成本比预计成本平均高出 41%（尽管运营开支的实例项目比资本开支实例项目的规模小得多）。

表 4—2　　英国传统公共采购方式下的平均“乐观偏差”估计（按项目类型）

项目类型	工期[1]	资本性支出[2]	运营成本[3]	收益差额[4]
标准土木工程	34	44	无	无
非标准土木工程	15	66	无	5
标准建筑	4	24	无	无
非标准建筑	39	51	无	1
设备开发	54	214	无	无

续前表

项目类型	工期[1]	资本性支出[2]	运营成本[3]	收益差额[4]
采购外包	不适用	不适用	41	无
所有项目	17	47	41	2

注：1 实际工程工期超过商业预测中预计工程工期的百分比。
2 实际资本性支出超过商业预测中预计资本性支出的百分比。
3 实际运营成本超过商业预测中预计运营成本的百分比。
4 获取的收益少于商业预测中预期收益的百分比。
资料来源：数据来源于 Mott MacDonald（2002）。

由于项目类型各有不同，一般认为标准项目比非标准型项目表现出更小的乐观偏差，建筑项目确实如此。然而研究显示，对于土木工程项目，标准项目比非标准项目在工期上有更高的乐观偏差。标准的土木工程项目主要是道路工程项目，容易受到意外环境因素的影响，从而导致相对较高的工期乐观偏差。

交通项目的乐观偏差

导致这些结果的原因多种多样。事实上，Mackie 和 Preston（1998）对交通行业的早期研究已经确定了至少 21 种导致交通项目失误和偏差的原因，它们是：

1. 开始时未能明确项目目标，并且当已经明确的项目目标和实际目标发生冲突时，不能根据优先级进行安排。

2. 过早对项目做出政治承诺，特别是在进行充分深入的评估前就对项目做出政治允诺，使得政治家及其支持者无法体面地退出。

3. 不能（或不愿意）获得有益数据，如实际（可能）被占用的交通路线、公交车和铁路使用情况以及最新的、典型的低交通需求的原因。

4. 难以确定受新建高速公路（如 M25 高速公路）、新建支路、新的火车站、停车换乘系统等因素影响的区域范围。

5. 忽略了对“最少做”或其他选项进行全面评估。是否确实有必要新建支路，或交通枢纽改造工程是否能满足需求？换句话说，如果继续维持当前的维护水平，列车服务是否会出现减速、晚点、乘坐质量下降，甚至乘客需求下降等现象？

6. 在新建基础设施，即选择“做某事”时出现过度投资或“镀金”行为。在机场（香港，吉隆坡）或桥梁（Humber Bridge）需要预留多少容量？一幢建筑物的寿命应为多长？

7. 基于后续投资的错误规划设想，这通常发生在根据新城镇计划作出交通流量预测而该城镇规划最终并未实施（M65 高速公路），或被推翻的住宅方案（Sheffied 轻轨电车系统）或未获授权进入领空（协和飞机，Concord）。

8. 过高估计外部因素，如人口增长、收入、经济活动和车辆拥有量，需求反弹（如：Tync Wear 地铁，匈牙利 M1 高速公路）。

9. 因计算模型中的参数错误而导致预测失误（如，错误的假设道路通行费的价格弹性，没有考虑替代服务）。

10. 在预测新建交通设施的运行速度、服务频率、服务质量以及还未实行的收费结构等因素时过于乐观（例如：Sheffield 有轨电车的各个方面）。

11. 低估了与交通运营商对手激烈竞争的后果（如，公共汽车与轻轨列车系统，渡轮公司、低价航空公司与 Euro-tunnel）①。

12. 忽略了短期故障、临时中断以及其他事件可能对交通流量产生较长期的影响（如，Eurostar 隧道火灾、隧道寄宿者及高速连接路线延误的后果）。

13. 当技术发展和日益增加的维护成本使资产的经济寿命或市场寿命相对于技术寿命来说大幅缩短时，过高估计了资产的寿命（如，Victoria line，Bradford 换乘枢纽，20 世纪 50 年代的铁路现代化建设）。

---

① 2003 年 7 月，乘坐欧洲之星的乘客数量只有原先预测的一半，货物量只有预测的1/4。证据表明来自于渡船的竞争远比预计的要激烈，而出乎意料的是 Ryanair 航空公司和 Easyjet 航空公司崭露头角并成为了强劲的客源竞争者（参见《每日电讯》，2003-07-31，22 页）。

14. 在成本效益计算中忽视了对交易商的破坏性影响、建造阶段丧失的信誉（如，城市交通枢纽）以及增加的行走时间（如，因换乘位置不合理而引起行走时间增加）。

15. 在成本—效益分析中难以评价对环境的影响（如，古迹和历史遗迹的估值）。

16. 项目的经济、非经济以及政治影响的权重问题（第三次伦敦机场调查，连接海峡隧道的高速铁路的位置选择北部线路还是东部线路）。

17. 当二级和三级影响实际是主要影响的衍生物（如，运行时间缩短）时，在不同的部分重复计算使收益放大。

18. 忽视激励措施的隐性成本（如，为保证项目的可持续性而减免税赋、拨款、补贴及降低租金），以及由于资产价值的改变造成财富再分配和就业量从一个地区转移到另一个地区等各种因素。

19. 过于关注孤立的单个项目的评价，而忽视了整体网络效果（如，支路、卡车道路升级、私人机场）。

20. 因项目的酝酿期较长而低估了风险（有些项目长达10年甚至更久，如曼彻斯特轨道交通系统），这些项目容易受到政治、金融及经济环境变化的影响。

21. 系统性乐观评价导致高估了收益，低估了成本。

尽管“乐观评价”本身已被列为其中一种影响因素，但是其余20种因素中至少有12种因素相互作用造成了乐观评价。因此，作者将乐观评价挑选出来作为交通投资分析中最大的危险因素。他们认为这主要是因为评价中所包含的信息是由方案发起人提出或授权获取的，这些发起人存在明显的使结果产生偏差性的动机——有意的或者无意的——使用一种或多种方式夸大收益或低估成本。相对于私营部门，这个问题在公共领域更为突出，因为通常的商业审核和平衡乐观倾向的方法在这里并不适用。

Mackie 和 Preston 提出了三种对策。第一是在组织内部建立专门负责评估而不对项目负责的团队，确保评估的公正性（这更像银行的风险管理必须与营业部门相分离）。第二是将项目公开，允许公众审查质询，公众有足够的信息可以对方案发起人实施审查。第三是在事后评估上花费比现在更长的时间。系统地对比预测的和实际发生的情况是制定未来决策的重要原则并可增强怀疑论者的影响。

问题和解决方案

最近的研究同样发现了许多类似的因素。Mott MacDonald 的报告显示，迄今为止已确定的最重要的因素商业预测不足。以下列举了造成资本开支乐观偏差的项目风险领域，根据平均贡献率由大到小的顺序排列如下：

- 商业预测不足（58%）
- 环境影响（19%）
- 发生争端和索赔（16%）
- 经济影响（13%）
- 设计时承包商进入时间较晚（12%）
- 合同结构的复杂性（11%）
- 法律法规和规章制度变化（7%）
- 创新程度（7%）
- 承包商能力较低（6%）
- 项目管理团队（4%）
- 项目智能化程度较低（4%）

其他重要因素包括环境影响、争端、经济条件、未能让承包商参与设计过程。为解决这些问题，建议在项目前期更好地进行风险管理并加倍努力地工作，审核商业预测的项目目标、范围、要求和具体定义以确保以上内容的完整性并符合项目的近期、中期和长期要求。由于第三个重要的项目风险领域——争端和索赔——也可以看作是项目要求定义不准确的结果，由此引发许多变更，从而导致索赔的增加，因此，非常有必要花费大量精力确保商业预测在项目范围和目标方面能够代表项目各方的利益。

在Flyvbjerg等人的分析（2002）中提到的许多因素与Mott MacDonald的报告以及Mackie和Preston的研究结果相同。尤其是这些作者们都认为在项目早期赋予过多的政治意义，更改项目设计的时间太晚，未能让利益相关方参与项目，没有考虑外部影响，缺乏对政策影响的关注，过于强调技术方面的事务是比较重要的因素。但是，作者们明确否认了将预计成本、实际成本和收益之间的差异归因于预测未来所存在的固有难度的看法。相反，他们认为差异的产生源于三个因素：

1. 政治任期短。由于重大项目开发的时间跨度较大，那些曾参与过于乐观预测项目的政客们，往往在验证项目的实际寿命时已经不在其原来的职位上了。

2. 寻租行为。特殊的利益集团可以在不花钱或不承担诸如项目融资等风险的情况下推动项目的发展，通常纳税人的钱以政府担保的形式作为对项目的支持。

3. 虚假建议与承诺。竞标者们希望他们的提议在招标时被采纳，与潜在的相关利润相比因提出过于乐观的投标建议而受到的惩罚相对较小。招标时成本和风险通常被低估，一旦进入施工阶段，成本和风险都浮出水面。

总而言之，项目推动人员似乎认为采用一些迷惑和欺骗手段来推动项目的启动是不可避免的，工程师们出于“纪念碑情结”（monument complex）为这些项目推动人员提供帮助，而那些“元老级政客”则协助他们获取公共资金（Flyvbjerg et al.，2003，pp. 45-48）。

Flyvbjerg等人提出四种基本的补救方法。第一，增加透明度和公众参与度。第二，使用绩效标准，用目标驱动法代替传统的技术驱动规程，关注成果而非方法。第三，必须制定一套明确的规章制度来管理项目的开发、建造和运营。第四，将私人资本引入公共基础设施，使项目经受市场的考验。

PPP 是答案吗？

所有这些关于改进公共采购的建议都是构建良好的 PPP 方案的核心要素。PPP 的推进中始终关注经过明确定义的项目产出，慎重考虑详尽的商业预测和项目开发，制定实施项目管理和合同管理计划，且涉及各级别的市场测试。PPP 的结构不支持由某一个团队来“拥有”评价体系，PPP 在更多方面提供公共监督的机会。事实上 PPP 可以被认为是 Flyvbjerg 等人所提出的四种补救方法之外的第五种方法——这是一种竞争激烈的竞标过程。

Flyvbjerg 等人（2003）提出两种组织机制用于实施上述四种补救方法，目的是将私营部门资金和风险评估原则引入基础设施投资中。一种建议是为每个项目根据公司法成立一家国有企业，使其能够（或者期望）在资本市场吸引私人资本在无担保的情况下参与项目；或募集私人股权资本成为小股东。尽管这一方案似乎是作者的首选，但必须注意的是，20 世纪 60 年代法国和西班牙使用这种方式的经验并不理想（Smith，1999）。这类混合模式可能使得在确定“游戏规则”时遇到困难。作为大股东，政府扮演的是什么角色？是“袖手旁观”的角色还是“亲身参与”的角色？如果企业陷入财政困难而人们呼吁政府采取措施时，政府应该怎么做？在这方面私营参与方的期望是什么？私人融资者是否依赖于政府的隐性担保？是否认为其投入的资金最后不会有任何风险？如果确实如此，那么市场原则就被削弱了。

Flyvbjerg 等人（2003）所提出的另外一种组织模式是特许经营，要求私营企业联合体投标获取特许经营权，在指定时期为一个特定基础设施项目设计—建设—融资—运营（DBFO）。作者们对这种方法并不感兴趣，因为他们对此怀有三个方面的疑虑：第一，存在这样一个问题，即，运营公司是否面临其他方式的充分竞争。这种担心可以归结为，争夺该市场的竞争是否能有效地代替该市场内部的竞争。第二，作者们担心政府是否有能力全盘考虑与项目相关的问题并制定出应对策略。第三，与第二点相关，作者们质疑从长远来看，一旦建造阶段结束，私人利益方是否仍能完全致力于履行其义务。需要指出，与 DBFO 的特许经营权相反，PPP 在机制上提供一种能应对和协商解决合同变更的合作框架，确保参与项目的私营方在合同期内全力以赴地实现项目的目标。一般来说（虽然并不完全如此），PPP 也能确保参与项目后期阶段的各分包商从一开始就能在项目公司的所有权和管理架构上处于有利地位。

在丹麦同行的研究中，Flyvbjerg 等人（2002）认为：尽管基于 DBFO 合同的特许经营方式在他们看来至少是值得研究的一种途径，但是还没有足够的数据来确定私营项目比公共项目表现更好或更坏。相比之下，Mott MacDonald 调查的 50 个项目中有 11 个采用的是英国的 PPP/私人主动融资模式。这些结果是非常惊人的。通常，PPP/PFI 项目都是按时完成的（传统方式下 17％工期超时），PPP/PFI 项目的资本成本平均超支为 1％（传统采购项目平均超支 47％）。报告将这些结果归功于 PPP/PFI 项目更优的风险分配以及对建立商业预测所需的高度努力。

研究结果公布之后，越来越多的关于 PPP 绩效的证据公之于众。在 2003 年 7 月，英国 HM 财政部（2003b）公布了对 61 个 PFI 项目进行研究的结果，项目涉及许多服务领域：监狱、警察局、道路、桥梁、火车、医院、学校、国防设备。主要研究结果如下：

- 89％的项目按时或提前交付。

● 所有英国 HM 财政部案例中的 PFI 项目交付时都未超过公共部门的预算。没有发现任何 PFI 项目在签署合同后改变公共事业服务费——除非用户的要求发生改变。

● 3/4 的公共部门管理者认为项目达到了最初的预期目标。

● 尽管还有可以减少采购次数的空间，但有证据表明采用最新方式解决问题产生了效果。

英国国家审计署（NAO）对所有政府采购项目进行了来回往复的审查，其中包括 PFI 采购。2003 年 2 月国家审计署检查了 PFI 的施工完成情况。一项国家审计署 1999 年的早期研究发现只有 30％的非 PFI 的大型建设项目是按时交付的，27％的项目是在预算范围内交付。对 PFI 项目的调查发现，与传统采购项目相比，私人主动融资项目大部分都是按时或提前交付的（PFI 与传统采购项目相比为：76％∶30％）并且是在预算内交付的（PFI 与传统采购项目相比为：78％∶27％）。对比结果如表 4—3 所示。此外，公共部门不承担建造费用的超支部分，这与以前的非私人主动融资项目相比的确是一大进步，以前项目遇到财务困难都是由纳税人承担的。①

表 4—3　　PFI 项目和传统项目的施工完成情况（％）

项目	PFI 项目 2002 年 NAO 普查	政府采购 1999 年调查
按时交付	76	30
预算范围内交付	78	27

资料来源：英国国家审计署，2003。

虽然最初证据似乎有力地证明了 PPP 提供了一种解决公共采购问题的方法，但是有一点非常重要，Flyvbjerg 等人在现阶段对基于特许经营权的方式

① 最典型的例子是位于 Trident 潜水艇停泊港的“Guy”和“St Thomas”医院项目（Jubilee Line 的延伸项目）和国防部的 25 个大型设备项目（参见英国 HM 财政部，2003b，p. 31）。

抱有某些疑虑（他们并没有这样仔细研究伙伴关系安排）是合理的。设施的建设只是基础设施公私合作安排的一部分，发起人的义务不会因设施的竣工而结束。同时，作者们还恰当地突出了公私部门合作协议对相关公共机构提出了完全不同的、更具试验性的要求。这可以通过考察公共采购与 PPP 的相关采购步骤进行评价。

PPP 中政府角色的转变

从传统公共采购方式转变到在 PPP 中提供基础设施预示着公共部门角色的转变。本节将考察政府在 PPP 采购过程中和传统采购方式中的不同角色。至于上一节提到的有助于产生更好效果的 PPP 的特点将在下一节中介绍。

公共采购包括以下步骤①：

1. 建立备选方案
2. 评估备选方案
3. 起草咨询服务工作大纲；聘请咨询师进行可行性研究
4. 实施可行性研究（咨询师参与）
    - 初步设计和成本估算
    - 市场分析
    - 经济分析
    - 财务分析
5. 进行安全评估（咨询师）
6. 安排环境影响评估（咨询师）

① 这几点以及后面的几点扩充并修改了 Flyvbjerg 等人（2003）研究结果中的列表。

7. 项目建议（咨询师）

8. 议会决策

9. 建立项目执行团队

10. 申请必要的许可证

11. 融资

12. 详细设计（咨询师）

13. 选择承包商

14. 施工管理（咨询师）

15. 调试运行

16. 投入运营

但是，在 PPP 下，将项目投入市场、启动建造和运营阶段的步骤则有所不同：

1. 政策研究

2. 评估备选方案

3. 公开政策文件

4. 准备工作大纲

5. 起草绩效指标和参数（咨询师）

6. 委聘咨询师进行可行性研究

7. 要求咨询师准备公共参与的计划（公众听证会，利益相关团体参与，同行评议，等等）

8. 评估可行性研究

9. 颁布征询意见文件

10. 征询公众、利益攸关者和监管机构意见

11. 让咨询师参与对建议的监管方案的研究；进一步分析相关成本；风险管理规划

12. 第二次颁布征询意见文件，征询公众和利益攸关者意见
13. 确定决策文件
    - 绩效指标和参数
    - 运营的融资条件
    - 风险管理
    - 运营模式
    - 招标程序
    - 监管方案
    - 成本估算和相关成本的融资条件
14. 法案送达议会
15. 投标商资格审查
16. 准备短名单，邀请投标（咨询师参与）
17. 评标
18. 选择特许经营者，磋商并签订初步协议（咨询师参与）
19. 发布由总审计长审核过的信息文件
20. 选定的私营方进行最后的设计以获得：
    - 监管部门的最终许可
    - 承包商的投标
21. 达成一致的协议获得相关部门和特许经营者的认可。
22. 详细设计
23. 获得环境和安全部门的最终认可
24. 执行协议
25. 审核和管理合同

通常，这些步骤会被分成多个不同的阶段，而在每个阶段政府承担的角色各不相同，因此被冠以许多不同的“头衔”。作为合同关系的管理者，公

共机构批准合同（政府作为特许经营权的授予方），评估基础设施的需求（政府作为系统规划师），提供辅助条件（如土地）以及为服务支付费用（政府作为资金来源方），确定绩效结果和标准（政府作为客户），进行具体的采购规划（政府作为项目管理者），确保设施在建造、使用和维护方面符合要求（政府作为巡查员），要求符合标准和规格（政府作为监督员），监督业务和财务可靠性（政府作为合同管理员），评估环境影响（政府作为环保责任人），以及保证公众知情权和实现社会政策目标（政府作为公共利益的代表）。

表 4—4 列出了开发一个典型的 PPP 涉及的主要阶段并指出了政府在各个阶段不同的着眼点。同时，私营部门实体也有不同的义务，因为尽管政府不直接持有基础设施的所有权，但始终通过合约的方式从私营部门购买基础设施和相关的辅助服务。这类协议的主要内容有：

- 关注服务，强调基础设施服务的交付必须使用新的或改造过的公共基础设施；
- 规划和要求，使市场能清楚地了解政府需要的结果及其要求；
- 为私营主体建立一个可行的商业预测；
- 过程的确定性，确保在项目开始前所有要求都被清晰地理解；
- 提供项目资源，使政府能按照公布的时间表推动项目的进展并解决问题；
- 围绕关键绩效要求明确协议的要求，以便制定提高绩效和减少争端的激励措施；
- 形成合作伙伴关系，促进政府和私营主体在所有项目进行过程中形成良好的信任和友好关系；
- 合同管理，监督和执行合同。

表 4—4　　　　PPP 合同的主要阶段

阶段	主要任务	政府角色
定义服务需求	● 确定服务需求 ● 决定输出成果 ● 考虑网络效果，走廊规划 ● 预留创新空间	客户、系统规划师
评估	● 审查各备选方案（翻新、重新配置、新建资产） ● 评估财务结果、风险和其他影响	系统规划师、环保者、公共利益代表
商业预测	● 量化风险和成本，确定净利润 ● 成本效益分析，公共部门比较基准（PSC） ● 获得资金和项目许可	系统规划师、资金提供人
项目开发	● 聚集项目资源（指导委员会、项目总监、公正审计师和采购团队） ● 制定项目计划	项目管理者
招标过程	● 制作和发出意向邀请函 ● 评估回应和准备短名单 ● 发布项目概要 ● 评标	特许经营权授予者
项目最终评审	● 确定资金最佳使用价值及政策目的的达成情况	系统规划师、公共利益代表
最终谈判	● 建立谈判框架、成立谈判团队 ● 公正审查 ● 执行合同 ● 融资完成	特许经营权授予者、资金提供人
合同管理	● 转交给合同管理团队 ● 确定管理职责 ● 完成项目交付 ● 处理合同变更 ● 监督服务质量 ● 维持合同的完整性	巡视员、监督员、合同管理者

上述特征强调了 Mott MacDonald（2002）的报告所提出的风险管理和基于项目成果的项目定义周期。这些特征也体现了 Flyvbjerg 等人（2003）所建议的检查、平衡和激励方式（了解公众需求，绩效要求，明确规则，风险资本介入），它们是解决传统采购问题的方案。特别是，这样就有机会在单一机构的领导下对前期设计、建造成本以及后期的服务、运营、维护和改造成本进行彻底的整合。而且，这种采购方式关注的是最终成果，强化激励措施，激发投标商在达到上述要求的过程中形成创新性的解决方案。在传统基础设施采购方式下，详细设计通常在招标以前就已经完成，因此不可能出现创新的技术或节约成本的方法。从这方面来说，PPP 是一种具备激励机制，以绩效为基础的安排，在此安排下承包商负责设计、建造，在一个较长期限内（有时长达25～30 年）运营和维护。通过详细说明所要求的服务结果，政府机构等于表明了它不再对成本超支、工期延长以及系统效率低下或者不能使用等问题负责（Smith，1999）。

PPP 的优势

然而，PPP 安排的目标远远超越以结果为导向的协议方式。Lockwood 等人（2000）认为，PPP 与传统的采购和设计—建设—融资—运营（DBFO）/建设—运营—移交（BOT）方式相比具有明显的优势。作者们关注的焦点是道路交通基础设施的发展，并且在开始时他们便提出当涉及道路拓宽融资时，政府有两种基本的选择：使用“量入为出”的普通资金（类似财政资金）或使用收费公路（他们借此主要说明是明确的通行费而不是以前在英国使用的影子收费体系）。使用普通资金为道路融资意味着道路拨款因资金需求而每年都将产生较大的波动，这样对其他部门资金资源的平等而有效的分配造成了困难，而且对风险识别和风险确认也会造成影响。其他问题前面已经讨论，例如决定适当的设施规模，制定激励措施控制成本。

在BOT特许经营方式下，政府将某一确定的时期内融资、开发和运营一条产生收入的收费道路的权利授予一家私营企业（通常是一个联合体），到期后设施将移交给公共部门。在“一切都按计划进行”（EGAP）原则下，这种做法非常奏效，即，当“一切都按计划进行”（Flyvbjerg et al.，2003，p.80）且成本可以得到控制时，道路使用者能负担得起道路通行费，而且项目的经济和商业环境相对温和。但事实上，许多方面出现了问题，而且这些问题经常出现，包括：难以取得道路使用权、迟迟不能达到环境影响管理的要求、设计不合理、计划变更、较晚获得许可证、低估项目建造和运营成本、高估交通流量带来的收入、“暂时性”问题、客户群体建立缓慢。如果合同各方不能采用实际的、合作的方式进行风险评估、降低风险和分担风险，那么上述问题会交织在一起（Lockwood et al.，2000，p.80）。

Lockwood等人将PPP看成是政府和私营部门的商业关系在道路建设上的一种发展方式。它比传统的BOT特许经营方式更具优势。作者们并不认为PPP是一种全新的“模式”，而将其视作私营部门参与基础设施建设的早期模式的变体，是在成本分摊、风险共担方面有更高层次的合作。一个主要的区别是，公共部门在提供资源方面发挥着越来越重要的作用，真正地成为开发“伙伴”而不仅仅是“客户”（p.77）。

PPP的运作方式如下。合作各方在一开始便致力于形成一种更为有效的合作关系，期望各自能为项目出力。公共部门掌握诸如土地、不动产等资产和通行权，并能在计划过程中，授予开发过程中购置基础设施的权力。私营部门引进外部资金、专业技术和激励机制，以最有效的方式推动项目的发展。执行私人资本市场“规则”的结果是，迫使其提高建造和运营效率，以最低成本在最短时间内完成项目。因此，必须加强对设施运营阶段的控制，确保用以偿还项目资金所必需的现金流的安全。正如我们在上一章所提到的，PPP就是使适当的风险评估和风险管理策略到位。资金风险的存在使得相关的测算更为实际，而这在项目由公共部门投资的情形下是不可能发生的。

PPP 不仅只是伙伴关系的一种“模式”，而应该是一个确保以有目的的方式全面考虑并评估所有风险的过程。由于双方都承诺为项目的成功提供资源和信誉，因此伙伴关系依赖于具体的成本共担协议、风险降低和风险分配的详细分析。Abdel-Aziz 和 Russell（2001）围绕权利、义务和责任提出了该过程的一个框架。这三个方面的分类构成了所有 PPP 项目的重要特征。在此协议下，各种权利都转让给私营实体，作为对其承担一系列特殊义务的回报。首先考虑权利。一种为所有权，当公共部门将其拥有的土地和资产所有权移交给私营部门时，与所有权相关的权利也移交给私营部门。另一种是收益权，政府方授予私营部门在合同运营阶段获取项目收益的权利。相应地，私营公司有义务承担某些任务。这些义务涉及规划、设计、建造、改造、运营、维护、融资、环境影响（生物物理）、劳动力问题、区域影响和其他商业的影响。最后，责任方面是指在协议项下各方共担或各自承担的实际和潜在的责任及风险。协议项下还包括一般责任（侵权行为、第三方责任和设施损毁）、税赋责任和风险责任。风险责任是由风险分配过程产生的。表 4—5 中列出了各种不同的因素。

表 4—5　　评估 PPP 的框架

定义	内容	特点
权利：政府将各种权利转交给私营实体作为对其承担一系列特殊义务的回报	所有权	实际资产 智力资产 股东权益 所有或部分权利分配
	收入	各方资金分配 产生的基础

续前表

定义	内容	特点
义务：在协议项下私营实体和政府达成的必须履行的承诺	项目开发	规划 设计 建造 改进
	运营	运营 维护
	环境	生物物理方面（空气、海洋、陆地） 社会方面（劳动力问题、地区利益、商业影响）
	融资	融资范围 担保来源 政府担保
责任：协议项下任意一方承担的实际和潜在的责任及风险	法律责任	侵权行为的赔偿责任 商业中断 有形损失
	风险	建造 商业 财务 不可抗力
	税赋	减免 责任承担

资料来源：Abdel-Aziz and Russell（2001）。

Abdel-Aziz 和 Russell 采用这个框架调查了英国、加拿大和美国的许多项目。根据调查结果，他们提出了一份有关三个方面特征的建议清单，须在 PPP 的文件中明确。他们特别强调，必须在这类文件和 PPP 协议中清晰地表达政府的要求，以便减少发出补充材料的数量，帮助联合体对要求做出响应，减少在谈判上耗费的时间并在可能的情况下减少依靠合同修订来反映在项目初期没有考虑到的市场实际情况。但是与传统采购过程不同的是，在 PPP 模式下所有的要求由另外一个实体临时或永久承担，而不是全部由政府负责。

PPP 相对于传统采购的潜在优势都是有成本的，其中一个确实的成本就是缔约成本。虽然传统采购也存在这类合同问题，但是传统采购协议的拟订并不是那么复杂，而且执行和监督起来也不费力。尽管如此，这种传统采购方式下明显较低的成本可能是带有欺骗性的，因为其风险分析并不十分彻底——由此造成成本超支和项目交付延期。从这方面来看，可以认为PPP形成了一种独立的评估和审查体系，应该可以运用于采购政策。

的确，有人认为从PPP方法的运用中可以了解到其他采购方法或从这些采购方法中学习借鉴。例如，英国财政委员会（1996）认为"没有什么先验的原因解释为什么公共采购不能按时或在预算成本范围内交付。实际上，许多私人主动融资的利益似乎一样可以在管理和控制优化的传统采购中实现"。从理论上来看，可能是这样的。但是传统采购方式忽视了PPP所补充的最关键的部分，即建立激励方式避免项目交付延期和成本超支。

PPP的应用范围

对于所有潜在的项目没有单一的"处方"，在不同环境下的应用证明了这一理念的通用性。尽管如此，PPP也不是万能的。PPP合同具有的复杂性为一系列可行的项目设定了一个最低标准。在英国，2003年7月的财政审查决定对项目成本小于2 000万英镑的项目不再实行PFI，依据是投标成本和契约成本太高致使项目如果实行PFI将失去价值。继续关注英国的案例，值得注意的是，尽管围绕PPP/PFI计划存在很多争议，公共部门及其支持者也强烈反对，但是英国公共基础设施的大部分投资（超过85%）依旧采用的是传统的采购方式，而PFI仅占总投资的10%～14%。

财政部的观点认为PFI仅在某些领域内是有价值的。这些情况发生在大规模的、复杂的资本项目且需要有大量的后续维护时。并且，当私营部门的项目管理技能、更富创新性的设计和专业的风险管理技术能给项目带来实质性利益时，采用PPP是非常合适的。然而，财政部认为，在其他领域私人主动融资（PFI）不太可能实现资金最佳价值，例如私人主动融资（PFI）的交易成本与项目的价值不成比例，或者技术变革太快以致难以确定长期合同要求的领域（HM 财政部，2003b，p. 2）。

一份（自发的）PPP 委员会的早期报告也得出了相同的结论。该报告认为使用 PFI/DBFO 方式［含特殊目的公司（SPV）的设立］对于非常复杂的项目来说是最适合的，因为它们可以把设计和建造阶段的大量风险转移到运营阶段。这里项目管理方法和部分或所有合作方投入风险股本都是必要的条件，承包商和分包商的整合便是一个非常有说服力的例子。对于在设计和运营方面有较大创新空间的项目来说，PPP 模式是非常合适的。但是可能那些重点在于设施的建成交付，仅仅需要普通运营和维护的常规项目最适合采用的是设计—建设—运营（DBO）模式，该模式的资金来源于公共部门（在这方面委员会特别引用了医院的项目）。此外，委员会建议不涉及重大风险且不需要长期协议的日常改造和维护（例如学校）可以采用更为传统的协议模式（pp. 100–101）。

我们将从两个方面讨论这些结论。第一，在 PPP/PFI 应对环境变化的能力方面，我们注意到，在某些 PFI 协议中，公共采购方通常扮演的是“客户”而不是“伙伴”、私营部门合同方在建议书中仅满足于商业预测中的要求而不是寻求变革，因此伙伴关系非常有限（审计委员会，2001）。一个更具合作性的框架可以提供一个有利的环境，在应对不断变化的商业要求时，双方可以更为方便地对合同变更进行协商。下文我们将会研究的一个案例是在 West Middlesex 的私人主动融资（PFI）医院项目，在该项目的合同中，引入了一些弹性因素，从而可以考虑不断变化的卫生保健需求，特别是在技术变革相当迅速的项目所在地区。第二，我们对 PPP 合同是否必须限定于复杂的项目提出质疑。下文将研究的另一个案例是澳大利亚的 PPP 医院住宿服务项目，这个项目被称为是“平淡无奇”项目，项目承诺实现资金的最佳价值。这种结果的一种原因可能是，联合体由单一的实体领导，在这个例子中，牵头的是一家银行。澳大利亚率先采用了“融资人主导”的 PPP 方式，该方法对于相对简单的 PPP 项目，可以提供降低投标成本的可能性，同时还能实现资金最佳价值，缩短采购时间并在预算范围内交付项目。

然而，我们对自己似乎过于乐观，因为在确定项目是否能从 PPP 模式中获益，实现资金最佳价值这一问题上还有大量需要考虑的因素。这些问题将在下一章进行讨论，下一章我们将探讨构建 PPP 模式的“传统”途径和新型的“融资人主导”模式。

第5章

合作协议的框架

采用 PPP 模式的最佳时机

按照传统的基础设施采购方法，公共部门在提供服务之前首先获得新资产，如：公路、桥梁、学校、医院、大楼等。随后，公共部门通过其自身力量提供服务，采用外部采购或外包方式，全部或部分交付给其他专业运营商。外包或外部采购在过去二十多年中发展迅速，这是因为公共（和私营）部门已经采取了多种方法来提高效率，更好地利用资源。PPP 推动了这个趋势的发展，提供了一种不同于传统采购的方法，其特点在于，基础设施资产和相关服务的获得都是在单个的长期合同约定下实现的，而最初的资本支出是由私营部门提供融资的。

PPP 的一个主要目标是，将私营部门的专业管理经验和与私人所有制及融资相关的市场规则应用到公共服务中。当然，在传统采购模式下，公共部门在采用设计方法和雇用私人建造商时，也能够采用私营部门的技术，而 PPP 则为参与方提供了另外一种不同类型的激励机制。合作框架鼓励私营部门实体在制定规划时不局限于建造周期内，尽力去整合运营和维护阶段的众多因素。

PPP的应用

根据现有经验，适用于PPP的项目类型包括：

- 交通（公路、铁路、港口、机场）
- 固定连接（桥梁、隧道）
- 水资源（净水厂、灌溉、污水处理、管道）
- 旅游（设施建设）
- 健康（医院和专业保健服务）
- 专门的收容设施（法院、警察局）
- 教育设施（学校、博物馆、图书馆）
- 惩教服务（监狱、关押拘留所）
- 艺术、体育和娱乐设施
- 会议中心
- 政府办公设施
- 社会住房

英国财政部在2003年7月的一份评论中认为，PFI/PPP模式在规划周期较长，要求对建造和交付风险进行有效的管理，且资本密集度足以弥补采购成本的项目中应用非常成功。另一方面，PFI/PPP模式似乎不太适合用于信息技术领域，因为该行业所涉及的业务流程比较复杂，技术更新快且运营简单。有些IT项目或许适合采用PPP方式，但这些项目可能是那些需运用复杂技术运营的项目，如采用复杂分派界面的紧急服务中心。[①] 这份评论显示，PFI的应用范围扩展到了社会住房、城市改造、废弃物管理和监狱等领域（英国HM

① 此类项目与大墨尔本季隆区域为警察和救护车开通的移动数据网络项目类似，该项目于2004年3月完成，与风险调整后的公共部门比较值相比，该项目有望为公共采购方节约11%的费用。

财政部，2003b)。

三个标准

这些领域显然都是可以考虑采用 PPP 模式的。但是，一项服务是不是要采用 PPP 项目模式取决于如下三个问题：

1. 哪项/哪些（如果存在的话）部分的服务是政府自身应向民众提供的（核心服务问题）？

2. 除此以外，对于服务和设施，哪种项目模式能够实现资金的最佳价值（资金价值问题）？

3. 上述资金价值问题的答案能满足相关政策中阐述的公共利益标准吗？如果不能，能否通过在合同中订立保护性条款或通过监管措施来满足公共利益（公共利益问题）？

对这三个主要问题——核心服务、资金价值和公共利益——的综合回答决定了该项目的优选模式。[①] 显然，如果服务整体都被认为是核心，那么就没有采用 PPP 协议的必要。然而，PPP 安排的一个优势在于能让大家关注核心服务问题的两个不同方面。其一，什么才是真正的“核心”？其二，核心服务和辅助服务或相关服务的边界在哪里？

什么是核心政府服务？

什么是真正的核心政府活动这一问题将我们带回到政府的本质上来。在美国的政府制度下，按照 James Madison 采用的方法，在一个限制政府权力扩张的体制下存在三个平等且互相分离的基本部分。按照 Madison 的观点，政府

① 处理这三类问题的框架请参看维多利亚合作伙伴政策（2001）。

可以分为三个互相监督、互为制衡的不同部门：两院立法部门、独立的行政部门和独立的司法部门。每个部门都有各自明确的职责，并监督其他部门的越权行为（Blum et al.，1963）。在英联邦（不考虑王权），政府的基本核心部门是：议会、行政和司法体系。

建立并维持一整套法律和制度体系以前一直被视为政府的基本职责，政府扮演的角色是“领土的保护者和公民社会（civil society）的守卫者”——实际上是“公断人”和“和事佬”（Gray，1989）。米尔顿·弗雷德曼在其“小政府”（small government）地位的经典阐述中认为，政府的基本职责是：“提供一种我们可用以修改规则的途径、调解我们在规则含义上存在的分歧以及强制少数不遵守游戏规则的人遵守规则”（Friedman，1962，p. 25）。大多数人（包括 Friedman 自己）除了同意上述基本职能外，还认为政府有责任照顾社会中的穷人和其他弱势群体。但是，现代福利国家的四个主要部分——教育、医疗服务、住房和养老金——已经远远超出了对上述群体的照顾职责。正如 Arthur Seldon（1990）所说，“公共部门更多的是一种政治假象，并不是经济发展之必需或公众之偏好”。相反，他认为，现在公共部门之所以存在，最好的解释是“党派政治”和“既得利益寻租”（p. 170）。

如今，绝大部分人认为，当政府提供的服务比市场提供的更有利时，就应该由政府来提供——这也就是 Officer（2003）所称的服务供给中的比较优势原则。

在这个基础上，应根据哪一个部门能给社会带来最大的价值来分配公共部门和私营部门的职责。Officer 还指出，出于众多原因，政府在承担许多商业活动时显然具有“比较劣势”。其中一个主要的原因是，政府在为管理人员制定激励措施，使其以商业化方式开展活动时存在困难。大多数情况下，创新活动以及风险承担活动的下行风险要大于收益，因而“照章办事”显得更为容易。另一个问题是，政府通常被宽泛的授权，因此不能形成明确的目标。很多特殊利益集团都在为引起注意而大肆叫嚣，在这样的环境下，公共部门机构面临相当多互相冲突的目标，而对其中任何一个目标都只承担较少的责任。目标太多的结果通常是一个也实现不了。当一个PPP采购议案被提请通过时，所遇到的第一个障碍往往发生在公共部门实体受到质疑的时候："这个项目的目标是什么？有哪些指标能说明项目实现了预期目标？"

比较优势的原则本质上为在公共采购政策下适用资金最佳价值检验法提供了依据，这样就能够对私营部门在PPP协议下提供的基础设施服务与公共部门提供的服务进行比较。由于这种测试的结果并不是简单的通过或未通过，人们通常期望私营部门若通过投标则必须使资金发挥出最佳的价值。经济自由论者则认为这种假设犯了方向性错误。他们会抛出Adam Smith的原则，即，政府只能开展市场不能做的相关活动。他们认为，政府不这样做或超过了这个界限，将最终破坏市场，约束自由企业的发展。实际上，Seldon（1990）的原话是这样的：

> 凯恩斯重申了这一经典原则，即，政府不应在能做得比市场好的地方发挥作用，而只能在没有市场的地方发挥作用……一旦政府介入，只会让人感到失望或更糟——效率低下、不负责任且滋生腐败——最好政府不参与除其职能以外的服务，除非为了获得所需服务，不得不容忍其所有的不足。

从这个角度来看，那些绝对需要由政府完成的活动少之又少，主要包括不能靠收费筹募资金的活动，因为这些活动具有"非排他性"和"非竞争性"（如对外防御），以及那些收入抵不上征收成本的活动（如当地停车场和儿童运动场）。但是，停车场需要政府人员维持治安并加以维护吗？即便有人认为，政府有责任保证每个人都能上学、接受卫生保健服务、受到保护不被犯罪分子伤害，那么，又有什么理由认为具体的教育、医疗或托管服务不能由私营部门提供？

原先看来显然属于公共性质的服务如今已经习惯性地由私人机构来提供——监狱和托管服务、消防服务、电力供应、电信、公路、桥梁、隧道等。机场和办公大楼的保安工作现在也由私营公司来提供（在澳大利亚等许多国家，私人“警察”比公共警察还要多）。警察和紧急呼叫线路现在由私营公司来管理并负责雇用人员。职业介绍中心由私营代理机构运营。供水和污水处理可以由私人特许经营公司完成。税费要向政府缴纳，但可以由私营企业征收。许多法律纠纷也可以通过私人仲裁机构处理。这种界限似乎由政治目的和公众接受程度而决定，而不是出于经济方面的任何要求。

从上述例子可以明显看出，几乎不存在必须由政府本身来向社会提供的、“核心”的服务。此外，通常提供核心服务的领域并不排除私营主体的参与。医生和护士在公立医院内提供的服务、教师在政府教育设施内提供的服务以及法官在法院内提供的服务仍被广泛认为是必须由政府提供的一种职能。然而，即便在这些领域公共供给原则是不可违背的，也没有理由认为这些领域的支持性基础设施和辅助服务不能由私营部门来提供。例如，法院需要有横向和纵向交流的复杂系统，必须为那些被告和犯人提供拘押中心和安全进出口。音响效果必须好，但不能泄露陪审团私下审议的内容。必须安装复杂的法庭记录和视听系统，并维持其良好的工作状态。法庭还应设有旁听人员的便利通道。所有这些功能（包括法庭建筑本身）都可由私营运营商进行设计和提供。

案例：医院

在医院的实例中，私营部门可以不同程度进行参与，而且，涉及公立医院建造和管理的PPP模式能在现有医疗体系内引入新方法控制成本并改善相关服务。表5—1列出了私营部门参与的各种选择，从一端的外包到另一端的通过出售实现私营化，中间是各种 PPP 方法。

表 5—1　　私营部门参与医院项目的几种选择

选项	私营部门职责	公共部门职责
外包非临床支持服务	提供非临床服务（如清洁、膳食、洗衣、保安、建筑物维护）并雇用相关工作人员。	提供所有临床服务（和员工）并管理医院。
外包临床支持服务	提供临床支持服务（如放射和实验室服务）。	管理医院，提供临床服务。
外包专业临床服务	提供专业临床服务（如碎石术）或常规手术（如白内障摘除）。	管理医院，提供绝大部分临床服务。
公立医院内部或公立医院旁的私营侧楼共用同一场地	将私营侧楼（针对自费病人）投入运营。只提供住院服务或同时提供临床服务。	管理针对公费病人的公立医院，与私营侧楼签约共担成本，共享人员和设备。
对公立医院的私营租赁和管理	利用政府或公共保险基金管理公立医院，提供临床和非临床服务。可以雇用所有员工，也可以根据合同条款负责新的资本投资。	与私营公司签约，让其提供公立医院服务，向私人运营商支付服务费，监管和控制所提供的服务以及履约情况。
对新公立医院的私营建造、融资和回租	建造、融资、拥有一座新公立医院，租赁给政府。	管理医院，向私营开发商分阶段支付租赁费。
对新公立医院的私营建造、融资和运营	建造、融资、运营一座新公立医院，提供临床或非临床服务，或兼顾两种服务。	每年向运营商支付其提供服务的投资成本和经常性成本。
公立医院出售后继续经营	购买设施，并按合同继续作为公立医院运营。	向运营商支付服务费，监管和控制服务以及履约情况。

资料来源：摘自 Taylor and Blair（2002）。

根据私营公司是否管理医疗服务、拥有或租赁设施、雇用员工、融资和管理资本投资，所采用的方法也各有不同。政府选择最适宜的合作方式取决于医院服务需求和外部条件，政府是否有能力管理并有效控制医疗服务质量以及公众对改革的需求，政府在卫生保健方面所起作用的观点。也就是说，什么是“核心”的政府服务？另一种是由宗教背景的非营利组织提供服务，政府长期以来就乐于将核心的卫生保健服务委托给这类机构。

在澳大利亚，这个市场几乎涵盖了上述所有模式。联邦政府、每个州和地区都提供卫生保健服务。如今，全国五十多座公立医院中都有私营部门的参与，包括 BOO 协议（私营公司建造、拥有并运营一座公立医院）、转让（公立医院卖给私人运营商后继续原样经营）、特许经营（公立医院由私营部门管理，政府继续拥有所有权）、建设—拥有—回租（私营公司建造一座新公立医院，然后回租给政府）和共用同一场地（私营侧楼位于公立医院内部或公立医院旁）。这些合作方式是在对新资本的需求、转移运营风险的要求以及寻求提高效率的推动下产生的（Taylor and Blair，2002）。本章随后会提供一个案例，介绍维多利亚州一座新公立医院的设计、建造、融资和设施管理。

在英国，国家卫生局（NHS）是另一个对卫生保健的“核心”和“辅助”服务持有不同观点的例子。最初在私人主动融资（PFI）下发展的模式是，NHS 信托公司继续雇用临床工作人员，而私营部门负责辅助设施的设计、建设、拥有和维护，并提供辅助服务。信托公司招募一家私营公司负责融资并建造一座新医院、维护设施、提供非临床服务，如洗衣、保安、停车和膳食等。运营商在 15～35 年内每年都会收到资金偿付，以归还其资本成本及用于维护和服务的经常性成本。私营主体确保临床人员获得尽可能现代、高效、有成本效益的设施。那么，NHS 就可以专注于其主要功能：提供卫生保健服务。然而，这样仍存在一个问题，即，谁应该提供基本的卫生保健服务？最近以 PFI 模式尝试开发诊断中心，为非必需的外科手术提供全方位服务，改变了 NHS 内部传统的分工。

案例：监狱

监狱是另一个对私营部门能提供什么样的服务以及公共部门承担什么样的

角色这两个问题一直存在各种不同解决途径的领域。在英国，监狱所采用的模式范围比公立医院要广泛，并且比其他国家的模式也更为完整，这是因为整个的“监狱和惩教服务”都由私营部门实体提供，包括监狱的管理和人员安排。

图 5—1 列出了“监狱和惩教服务”名类下的各种服务，并指出了所采用的三种不同的私营部门参与模式。它们分别是英国 PFI 设计—建造—维护—融资模式（DCMF 模式）、法国混合式管理—设计—建造—融资（DCF）模式和澳大利亚维多利亚州采用的服务型基础设施模式。

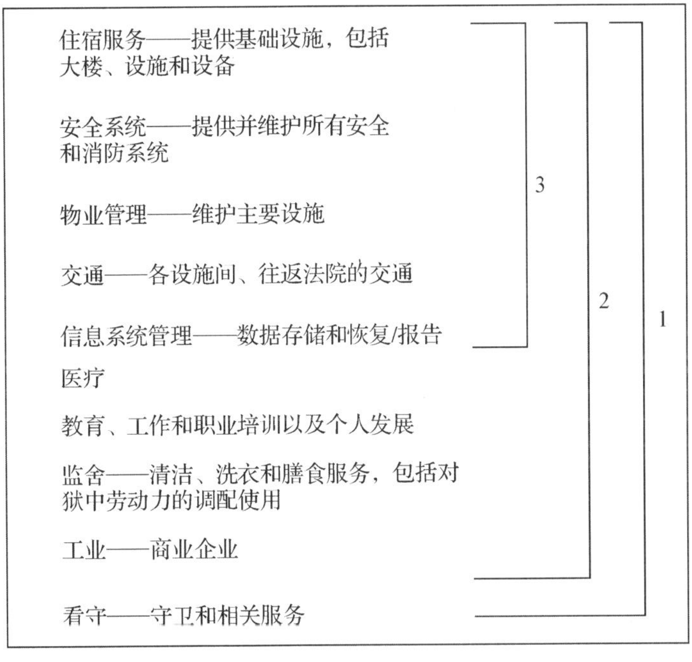

图 5—1　私营部门参与提供监狱服务的各种模式

1＝英国 PFI“DCMF”模式；2＝法国混合式管理“DCF”模式；3＝服务型基础设施模式

DCMF 模式是近来私营部门参与监狱服务最为广泛采用的一种模式。该模式已在英国、美国以及澳大利亚几个州的诸多惩教设施中使用。在这种模式下，私营部门设计、建造、融资并管理监狱。州政府可能拥有也可能并不拥有监狱场所。这种方法的显著特点在于将所有监狱服务转交给私营部门，由私营公司来管理监狱的运营。在英国，惩教部部长（minister of correction）通常会和私营部门实体成立的壳公司［该公司作为特殊目的载体（SPV）来交付项目］签订一份长达 25 年的项目合同，皇室契约授予 SPV 在合同期限内使用特定场所的权利。SPV 与建筑公司签订一份固定价格、固定期限、设计建造（D&C）的交钥匙合同，并与监狱运营商签订一份固定价格、固定期限的运营合同。建造工程的资金通过基于政府为管理犯人支付费用而实现的无追索权债务来募集。在监狱开始运营前，不支付任何费用，必须达到某些服务标准要求。如果不能满足上述规范要求，服务费用将因关键业绩指标没有达到要求（如出现了临时脱离看管、私自夹带、在押犯人自残等情况）而根据“积分制”扣除。值得注意的是，政府的看护职责在私营监狱内也不能有任何推卸，因为对犯人处罚的宣判通常由政府官员执行。考虑付费体系时，不要把政府负责的看护职责与不履行看护职责（这些职责可以委托给私营监狱运营商并由其承担）带来的财务后果混在一起，这一点非常重要。

与 DCMF 模式相比，法国混合式管理模式使私营部门参与公共服务发挥的作用更为有限。在法国模式下，私营部门负责监狱的设计、建造和融资，提供有限的监狱服务，但不包括监狱运营和看守服务。在项目开始时，邀请①了私营部门运营商为 25 座新监狱楼房投标，负责监狱的设计和建造以及为期 10 年的特定服务的运营。监狱场所仍归国家所有。私营部门要提供的特定服务包

① 法国式项目始于 1987 年。当时，为了解决本国监狱过于拥挤的问题，法国政府推出了“13 000 计划”，即，由私营部门在五年内建造 25 座监狱，其中包括大都市中的四座监狱，总计要能容纳 13 000 名囚犯。这些设施主要是押候监狱和拘留中心。在其中 21 座监狱中，建造和设施管理（住宿和膳食、卫生、工作、职业培训和设施维护）均由私营部门提供。安全、整合、行政和管理仍然由法国监狱管理局及其工作人员负责。在剩下的 4 座监狱中，所有的设施均由法国监狱管理局及其工作人员负责管理。对于前一种情况，非看守监狱服务的 10 年合同在 2000 年 11 月和 2001 年 3 月之间到期，司法部根据欧盟制度组织了一次重新投标程序。

括工业生产、教育、膳食（包括员工设施）、医疗、维护、工作和职业培训以及犯人转运。公共部门雇员要提供所有看守服务，包括监狱间犯人的转移，而警察则负责犯人在监狱和法院之间的转移服务。至于监狱的设计，可以通过组织竞标实现设计创新，让投标人响应不同种类监狱的标准要求。政府为建筑融资提供担保，并承担管理和安全职责。10 年期结束时，政府保留从新的私营部门竞争中挑选合作者的权利，也可以与原先的投标人续约，或者重新由公共部门负责整体运营。

服务型基础设施模式是在 2001 年维多利亚伙伴政策下兴起的，当时由于不满意前一届政府对私营监狱的运营，新政府决定所有维多利亚州的新监狱都收归公共部门管理和运营。监狱服务也相应地分为三类：

- 核心服务，由公共部门管理，不在合同中，即，监舍管理（清洁/洗衣/膳食）、工业生产和羁押业务。
- 私营部门合作者提供的服务（基础设施和辅助服务），即，住宿、保安系统、物业管理、交通和信息系统管理。
- 那些潜在的、最初未列入合同中的、由私营部门提供的服务，即，医疗、教育、工作和职业培训。

在最长可达 40 年的合同期限内，公共部门运营商负责按监禁羁押要求提出功能空间/邻接建筑的设计要求指标，但并不涉及任何其他方面的工程和建造责任。除此以外，SPV 负责设计和建造工程的方方面面，包括结构完整性、流通空间、地基、空调装置等，付费与绩效及其他标准直接相关。

就所涵盖的服务而言，各种模式之间存在明显的差异。“服务型基础设施”和 DCMF 模式之间一个很重要的区别是整体框架，特别是合作协议涉及的范围。在 DCMF 模式下，合同结构相对较死板，因此，政府改变其要求的灵活度受限。而在伙伴关系框架下，可以建立服务型基础设施模式，使协议本身具有灵活性的特点。例如，合同机制能保证利益的共享，新技术的引进可以降低核心服务（羁押）或 PPP 协议下所提供的服务的成本。

至于监狱容量和既定范围内犯人的混合关押，仍有分摊风险的空间。DCMF 或 BOOT 型模式通常显得更为契约化，而不是更具合作性质。

PPP 模式

从这些例子中可以明显看出，不同的 PPP 模式一般允许各方承担不同角色。根据政府保留服务交付从最大到最小的顺序，从广义上说，PPP 模式可以分为如下几类：

- 公共部门交付服务（被认为是“核心”公共服务），私营实体只提供基于基础设施的服务（如：公立医院）；
- 公共部门交付核心服务，私营主体提供基于基础设施的服务和辅助服务（如：法院或学校）；
- 公共部门交付核心服务，私营实体提供基础设施和相关的辅助服务，同时向社会提供一些服务（如：体育设施）；以及
- 私营部门向社会提供包括基础设施在内的全套服务（如：某些交通项目）。

表 5—2 概括了广义上可行的服务交付模式。此外，由于具有灵活性，PPP 也能应用于商业环境，范围从：

- 政府能有效地控制需求，服务交付的成本大部分或全部由政府支付（如：非司法性的法院服务）；到
- 政府对需求只有很少的控制力，与用户共同承担服务供给成本（如：公共交通服务）；到
- 政府不能控制需求，服务交付的成本全部由用户承担，政府的角色仅限于提供一些支持性基础设施（如：土地），或者在规划等领域提供项目协调。

港口项目是这一模式的实例。

在形成最合适的方法时，重点应放在明确项目成果、公共利益、政府和私营部门的能力、最佳的风险分担环境以及商业活力上。目标仍然是实现资金的最佳使用价值。

表5—2　　公私合作模式的范围

私营部门的作用不断增强				
私营部门的角色	只负责基础设施服务	基础设施和辅助服务	基础设施和部分以公共部门为客户的服务	基础设施、向最终用户提供服务
政府的角色	所有公共部门对公共部门的服务	核心公共服务的交付	核心公共服务的交付	不负责运营
实例	公共建筑物	非核心医院服务、非司法性的法院服务	与教育设施相关的社区设施（如：下课后使用的设施）	铁路、公路、港口设施、停车场

资料来源：维多利亚伙伴政策（2001）。

相关服务

“相关辅助服务”囊括了许多运营服务，包括信息技术服务、由基础设施提供的住宿服务、与建筑物相关的服务（如：维护和一些支持服务）。特别是在所有情况下，PPP服务交付都需要土地和设施，私营主体通常能从富于想象的、与项目融为一体或起补充作用的设施场地的发展中获取价值。其中一个实例是Spencer Street Station的再开发项目，设计的目的是为了全力准备2006年墨尔本英联邦运动会。

Spencer Street Station项目合同规定民间企业联合体（Civic Nexus consortium)（由荷兰银行牵头）重建车站使其达到一致认可的标准，并在30年内运营此车站，合同期满后所有权移交给州政府。民间企业也可以在车站内发展餐饮和零售服务，并且已经取得了周边地区长达99年租约的商业开发权。该项目有诸多特色，包括标志性的屋顶设计。但从一开始，中标人便不认为这是个车站项目，虽然在传统采购方式下它也许仅仅是一个车站。相反，民间企业将这个地方看成兜里揣着钞票的人们聚集的中转站，并将交通、零售、商业办公区和市内居民区规划在一起，这样有利于把邻近的港口住宅区的发展（包括一个大型体育设施）与墨尔本市区衔接起来，并使车站在墨尔本日益扩展的中心活动区中占据重要位置。这一构思恢复了车站作为通往市区主干道的历史作用。

从产权的角度来看，对PPP项目的分析似乎涉及许多与开放的商业环境中合资企业/发展协议相同的原则。或许PPP模式和先前的各种基于资产的公私合资模式的主要区别在于，PPP模式鼓励参与者更加注重服务的交付。这与更为传统的机构所主导的资产本身具有内在价值的观点形成鲜明对比。如果私营部门能从项目产权一体化中增加可观的价值，从而降低向政府提供服务的成本，那么最终受益的是公众。此外，政府的高层管理人员可以从基础设施所有权和管理以及相关辅助服务的交付等日常问题中解脱出来。管理层不会因建造时间超时和成本超支、维护需求、基础设施不合要求以及雇员和客户不安（只要资金到位，这些问题可以通过设施改造得以解决。）等问题而影响其对服务的关注。① 这又把我们引向下一话题：财务。

财务因素

政府经常会在降低债务（和降低税负）意愿的推动下采用PPP协议，同时还要面临改善和发展公共设施的压力。但是，认为PPP模式是交付社会所

① 因而，上段中提到的Spencer Street Station改造项目能从30年通货膨胀调整后的分配中受益，用于车站的维护，而这显然是原有车站决不可能实现的。

需要的公共基础设施（及服务）的唯一方式，也是夸大其词，因为当使用费不足以支付服务成本时，采用 PPP 仍然要吸收公共资金。不同之处在于，公共部门付费的时间进度迥然不同。对于在 PPP 模式下提供的基础设施，政府并不拥有该资产，而是在签订合约后的一段时间从私营部门手中购买基础设施及相关的辅助服务。这些付费必须能够支付运营成本，同时让服务提供者获得资本收益，因此，通过 PPP 模式交付的项目对政府年度盈余所产生的影响，和由公共资金投资的资产所产生的影响是类似的（尽管不尽相同）。

图 5—2 说明了公共投资项目和 PPP 项目之间的现金流差别。从公共部门的角度说，PPP 模式在项目的早期要求很少或几乎不要求资本支出，一段时期后购买服务所需的运营性支出数额较大。

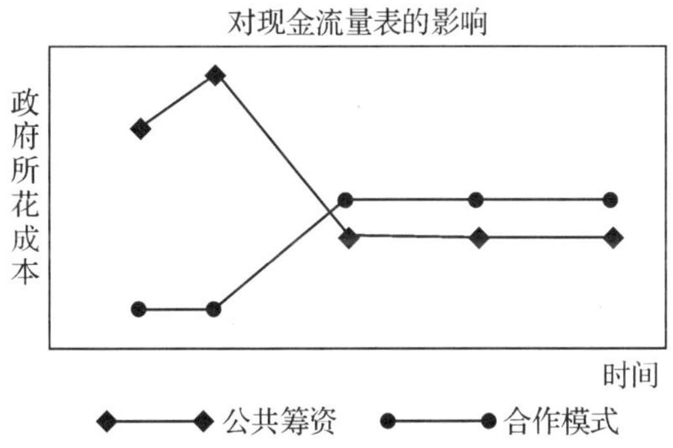

图 5—2　公共筹资与 PPP 模式中现金流的比较

与之相对照，使用公共资金的方式则要求较大的早期资本投入，一段时期后的运营性支出相对较少。正是基于此，PPP 模式对基础设施建设需求较大且面临不稳定财政状况的政府更具吸引力——对很多转型国家，这是必须要考虑的重要因素。但是，PPP 模式的主要优势在于成本和融资的可预知性。PPP 模式能确保全面考虑整个项目周期的成本和预算，保证相当一段时期内能提供符合标准的基础设施和相关的辅助服务，满足发展或改善要求。这样能在基础设施全生命周期内保证预算的可预见性，减少项目周期内资金转移从而对资产的期末残值产生不利影响的风险（如，从预定的整修计划中撤走资金）。当然，定价的可预见性和项目全周期成本是 NHT 信托公司在西米德尔赛克斯大学医院重建项目中重要的考虑因素，这将作为一个案例分析在第 6 章中探讨。

风险处理

融资只是要考虑的要素之一。传统上，基础设施采购一直被公共部门视为从私营部门承包商处获取资产，私营部门承包商只负责该资产的建造，而与该设施的融资和运营相关的风险仍由公共部门承担。在 PPP 模式下，重点在于基于基础设施的服务的采购，且在交易中风险的分担是截然不同的。

理论上，PPP 模式下风险分担的概念简单明了。政府自身完全无须承担与资产相关的风险（包括设计、建造、运营以及可能存在的残值风险），且从没有交付服务或者交付的服务没有达到规定的标准政府便不支付费用的意义上说，政府成为无风险的产品（服务）购买者。也就是说，公共部门购买的是有质量保证的长期服务，换言之，如果服务不能在既定的时间提供或服务质量不能令人满意，那么支付的费用会减少，或者得到补偿。

实际上，PPP 模式下的风险分担更为复杂，它的原则并不是把所有风险转移给私营部门，而是由最适合管理，并能使公共部门提供的任何费用发挥出最佳使用价值的一方来承担，最适合管理特定风险的部门应该能以最低价格进行管理并发挥出资金最佳使用价值。将不合适的风险转移给私营实体在 PPP 合作模式下只会增加不必要的成本，因为私营部门并不能以低成本管理这些风险。因此，在追求“资金最佳使用价值”的原则下，政府或许会同意承担某些风险，因为如果把风险整体转移给私营主体，则私营主体会收取更多的费用。只有“高效”级别的风险应该转移给私营主体，以减少个别风险溢价和项目的全部成本。

因此，PPP 模式的基本概念性框架是，由于服务接受者只对感到满意的服务支付费用，所以政府起初就把所有项目风险转移给私营主体。然后，政府要在“资金最佳使用价值”的基础上，并且在伙伴关系的合作框架下，考虑应该“收回”哪些风险以实现最佳的风险分担。所谓“收回”风险是指政府经过认真考虑，决定承担或分担原先可能全部由私营主体来承担的风险。这样分析的结果将体现在合同中。

最后会发现，PPP合同和标准的采购合同不一样，它并不是传统的产品供应商/买方关系的一部分。在PPP模式下，各方分担风险，并在现有关系下一起协作以实现项目目标。这比采购协议要复杂得多，例如，维多利亚州一个县法院项目的合同框架包括皇室契约租赁许可、法院服务协议、针对融资方的多方融资协议、商业场所和楼房、债券发行合同以及运营、维护和融资的分包合同。

全寿命周期合同

考虑风险和协商风险分担情况时，公共部门一方宁愿挑选能为合同项下所有服务负全责的单个实体合作。从政府角度看，如果与单个私营主体签订“全寿命周期”合同，那么风险转移是最有效的，该私营主体将会有最大的动力来确保从设计和建造阶段成功转换到高效的运营阶段。但是，在私营主体背后，还有多个私营部门的利益。当前PPP模式的突出特征是将融资、设计、建造、运营和维护捆绑在一起。由于这些功能都是高度专业化的，私营部门供应商倾向于组建一个由工程和项目管理公司、建筑公司、金融保险商以及运营企业组成的联合体，一起来开发一个特定的设施。

一般来说，私营实体会承担那些能合理定价、管理和降低的风险，这种风险的降低通常是通过转包或担保将风险转移给第三方的。假如存在风险，例如，一个项目的创新设计不符合指定的要求，那么这种风险就可以通过委派一个经验丰富的（有担保的）设计师进行部分转移。只要还能获得相称的回报，该联合体就会接受上述风险。

但是，如果某种风险极有可能会干扰或缩小用来保证债务偿付的付款现金流，那么承担这种风险的成本会相当高，这反过来又会极大地增加项目融资的成本。当风险不在其控制范围内时，私营主体将表现出强烈的不安。在这类情况下，或许可以改变风险的性质，使风险易于承担。如果不能这样做，由政府"收回"风险减少项目融资的成本或许能实现最高的成本效益。

因此，在PPP模式下要获得资金最佳使用价值的一个方法便是通过适当的风险分担方案，但这不是唯一的途径。PPP模式的一个引人之处在于它们是一种工具，借助该工具，私营部门的"苦干"精神将运用到公共服务中，整合的PPP结构能激发实现"协同"效应的动力（如：减少建造商、运营商和所有者之间的争执，对资本/维护成本进行更细致的核查），如果所有者是政府，而其他功能仅仅是采取合同外包的形式，那么也不可能实现这种"协同"效应。因此，对资本项目中公共基金的高效使用可以通过私营部门在设施设计、建造技术和实际运营过程中的创新和技能来实现，同时将设计风险、建设项目延期、成本超支以及财务和保险等责任转移给私营部门实体。没有风险转移，动力也就会显得不足，且所有各方需要理解所要管理的风险的含义。第6章将提到的资金最佳使用价值测试是关注风险的一种方式。第7章还会提到，为了便于风险管理和分担，开发了一种风险矩阵。现在，我们来看一下参与PPP的各方及其各自职能。

PPP的组织

PPP是一种将多个主体聚集在一起，实现基础设施投资的组织结构，其主要形式是特别为该项目成立"特殊目的实体"（SPV）。主要的参与方包括：

- 公共部门采购方（政府、当地政府和代理机构、国有实体）；

- 发起方，发起人作为实体投资商通常会成立一个特殊目的实体（SPV或项目公司）来与公共采购方和主要的分包商签署合约；
- 融资方；
- 分包商；以及
- 其他相关各方，如（法律、财务、技术）顾问、保险商、评级机构和保险公司等。

在一个项目中，各方都有明确的身份和责任，在明确的任务分工和风险分担基础上在SPV中组合成一个整体。

特殊目的实体

SPV只不过是一个单独的法律实体，通常是一个公司，成立的目的就是执行SPV与其客户（此处指公共采购方）签订的合同中规定的活动。这些活动的执行通常要求多方参与，为了便于开展这些活动，SPV与多个组织签订分包合同。PPP中使用SPV的原因主要有：

- 借助SPV有限责任的性质，使得该项目的贷款不能追索到发起人；
- 借助发起人在SPV中的份额不超过50%以及在编制合并会计报表的标准会计处理准则，使项目的资产和债务不出现在发起人的资产负债表上；以及
- 为了项目贷款人的利益，帮助项目远离任何发起人潜在的破产危险（“破产隔离”）。

两种方法

图5—3给出了联合体的普遍形式，其中可能包括债权投资者（通常通过银行形成企业联合组织）、股权投资者和发起人（对项目资产进行投资，因而面临“上行”和“下行”风险）、一位设计和/或建筑承包商以及运营商。根据哪一方在机构组织和投标方案的确定方面起主导作用，有两种可选方法：其一，传统的以建造和设施管理为主导的方法；其二，新型的融资方牵头的方法。

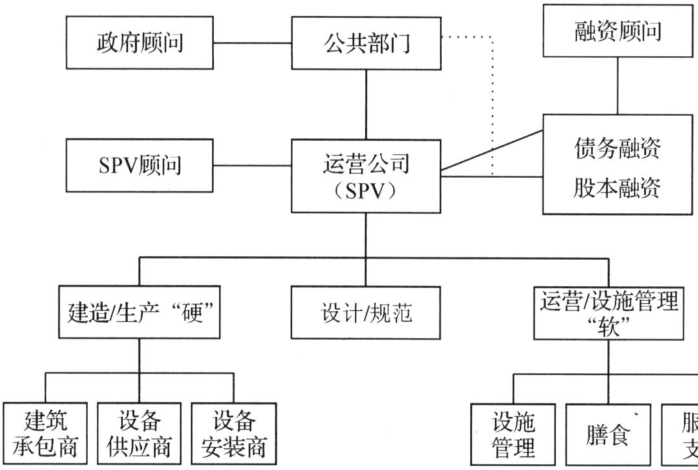

图 5—3　典型的私营部门联合体

传统方法

传统的方法在英国比较常见，承包商和服务提供商发起 SPV，并在其中占有一定的股权，作为它们参与该项目及其交付的一种承诺。融资方参与到联合体中，在 SPV 中或许只占较小的股权，但作为长期投资者在项目中拥有较大的财务权益，因而在项目建造阶段结束后它们在项目中的作用更为显著。但是，最初的组织和投标程序由与设施管理者、第三方股权投资者和债务投资者合作的工程和建筑公司负责。

融资方牵头的方法

新型融资方牵头的方法是最近几年在澳大利亚兴起的，采用这种方法，专业的投资银行从一开始就已经在管理 SPV 上发挥了更为积极的作用。银行在 SPV 中投资股本，管理投标，决定定价，确保该项目的商业收入，为高级债务承保，并以向债权人开立信用证的方式将债务转包给承包商和运营商。显然，银行不能执行所有的功能，必须与以协议方式聚集起来的其他各方达成一致组建一个联合体。然而，投资银行在 SPV 中占有 100％的股份，其负责在资本市场的证券发行以及合同项下所有的权利义务。

优点与缺点

公正地说，融资方牵头方式的发展使PPP行业为之一震，业内对其新奇性和缺乏实际检验的特点感到担忧，尽管此前在国际资本市场上曾有“买断承销”的先例（一家投资银行以固定的价格和金额投标一份委任合同，并提前安排给机构投资者），新证券的发行代替了以前由参与银团联合组织的既棘手又耗时的发行程序（Lewis and Davis，1987，pp. 327-328）。买断承销能确保更为稳定的进程、更快的安排和更有竞争力的价格。这与融资方牵头模式的动机较为一致。

当然，在PPP模式下，我们面对的不是为期几周的进程，而是持续25～30年的合同安排。对PPP的性质，以及投标成功。融资方将项目“拆散”分包以后，由谁来承担服务效益风险等问题，存在各种质疑。SPV中的股权参与有助于把项目各方的利益与政策目标，以及长期PPP结合起来。当然，在传统方法下，服务的成果、服务提供方（同时承担风险）以及承包商和服务提供商股权投资的范围和比例之间存在关联，这种关联在融资方牵头的模式下并不太明显。

与之相对的是，在银行为主导的情况下，当整个进程融为一体时，在定价上会有明确的益处，这种模式的目的之一是降低交易成本，产生富有竞争性的投标报价，同时使银行能够控制交易背后的各种要素。这也反映出，PPP市场的融资正从传统的项目融资向公司融资转变，它的最终环节是发行和承销机构投资者直接持有的债券。此外，有些银行率先创建了特殊的“社会基础设施”混合投资基金，至于它们如何对现金流从项目转向那些基金进行控制还有待考察，这也为基础设施融资开辟了更广阔的投资市场。

在本章最后一节谈到运用两种方法的案例分析时我们还会再继续讨论上述两个话题。其中一个案例分析与“传统的”PPP项目方法相关，涉及在英国

Bridgend，Wales 和英格兰 Fazerkerley，Merseyside 由私营部门兴建和运营的监狱。另一个案例分析采用了“融资方牵头”的 PPP 模式在澳大利亚维多利亚州 Berwick 兴建的公立医院。在谨记这两种模式区别的同时，我们来探讨一下不同参与者的角色。①

参与者的角色

公共部门

在上一章中，我们提到，政府必须身兼数职。

和私营化不同，在 PPP 模式下政府仍必须时刻关注对资产或服务的交付。政府要负责确立目标，确保交付的服务达到所要求的标准，确保公共利益得到保障。因此，即便服务的诸多要素的执行会交给私营部门，公共部门采购方仍然要对许多方面负责，包括：

- 确立所要求的业务和服务范围，确定可用于支付这些业务和服务的公共资源；
- 规定优先顺序、目标和最终产出的成果；
- 执行精心规划的采购程序；
- 通过设立和监控各项服务的安全、质量和绩效标准，制定出绩效体系；
- 通过执行相应标准，确保合同的正常履行，如果不合要求，则采取一定措施；
- 管理社会期望；
- 创造合适的项目外部环境；以及

① 这一部分资料大多来自美国商会的一份报告（2002）。

- 在关注预先设定的目标的同时，与私营部门合作，以应对项目环境的各种变化。

公共部门管理机构和其他公共部门实体发挥着重要的作用，它们负责的范围包括发放许可、执照、授权和特许经营文件，还包括 PPP 模式下监管框架的设计。

项目载体公司

SPV 中发起人和其他股权持有人负责履行各自的合同义务，包括：

- 按照规定标准生产并提供服务；
- 设计、建设或改善基础设施资产；
- 募集资金以达到该项目的资本需求；
- 关注政府目标，同时与公共采购方合作，应对项目环境的各种变化。
- 合同结束时，按指定条件移交资产。

融资方

在前文所述两种结构中任何一种结构下，可以成立 SPV，一家或多家银行、建筑商和运营商持有其股份。

SPV 融资协议通常在签订项目合同和分包合同的同时签订下来。前提条件是，收入来源能为融资机构提供保障，并鼓励权益投资。简而言之，建立的公司实体必须可以承受信贷风险。融资结构的一个参考值为 90%的债权资金，包括高级银行债或债券，再加上 10%的由 SPV 投资商提供的股本。也可使用次级债，它和股本较为相似，因为这种债务持有人主张权利在其他债权人（除股东以外）之后。在合同期内须对所有债权融资还本付息。

由于建造设施的主要成本来自无追索的债务融资，因此，私人债务市场必须预先承诺提供大部分融资。PPP 结构对资本密集型基础设施相关业务是非常有效的，因为分散在多个参与者之间的项目风险将有助于形成一个利益共同体——如果项目失败，每一方就都会失去相关利益。于是，融资方就要确保参与各方能一起协作，解决任何可能会阻碍项目进程的问题。

分包商

项目公司对公共采购方的义务和责任由专业的分包商来承担，这些分包商在传统的模式下通常是SPV的股权投资者。一般由SPV分包出去的功能包括设施的建造、设备供应和运营及维护，每种都有独立的分包协议。

顾问

顾问通常向PPP结构中的公共部门和私营部门提供财务、法律、技术以及其他建议。政府依赖其顾问对每种PPP类型的交易提供独立的检查，为公共采购增加价值。发起人通过雇用外部顾问或依靠内部团队竞标项目。融资方通常依靠其自身的顾问团队或偶尔邀请外部顾问，来评估一个项目的财务可靠性以及与收入来源相关的风险，从而为融资提供保障。

评级机构

当项目通过债券的公开发行进行融资时，应聘请评级机构为债务提供信用评级服务。这些机构通常在项目形成初期便参与进来，这样可以确保项目的信用级别，并且可以开发新的结构（如：改变SPV中股本的比例和结构）。可利用保险商来提高信用级别。

保险商

不管是商业风险还是政治风险，保险商在项目融资过程中都会提供风险管控。它们通常与项目发起人和贷款方密切合作，形成一种以可承受的价格来控制风险的保险包服务。保险商中有一个相对较新的分支，处理债务发行（通常是债券）的信贷风险。这些“单一险种”保险人参与信贷风险的套利，在市场倾向于高估风险的情况下，套利活动通常能为项目融资创造价值。

案例分析

在本章前文中，我们认为 PPP 能让私营部门在多个层面上参与基础设施相关的服务。我们也提到实现 PPP 合同关系结构可以采用两种不同的方法：一种是涉及承包商和设施管理者等的“传统”联合体合资模式；另一种为近来在澳大利亚颇为盛行的“融资方牵头”模式。在本节中，我们将列举两个 PPP 实例，其中一个实例与英国传统方法下的“全方位服务”DCMF 监狱设施相关，另一个实例则是澳大利亚采用“融资方牵头”安排方式的“有限服务”医院项目。

Bridgend 和 Fazakerley 监狱①

1995 年，英国约有 130 座监狱，其中相当一部分建于维多利亚时代。国家急需新设施来解决监狱爆满的问题并适应现有监狱所在地面临监狱人员增加的持续压力。当时，监狱的建造要根据英国皇家监狱管理署（HM Prison Service）批准的详细设计进行外包采购。1995 年，Bridgend 和 Fazakerley 两处监狱的设计、建造、管理和融资合同顺利签订，这也是英国最早的两项 PPP 监狱交易。这些 DCMF 模式的监狱是私人运营基础设施的一大进步，在英国这类监狱已有四座，另外两座是 HMP Doncaster 监狱和 Wolds Remand

---

① 获取相关信息的多个渠道包括英国国家审计署（1997）、Allen（2001）、公私合作委员会（2001）、美国商会（2002）和 Pollitt（2002）。本书一位作者还是其中一个项目的顾问。

监狱。这些早年建成的私营监狱如今依然正常运营，与现有公共部门运营最好的监狱相比，更凸显出“巨大的成本效益”①。

新建的两处设施增加了1 400间监舍：南威尔士Bridgend的800间监舍，英格兰默西塞德郡Fazakerley的600间监舍。这些监狱用于容纳那些在押、等待判刑、服短刑或等待转移到另一监狱的犯人（B类犯人），以及小部分A类（最高防备）犯人。英国皇家监狱管理署按要求在欧共体公报（OJEC）刊登招标通知后总共收到60份投资兴趣函。其中，5份投资兴趣函的提交者受邀参加了投标。17个月的招标过程结束后，1995年，Bridgend的Securicor、Costain、Skanska和Fazakerley的Group4/Tarmac赢得了设计、建设、融资和维护监狱的合同。

建造阶段均提前结束（Bridgend监狱提前五个月结束，Fazakerley监狱提前四个月结束），且比其他监狱项目的竣工时间要早。两个案例中，合同期限均为25年，此后监狱将归皇室所有。私营部门联合体承担监狱设计、建造和随后进行管理的全部责任。此外，在设施建成后的25年内，私营部门联合体也提供看守服务和辅助服务，如膳食、监狱教育和现场医疗设施服务。由于英国皇家监狱管理署当时正在采用另一种方法获得看管和惩教服务，因此，本案例中没有委托私营部门提供任何与控制在押犯人关押时间长度的程序相关的任何服务。

私营部门的核心要求被定义为提供规定数量的犯人囚室。也就是说，整座监狱和每个囚室的建设和维护均要达到规定的标准。此外，监狱体系和监狱的运营应当符合监狱规定以及其他与关押和控制、犯人的健康和生活水平相关的

① 1997—1998年，四座私营部门管理的监狱中每名犯人的成本平均要比公共部门管理的监狱相关成本低11%，主要原因是员工成本。人力成本节约的最重要的要素是员工花在每名犯人身上的时间减少了，该成本要占全部节约成本的1/3。现有证据表明，私营部门管理的监狱的质量——正如按监狱管理署的关键业绩指标进行衡量的结果所示——与公共部门管理的监狱的质量相差无几。较低的病假率而带来的额外成本节约或许可以反映出私营监狱具备更好的人员管理水平（Andrews，2000）。

标准。但总的来说，供应商可以自由选择合适的方法来达到这些特定标准。

下面是合同的一些其他特点。这些合同将时间和成本超支的风险转移给了承包商。只有监狱运营起来，才开始付费。向承包商支付的是监狱的可用性，而不是实际的使用状况。合同价格包括与建造成本相关的固定成本，一些运营成本（非工资成本）按实际情况固定下来，其他（与工资相关的）成本以高于RPI（零售物价指数）两个百分点的方式确定。此外，合同条件允许在成本超出承包商的控制范围时由双方来分担；如果承包商的利润高于预期，则双方同样可以分享额外的收益；如果犯人的数量超过了规定的标准，则要支付额外的费用。考虑到融资关系，这些风险分担安排还是备受争议的。

接到投标时，英国皇家监狱管理署根据交付能力、价格、质量和创新要素对其进行了评估。对质量和创新因素打分时进行了加权，依据的因素可按重要性排列如下：保证犯人处于管制之下；提供适宜的条件、满足犯人的合理要求；提供合适的管理体系；制定积极的方案来处理犯人的违纪行为；帮助犯人重返社会做准备，使他们表现出对当前环境的敏感性。

在资金的最佳使用价值方面，相关经济评价说明，在25年运营期限内，两座DCMF模式的监狱比同等条件的、公共部门运营的实际案例最少节约了10%的成本（比较基础详见下章）。但所有节约的费用都仅仅在Bridgend项目上。英国国家审计署（NAO）预计，经过折现后，Bridgend将在合同期限内花费2.66亿英镑（而公共部门的花费为3.19亿英镑），Fazalcerley将花费2.47亿英镑（公共部门的花费为2.48亿英镑）。值得注意的是，Fazalcerley监狱合同签订的对象并不是投标价格最低的Securicor、Costain、Skanska，而是Group4/Tarmac联合体。这是由于监狱管理署考虑了一个承包商利用一种模型设计同时承担两个监狱项目的能力问题。尽管Group4/Tarmac联合体的竞标价格不是最低的，但在质量评估方面却是最优的，且在对两座监狱的创新评估方面仅次于Securicor、Costain、Skanska。

如上所述，最后 Group4/Tarmac 的联合体获得了 Fazalcerley 的 600 间监舍的供给合同，而 Securicor、Siefert 和 WS Atkins 及合资的建筑合作伙伴 Costain、Skanska 组成的联合体获得了 Bridgend 的 800 间监舍项目合同。图 5—4 显示了更为成功的 Bridgend 监狱项目联合体之间的合同关系。该监狱项目是典型的 PPP 项目，反映出私营部门协议的复杂性。此外，在政府这一方，采购工作由项目开始时指定的外部项目经理（来自 Coopers&Lybrand）负责，外部项目经理与英国皇家监狱管理署的工作人员合作，并得到包括英国财政部律师、法律顾问 Freshfields 和财务顾问 Lazards 的支持。私人融资委员会 Private Finance Panel Executive 的一名成员担任评估小组的独立观察员，充当合同协商谈判中公共部门和私营部门的中间人。

两座监狱的财务安排均列在表 5—3 中。股本/次级债占项目总投资的 10%～15%。这是相当常见的，反映出风险的合理分担。不常见的可能是“真实”股本的低标准；在 Bridgend 监狱项目中仅为 2.15 亿英镑。

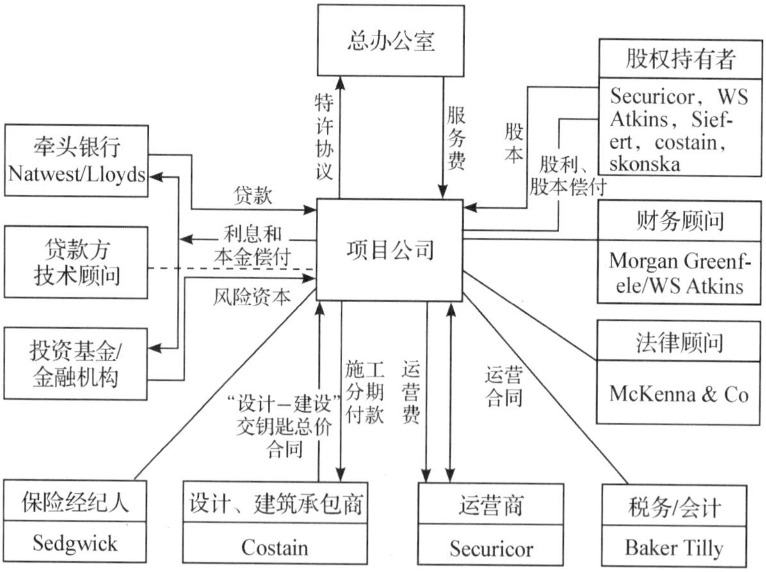

图 5—4　Bridgend 监狱项目的合同安排

其中一个原因是需求风险非常低——监狱的占用率预计为100%！此外，除非占用率达到了超过100%的程度，否则费用的支付取决于可用性而不是需求。高级债务可以在随后约18年内偿还。次级债务实际上介于债务和股本之间（“夹层融资”）。这比高级债务更加灵活，具有有限的担保、通常偿还周期较长且利息免税的特点。

这些融资条件当时在PFI项目中是相当典型的，且这些项目确实标志着新市场的开始。一般情况下，随着PPP市场的扩展，在资本市场运营的竞争压力下，高级债务的期限已经延长了相当长一段时间（达40年），利润从LIBOR（伦敦同业拆借利率）加成1.5%下降到1%甚至更低。此外，偿还保障比率也下降了，其中年度偿债保障倍数（ADSCR）低于1.20%，这样就可能产生更高的负债比率（高于90/10），同时较低的股利反映出资本市场的下行压力。总而言之，随着PPP市场的成熟，现在融资成本比以前低多了。

随后，Fazakerley的PFI监狱成了一份特殊的NAO报告中的主题（NAO，2000）。参与监狱项目的部分公司因重新筹集用于偿还债务的款项而引发了一些争议，这与监狱启用后的预期节约资金970万英镑有关。另外，由于监狱提前启用，项目联合体直接收益340万英镑①，只有100万英镑返还给了公共部门。这种“意外收益”使得公司将预期回报率从表5—3中的12.8%提高到了39%，这也促使英国国家审计署（NAO）和英国商务部（OGC）要求采用成本分担方案（OGC推荐比例为50/50），以便在新合同的再次融资中获得意外收益。英国皇家监狱管理署认为，给私营部门保留这种通过成功的风险承担获得较大收益的机会是非常重要的。Fazakerley联合体由于在提前完成项目和建立运营记录方面有成功经验，因此可以为项目进行再融资。从资本市

① 在Bridgend监狱项目中，WS Atkins、Securicor和Skanska获得了约5百万英镑的收益，主要是因为以400基点（4%）的较低利率重新筹集了7 750万英镑贷款（Allen，2001，p. 42）。

场的角度看，财务成本的大量节约应归功于项目建造完毕、运营开始时 PFI 支持的债券和债务发行的预期风险的下降。实际上，PFI 监狱模式已经经过实践检验且被人们所认识，排除了实际的风险因素。

另外一个容易引起争议的特点是，如果运营商得不到商业保险，那么政府则会成为 Fazakerley 和 Bridgend 监狱项目最后求助的保险人。后续项目因政府拒绝重复以往的做法，保险商不得不考虑处理暴乱和骚动的花费而遇到的一些困难。英国皇家监狱管理署认为，Fazakerley 和 Bridgend 监狱项目的成功意味着政府可以在后续项目中转移更大的风险。他们认为，商业保险可以激励运营商保持良好记录，因为当运营商遵守规则的话，它可以赚取“无索赔”奖金。

表 5—3　　Bridgend 和 Fazakerley 监狱项目融资安排[1]

融资类型	数额（百万英镑）	利率	期限
Bridgend			
基本贷款	72.0	运营日期前为 9.623 5% 前五年为 9.473 5% 五年后为 9.573 5%	2013 年 11 月 15 日
备用贷款承诺	5.0	运营前为 LIBOR 利率+1.65% 前五年为 LIBOR 利率+1.5% 五年后为 LIBOR 利率+1.6%	2013 年 11 月 15 日
股本/次级债务	15.6	预计 19.4%（税后）	
Fazakerley			
基本贷款	92.5	其中 8 260 万英镑：运营前利率为 9.059 45%，2015 年 12 月 15 日前为 9.594 5%，此后为 LIBOR 利率+1.5% 余额：运营前为 LIBOR 利率+1%，此后为 LIBOR 利率+1%	2015 年 12 月 15 日
流动资金贷款	3.0	LIBOR 利率+1.5%	2015 年 12 月 15 日
股本/次级债务	8.1	预计 12.8%（税后）	

注：1　表中列出项目启动时的融资安排。后期合同方利用再融资为偿清债务筹集资金。（见正文）
资料来源：英国国家审计署（NAO），Pollitt（2002）。

但是这些项目为什么能成功？能因运营效率实现预期的节约，或许得益于项目的两个特征。其一，监狱项目采用了“全方位”的DCMF模式，在该模式下，公共服务的所有运营和管理均包含在合同中，没有将辅助服务和核心服务进行分离，这使得承包商可以将监狱的设计、建造与监狱的运营彻底结合起来，并可通过管理任何公共服务中最为重要的投资——劳动力，来实现生产率的提高。从某种程度上说，监狱可能是个特殊的例子，因为在一些以传统方式采购和管理的监狱中长期存在着员工配备的问题。或许事实确实如此，但实际上，在Bridgend案例中，监狱管理署估计，其监狱投标人的设计方法将这一成本减少了约30%（成本节约得益于较少的建筑物、较小的范围、可用面积的充分利用、定期巡查、速冻膳食等）。第二个关键特征或许应为监狱PFI项目中合同模式的透明度。监狱管理署是唯一的采购方，已经积累了合同方面的专业技能。

Bridgend监狱显然是两处监狱中较为成功的一处，在该案例中，促使资金实现最佳使用价值的主要因素按重要性排列如下：

1. 理想的风险转移，在完成时间和融资结构方面有与之相适应的激励机制；

2. 设计中的创新；

3. 提供服务的高效。

后续项目借鉴了上述经验，并引入了更多创新的办法。例如，HMP Dovegate案例中，在这个能容纳800人的PFI监狱内，200间囚室形成了一个小的治疗社区，该社区有其自身的负责人，目的则是分担与满足治疗社区内犯人的合理需要相关的风险。合同本身包含许多独特的要素：

- 合同中第一次写入了与降低社区内犯人释放后的再次犯罪比率有关的绩效奖金。

- 如果犯人没能完成12个月的治疗计划，或治疗后没有机会参与重新安置计划，则运营商将受到处罚。

- 承包商也必须与适当的组织签订合同，开展关于治疗社区项目效果的调查，并与公共部门运营的其他治疗式监狱作比较（公私合作委员会，2001，p. 129）。

Berwick 医院项目①

2001 年 5 月，澳大利亚维多利亚州政府宣布在 Berwick 开发一座拥有 229 个床位的新的公立社区医院，为墨尔本大都市东南郊区的人们提供全面的一级、二级和三级医疗保健服务。这个为期 25 年的项目是由负责医院运营的公共部门（以公众服务部和 Southern Health 为代表，由普华永道国际会计公司担任顾问）和负责医院建设、融资和维护的私营部门（以 Progress Health 联合体为代表，包括荷兰银行和 Multiplex 公司）合作完成。该案例由于区分了“核心”服务和其他相关服务，并且采用了“融资方牵头”的模式，因而富有吸引力。Berwick 医院是澳大利亚采用“融资方牵头”模式的四个最新的 PPP 项目之一（其他三个分别是 Victoria County 法院、Spencer Street Station 改造和 NSW 学校项目，前两个在前文已提到过）。

按照合同，由公共部门机构 Southern Health 运营医院，负责医院所有临床、诊断和医疗支持服务以及绝大部分“软”设施管理活动，如清洁、铺床、洗衣、膳食、废弃物管理、健康和安全。私营部门的 SPV 机构 Progress Health 负责提供医院住院服务、具体的信息技术系统及其维护、建筑大楼和地面的一般维护、停车和保安服务。为了向 Southern Health 提供这些服务，私营部门实体需要建设、拥有、融资和维护医院基础设施和停车场，作为回报

① 该项目相关信息来源于多个渠道，包括普华永道国际会计公司、荷兰银行以及 Fitzgerald 报告（2004）。

的款项将根据特定绩效要求支付。该项目于2002年11月开工，2004年年中完工。

除了在可接受的期限内确保该项目基础设施的设计、建造和竣工，Progress Health还必须提供指定的信息系统硬件，包括数据传输在内的网络并确保接入其他网络，提供能源系统基础设施（即，煤气、电、水）并进行维护。Progress Health与Southern Health紧密协作，提供设计解决方案和适当标准的物质设施来满足Southern Health提供服务的要求，同时要留有一定的弹性应对医疗和卫生实践领域发生的各种变化，以满足未来新型服务发展的要求，并最大化地使住院病人护理与救护车和社区服务实现高度整合。

政府对Progress Health实行单一付费，对达到双方协商标准的服务进行支付，整个付费在“没有可用的和令人满意的医院设施便不支付费用”的原则下是有风险的。单一付费有两个特点。其一（一种服务付费折扣体制）是绩效与服务挂钩，与特定的服务标准有关，这些标准包括设施/病房可用性、温度和湿度控制、Southern Health入口，且必须符合健康和安全标准。如果住宿标准达不到所要求的水准（按照付费机制所列出的水准），则政府有权在单一付费中进行扣除。另一个特点是，私营部门提供的医院维护、停车和安全服务的质量要过关。同样，如果服务质量达不到标准，则政府有权在单一付费中进行扣除。

1996年，在该地区空闲场地上建造一座新的医院设施的要求首次被提出。1997年，在前任政府主持下，该项目采用BOOT模式（包括由私营部门提供医疗服务）而非PPP模式开始进行采购。然而，该项目经历了一段困难的发展时期，包括最被看好的投标人在1999年末退出。后来，该项目重新启动，不过这次采用了PPP模式，从邀请兴趣函到合同执行花了不到12个月。这是维多利亚州政府推行维多利亚伙伴政策之后开展的第一个医院项目，也是澳大利亚第一个PPP模式融资的医院项目。

2004年发布的与该项目相关的独立调查报告显示，该项目曾进行了社区健康水平测评。通过公共利益测试中确认各种权利，并在合同条款中给予保护。该项目实现了资金最佳使用价值。政府的合同协议要承诺在25年合同期限内按规定条款支付大约3.78亿澳元（澳大利亚财政部，2003年），并且规定了针对通货膨胀的调整方式。付费现金流折现至2003年6月底相当于1.15亿美元（8.65%的贴现率，税前收入）。将该成本与公共部门比较值风险调整后的净现值成本相比，计算后得出9%的费用节约（Fitzgerald，2004）。这种节约与资金最佳使用价值比较中采用新贴现率的情况有所不同（参见第6章对新贴现办法的讨论）。

“平淡无奇”（plain vanilla）式项目提供相对来说较为普通的服务，它具有较好的成本效益，部分原因在于它得益于“融资方牵头”方法下的整合投标程序以及相关的融资协议。

荷兰银行作为Progress Health股权资金的提供者和融资方以及投标程序的管理者，试图为这个企业建立较好的投资评级，这是因为在较低的建造风险、复杂的关键业绩指标（KPI）体系下竣工后服务不符要求的可能性较低，用较高的负债比率和较低的信贷利差来降低资本成本时，从公共部门向私营部门实现了较为满意的风险转移。建筑物设计方案的高效性也是该项目有较好的成本效益的一个原因。

图5—5列出了该项目的合同安排，其中Progress Health是项目载体公司。考虑到以往医院采购工作进程的失败，政府最为关心的是融资完成的时间，而联合体则认为融资完成后的时间对维持有竞争力的出价至关重要。荷兰银行对Progress Health的项目管理能力、作为建设者的Multiplex Constructions公司的设计团队以及作为建造商的Silver Thomas Hanley公司很有信心。荷兰银行也对和Southern Health的协作持乐观态度。Southern Health仍然负责核心服务，如临床、清洁、废弃物管理和洗衣等。

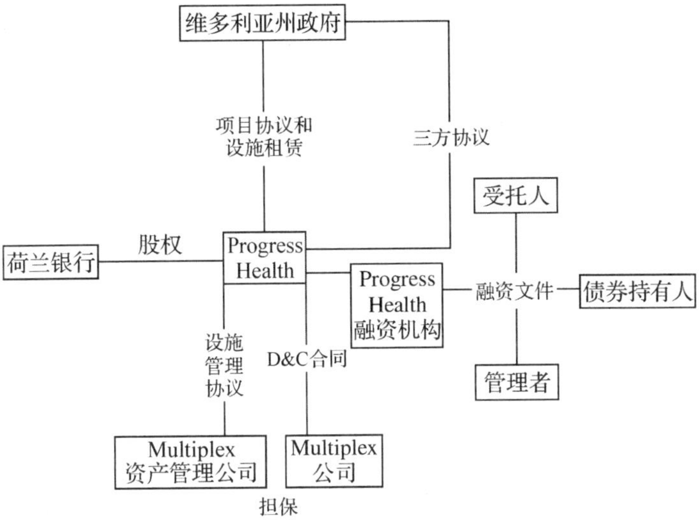

图 5—5 Berwick 医院项目的合同安排

而所有其他设施服务及额外的设备都转包给 Multiplex 资产管理公司（MAM），该公司是澳大利亚一家在 PPP 模式下新成立的设施管理公司，是 Multiplex 公司的子公司。

募集的资金包括 700 万美元的结构性股本（包括次级债务）和8 700万美元的高级债务。高级债务包括与固定利率指数相关的期限为 26 年的年金（摊销）债券。利息按季度支付；与物价指数挂钩的特征使得本金价值随着通货膨胀的加大而增加。高级债务通过每个季度从卫生部收到的服务金而得到偿付（由维多利亚州政府担保），进入项目运营阶段开始提供设施维护服务后，债券的偿付被摊销到整个合同期限。债券持有人也从荷兰银行建筑信用证中受益，因此，潜在的建筑风险并不是债权人考虑的问题。额外的股本收益来源于服务费支付和公共停车场的收费。预计年度偿债保障倍数约为 1.14，是比较理想的水准。

由于 Multiplex 有良好的历史记录且项目建造方法简单，所以人们认为该项目的建造风险较低，这为荷兰银行提供了一些保证：信用证风险也相应较低。设施管理风险也比较低，因为这些服务包括典型的工程建造、外部清洁、地面维护和病虫害防治、救援系统操作和培训以及停车服务，因此，设施管理合同中，存在很多关于设施管理者 MAM 因合同中断造成损失而向 Progress Health 进行赔偿的规定。Progress Health 第一个追索的是支付给 MAM 的费用；MAM 为其在合同项下的责任提供履约保证，MAM 的职责反过来又得到 Multiplex 公司的担保：即便 MAM 及其员工对设施运营相当有经验，在出现严重失败的情况下，仍能从广大市场中寻找其他服务供应商来替代 MAM。

总的来说，Berwick 医院项目可以被认为是风险较低、相对简单的 PPP 模式。许多行业人士（如：英国财政部，2003b）认为，这类相对常规的项目不适宜采用 PPP 模式，PPP 模式最好用于大型的、较为复杂的一次性基础设施交易。然而，这个案例确实说明 PPP 模式在各方之间有良好互动，且由单一实体主导的联合有助于降低交易成本的情况下，可以应用“平淡无奇”式交易项目以实现资金的最佳使用价值。这也表明，当存在政治意愿推动项目进程时，公共部门和私营部门更能实现快速的执行力。

融资方牵头的方法仍处于初级应用阶段，对项目公司的控制该如何与风险承担、合作关系的长期目标进行协调还有待考察。在传统方法下，每一个承包商（即建造商、设施管理者等）在项目公司的股权投资范围和比例一直被认为可以起到重要的保护作用，因为股权投资能够体现它们在服务结果和风险分担方面与项目公司以及与政府之间的合作伙伴关系的长期“联姻”。这种股权承诺在单一实体为主导的联合模式下不再适用，取而代之的是分包商和 SPV 之间的契约关系。例如，人们可能会担心，控制 SPV 的单一实体（本例中指融资方）可能急于出售其在项目公司的权益，这就给潜在的服务提供商带来了风险。实际上在 PPP 协议中有限制股权变更的控制措施。这些控制措施基本上能阻止向其他方出售股权的行为，除非能够证明按照政府最初的评估标准，新的股东同出售股权的一方一样是正确而合适的人选。

尽管如此，融资完成后，谁最适合牵头管理仍是澳大利亚 PPP 市场尚待解决的问题。虽然融资方牵头的模式在澳大利亚最近的四个已经完成融资的重要项目中取得了明显成功，但现实的问题却变为：哪一种模式能建立最好的、持久的合作关系？融资方牵头的方法相当于“一站式商店”模式，涉及一体化的由单一实体牵头的联合，这可通过减少契约成本、为该项目量身打造的融资方案，以及项目自身产生的现金流实现成本的降低。但是，风险的处理能否让所有各方都满意？此外，这就代表了政府和私营部门之间最佳的合作关系吗？毕竟是由承包商和设施管理者（而不是银行）最终提供长期的服务并与公共部门合作。正因如此，融资方牵头的模式究竟如何至今仍无定论。

第6章

PPP中的问题

引　言

本章考察了关于PPP的“资金最佳使用价值”测试和公共利益测试等问题。考察的问题包括：

1. 完全整合式或“捆绑式”PPP是一种有效的解决方案吗？

2. 在政府贷款的利率总是比私营部门贷款利率低的情况下，PPP能实现资金的最佳使用价值吗？

3. 用于实施PPP的“资金最佳使用价值”测试的原理是什么？

4. “资金最佳使用价值”测试的贴现率是风险调整贴现率还是无风险贴现率？

5. 是否有证据可以证明PPP已经实现了资金的最佳使用价值？

6. 如何处理不确定因素？

7. 应该从哪些方面来说明PPP？

8. PPP能充分提供公共利益吗？

9. PPP取得成功的因素有哪些？

在考察了这些问题之后，本章结尾时介绍了英国一项关于近期PPP/PFI医院项目的案例研究，这项研究说明了确定PPP能否提供资金最佳使用价值所涉及的一些问题。但是我们首先来看一看商业预测的发展，因为许多问题就是在这一阶段出现的。

商业预测

建立商业预测可以使政府在大量花费资源开发项目的诸多细节之前就能够对PPP的适用性有所认识。在这一过程中，要对项目进行全面评估，确定风险和成本，以便进行“成本—效益”分析并检验投标的净收益。要证明私营部门能增加价值，就要求对私营部门的技能以及推动私营实体应用这些技能的商业激励进行分析。评估相关的影响可以为公共利益测试做好准备，还可以发现政府应该注意的其他问题。

决定采用PPP的模式向市场提供基础设施项目，或是采用传统的采购方法交付基础设施项目，取决于诸多因素。其中较为重要的因素包括公共部门各级政府对私营部门以此方式参与所作出的承诺，以及公共部门采购人员管理采购过程的能力。但是从纯实用的角度来看，这一决定要求对三个主要问题进行审查。它们是：(1) 私营主体是否有能力交付项目；(2) 私营主体有没有动力或动机去交付项目；以及 (3) 私营主体交付的项目能否实现资金最佳使用价值。

1. 能力。对私营部门交付能力和可靠性的评估重点放在可观察到的行业优势和劣势上。随着时间的推移，主要的制约因素很可能来自公共利益测试和保持灵活性的任何必要事项。公共利益测试旨在确保在项目审批过程中适当考虑公共利益问题，确保在随后的项目概要和合同中规定保护公共利益的必要措施，这样投标人才能事先全面了解关于这些基本问题的具体要求。

2. 动机。主要从两个方面确定私营部门是否愿意参与：提供所需结果所固有的风险和回报是否能为潜在的参与者提供真正的商业机遇；以及银行和金融市场是否支持投标。这些问题进而引发对商业问题的更详细的审查，例如，风险是不是可管理的或可保险的，会计和税务安排是项目的动力还是障碍，资本市场的状况以及当时市场的活跃水平如何。关于可能的竞争水平的某些迹象随后也会显现出来。

3. 资金最佳使用价值。确保纳税人从基础设施项目中得到资金的最佳使用价值是任何采购政策的本质。在采用 PPP 的采购模式下，项目应该能够证明，在整个项目周期内私营部门提供相关服务给社区带来的成本低于公共部门提供的同种服务成本，而其前提是对服务质量、价格、时间范围、风险分配和过程确定性给予适当的定量，以便使这两种方案具有可比性。这涉及成本、风险和绩效之间复杂的权衡。当考虑风险和由此产生的后果时，最便宜的投标并不总是最具成本效益的投标。有些人认为作为现行结构形式的 PPP 永远不可能实现资金的最佳使用价值。一种观点是，PPP 安排将多种不同的功能（设计、建设、运营、维护等）捆绑在一起，而成本效益更佳的解决方案应该把这些功能分别列入独立的合同。另一种观点是，由于公共部门总能比私营实体获得更好的贷款条件，因此资本投资项目的私人融资永远不能实现资金最佳使用价值。我们将依次考察这两种观点。

捆　绑

PPP 的一个特点就是在私营部门内整合项目设施的设计、建设、融资、运营和维护等全部（或大部分）职能，通常采用为具体项目创建的特殊目的公司（或者虚拟公司）等形式。有些作者（例如，Daniels and Trebilcock，1996；Trujillo et al.，1998；Hart，2003；Quiggin，2003）已经提出质疑：这是不是

"成本—效益"型安排?

首先，请思考Hart（2003）的分析。Hart开发了一种理论模型，用于从"不完全"合约的角度考察"捆绑"模式的经济效率，"不完全"起因于未来事件的难以预见且难以在合同中约定。PPP的期限一般都较长，通常是20～30年，这种关系所处的环境也充满了不确定性。正如PPP所展示的那样——亦如Hart提出的观点——"不完全合约"的特点以及它们作为整合协议的有效性取决于缔约成本。Hart的模型比较了设施建设和服务供应的"捆绑式"合同和传统的"分类交易"公共采购。在传统公共采购中，政府首先和建造商订立合同来建造设施，然后再与另一个私营部门就设施的运营和经营订立合约。选择"捆绑式"合同还是"分类交易式"合同，取决于服务供应和建设供应合同订立的难易程度。

Hart的模型产生了直接的结果。在假定条件下，如果能够明确规定建筑质量，那么传统供应（分类交易式）的效果会更好，但是服务的质量难以明确。相反，如果最初的合同（或者更一般地，有良好的绩效指标可用于奖励或惩罚服务供应商）能很好地规定服务的质量，PPP的效果更好，但是建筑的质量难以界定。Hart总结说，学校可能归入第一类。建筑承包相对较为简单，但是服务承包则较为复杂。另一方面，医院可能归入第二类，因为尽管对服务质量的规定远不够直接，但是与确定复杂的建筑要求相比，在对待病人方面，制定合理的绩效措施可能更为简单（2003，pp.73-74）。

Quiggin（2003）得出了类似的结论，因为他看到了完全整合（捆绑式）方法的价值：采用这种方法，建设过程可以纳入专门创新的特殊用途设计，从而整合了建设风险和运营风险。但是由于大多数公共项目都遵循已经制定好的设计原则，因此这种情况是很少见的。他特别担心的是，在许多"融资人牵头"的PPP项目中，金融机构为聚集联合体投标投入了大量的资源，但中标后就立即将各部分"分类"。在这些情况下，Quiggin认为政府将项目直接承包给最终承担风险的私营主体比通过金融中介机构订立合同可以获得更好的效果。Daniels 和 Trebilcock（1996）为“分类交易式”设想了一个更加有限的可能性，公共部门部分分离可能会获得潜在的收益，即如果一个设计能力较低而建造能力及其他能力较强的联合体赢得了综合竞标，那么可能利用其他功能进行设计。原则上，政府坚持将设计功能外包出去，并在设计理念上形成有效竞争，以此来提高效率。

Trujillo 等人（1998）考察了收费公路等 BOT 项目中“分类交易式机制”的潜力，尽管他们认为许多其他 PPP 项目可能也是分类交易式的。人们认同捆绑式合同通常是认为它可以增加实现规模经济和范围经济的可能性，以及在设计、定价和风险分担方面的创新。但是 BOT 特许经营者往往都是大量私营公司组建的合资企业，这些私营公司都事先同意转包不同的活动并获取 SPV（特殊目的公司）中的股权以便巩固合作关系。作者们认为，这引发了两个问题。第一，好的承包商可能和不太好的融资方搭配。对一种活动的透彻了解也许不能用在其他活动中。第二，竞争仅限于作为集团一部分的那些机构。公司，特别是本地的公司，可能具备良好的技术知识，但财务能力较弱，不能参与投标，因为活动是联合竞拍的，而不是分开竞拍的。竞标过程丧失了透明度和竞争力，或者更确切地说，它们被用来换取了创新机遇——作者认为这或许并不总是最佳的解决方案。

基于这些原因，Trujillo 等人（1998）研究了分类交易式的案例。他们认为，分类交易式（例如，成立不同的实体，监测不同阶段的要求）的成本可能相当大，但是可以通过改进的风险分配加以抵消。现在的问题是：如何实现分类交易？作者们考虑了两种可能性。

第一，公共部门在 BOT 项目中扮演特许经营者的角色。但是，由于缺乏可以阐明项目和监督私营部门参与者的有资质的公共部门机构，所以限制了公共部门的这一选择。第二，作为一种替代措施，作者建议委派一家私营公司承担这项工作。依据公共发起人规定的条件，私营代理人可以分包和监督工作安排，同时组建和成立融资所需的合资企业或特殊目的机构。也就是说，私营公司是项目的服务公司，但不用承担项目风险。

在后一种情况下，由于特许经营者很少承担项目的全部风险，大部分风险都被转嫁给各专业承包商，因此，可能有人会认为这类“分类交易”模式就是 PPP 已经包含的内容。[①] 但是这两种情况有着重要的区别——当供应商至少承担部分供应风险时，其动力就更强。在转嫁风险之前承担全部责任，这一假设使赢得特许经营权的一方有动力稳妥地开展工作，而当委托人（公共机构）和代理人（私营部门服务公司协调实体）之间存在关系时，赢得特许权的一方可能不会把工作做到同样的程度。[②] 另外，PPP 的一个特点就是通常由私营部门和公共部门共担风险，政府“收回”私营机构收费“过高”的部分风险。对于这种风险分配过程，公共部门实体可能会发现与单个机构谈判的成本低于和许多个体转包商谈判的成本——无论直接谈判还是通过协调公司的代理进行谈判。

Daniels 和 Trebilcock（1996）在提出“分类交易”的问题之后又相当详尽地思考了这个问题，并得出了类似的结论。他们认为，捆绑和垂直整合案例几乎和经济理论中的公司存在案例相同，其依据不仅包括缔约成本（Hart 的研究），也包括信息成本、规模经济和范围经济。[③] 从本质上说，设计、建造、融资、运营和维护的整合说明私营公司可以用比政府更低的成本协调这些活

---

① 可见，PPP 的运营可以被视为与网络和通过建立契约合伙人小组及利用数字技术优点形成的“虚拟公司”同步发展的（见 Lewis，2003）。

② 通常，客户和代理人的隔阂会造成信息不对称问题和隐秘行为。实际上，客户并不了解代理人，而且很难观察代理人的行动。Sappington（1991）提供了一份相对较新的调查报告。

③ 例如，交易成本和信息成本的作用分析见 Oliver Williamson（1996）和 Mark Casson（2000，第5章）。规模经济和范围经济是 Alfred Chandler（1990）的研究结果，正如他所用标题《规模和范围》（*Scale and Scope*）所显示的那样。

动，而且它们更能对经济激励做出反应。

我们认为，激励结构的问题就是“捆绑”问题的核心。正如 Grout（1997）所述，当合同不完整且不能涵盖每一种可能性时，激励就会造成一定的问题，而正确处理这些问题非常重要。例如，围绕着建筑合同存在较大的信息困难，当出现设计变更和其他意外情况时确定成本超支责任就是矛盾的重要来源。然而，根据基础设施服务流程而不是建造过程起草合同可以改变激励制度。例如，如果同一个实体既负责建造又负责提供服务，但只有在成功地提供相应质量的服务时才能得到报酬，那么建设合适的设施、保持正常的交付过程并在确保质量的前提下控制成本对于该实体来说非常重要。当获得的收入流是偿还债务的主要资金源时，融资方也有动力保证服务的按时供应并确保符合必要的标准。预先设计、金融工程与建造成本和收入流下游管理的结合赋予 PPP 独特的激励兼容性特点。

我们不想轻视上述观点，“分类交易”问题和决定是否雇用建造商进行住宅建设或自己分包砌砖、木工、房顶建设、管道安装、电气布线等之间确实存在某些相似性。任何尝试过自己转包的人可能都会认为这是一种艰难的做法。就像在建筑交易中，存在着许多非正式的联系；将分包商和项目发起人组合在一起，才能使工作得以顺利完成。

融资成本

有人认为公共部门融资始终比通过私营部门贷款人取得融资的成本要低，因此 PPP 不可能达到资金的最佳使用价值。怎么看待这种观点呢？私人主动融资（PFI）项目和大多数 PPP 不同于传统的公共采购，它们要求私营部门实体为项目融资。假设私营部门融资相比公共部门贷款的额外成本是 1%～3%，有些人可能会认为 PPP/私人主动融资永远不能产生成本效益。其他人虽然认同PPP和私人主动融资可以实现资金最佳使用价值——因为私营部门能够在项目的其他方面（设计、运营、管理）充分节约成本，但他们仍然承认私人贷款成本更高。

许多作者认为“政府贷款成本较低”，这一观点存在严重的漏洞（Key，1993；Gilibert and Steinherr，1994；Grout，1997；Klein，1997；Argy et al.，1999；维多利亚伙伴政策，2003），对他们观点的考察可以作为下面两节的开始，下面两节将分别讨论“资金最佳使用价值”测试和贴现率的选择这两个问题。Grout和Klein的观点在某种程度上类似于著名的关于资本成本的“莫迪利安尼-米勒定理”（Modigliani-Miller theorem）。Modigliani和Miller认为，一家公司的“真正价值”受到基本收益流风险特征的支配，并且（在没有税收制度的情况下）独立于融资方式。这与Grout和Klein的观点在某种程度上相似，他们认为重要的是项目的“真正”风险，这种风险与是否由公共部门或私营部门提供资金没有关系。不同之处在于私人提供融资方面，即私人主动融资/PPP明确将风险计入资金成本中。相反，由于政府可以不受实际风险的影响而以无风险利率为项目提供资金，因此，传统的公共采购掩盖了风险。正如John Kay所说的那样：“即使我们认为这是在烧钱或者把钱扔向太空，也宁愿借钱给政府”（Kay，1993，p.63）。

但是为什么政府可以按无风险的利率贷款呢？这反映出一个事实（我们再次引用John Kay的话），即“政府和私营公司的债务成本主要受感知到的违约风险的影响，而不受特定投资收益质量评估的影响”（1993，p.63）。对于私人债务，就存在违约风险，而政府债务几乎不存在或根本没有违约风险（至少大多数发达国家的政府是这样的），因为政府可以通过提高税收来履行义务。在借款的投资者眼中，政府就是无风险的，因为风险转移到了纳税人的身上。纳税人通过未来缴纳高昂的税款和不同的消费来承担政府转移给他们的风险。用Klein的话说，纳税人承担了或有负债而没有获得报酬。事实上，他们已经成为“影子资本”的提供者。这种施加在纳税人身上的残留风险就是一种成本，应该对其进行“成本—效益”分析。如果执行了“成本—效益”分析，而且项目的潜在风险相同，那么政府贷款的实际成本就和私营部门的成本相同了。“政府贷款成本更低”观点的局限性在于，该观点似乎在暗示所有的活动都应该由政府来承担，因为资本成本相当低廉。一旦这种情况发生，债务会仍然被视为无风险吗？

显然，公共债务并不是无风险的。对于中央政府债务，存在债务货币化的风险，而对于地方政府而言，存在不利经济绩效的风险。但是，与私营机构相比，政府享受着接近无风险的待遇，因为政府可以通过一般税收和“通货膨胀”征税来避免破产。然而，私营部门却面临这种“税收风险”，这种风险在风险评估中被忽略但却客观存在，需要计入社会风险。

其必然的结果就是，政府的信用评级高，贷款利率低，但这在很大程度上和选择基础设施的公共部门或私营部门供应没有关系。Argy 等人（1999）认为，在三个条件下，应该假设公共部门和私营部门的资本成本相同。这三个条件是：

1. 与具体项目相关的风险（收益变化）主要是“商业性”的，而不是与政策相关的；

2. 私人资本市场相当有效；以及

3. 相对于通常由公共部门产生的融资交易成本而言，私营部门的融资交易成本（规模较小）并不是非常大。

作者认为，这三个条件很可能适用于许多新的基础设施项目，如果回报与风险相匹配，那么依靠私营部门供应就不应承担任何额外的资本成本（而且事实上如果私营部门能更有效地进行项目设计和资本管理，资本成本将会更低）。这种观点可能把问题过分简单化了——普华永道（2002）对公共部门和私营部门的贷款成本做了更加全面的对比，我们将在本章后面的部分讨论这项研究。

总之，大多数 PPP/私人主动融资项目都涉及大量的私营部门融资，除了非常特殊的情况以外，这种融资本身就比公共部门贷款的成本高，尽管后者存在许多隐藏成本。显然，政府也会不可避免地受到财政困难的影响，从而导致信用评级降级，项目成本提高，但是政府贷款成本低的主要原因是政府可以通过征税来偿还债务。基于这些税收权力，借款给政府的机构便认为政府不可能违约，因此要求的利率风险补偿更低。但是隐藏真正的成本并把这些成本以或有负债（contingent liability）的形式转移给纳税人并不意味着公共投资是无风险的。项目风险更多地取决于项目的设计，而不是具体的融资机制（Flemming and Mayer，1997）。

长期以来，人们都认为公共融资项目的资本成本低于私人融资项目的资本成本，这并不是因为贷款成本较低，而是因为与私营部门相比，政府可以通过税收基础实现更好的风险共担（Arrow and Lind，1970）。这种观点已经被另一种新的观点取代了，即当考虑到纳税人通过资本市场摆脱他们的或有负债时，私营部门和公共部门为相同项目融资的资本成本是相同的（Brealey et al.，1997）。[①] 新观点认为，依据标准金融理论[②]，项目的资本成本是由项目所具有的市场风险决定的，可以通过追加风险补偿到无风险等级成本来确定项目的资本成本，而风险补偿则取决于资产收益和市场收益之间的协变程度（资产的“β”因素）。

可能有理由质疑以市场为基础进行分析的适当性，例如应用于项目的资本资产定价模型（CAPM）——由于外部效应和分配上的考虑，导致在这些项目中可能存在市场风险和社会风险的分散（Flemming and Mayer，1997）。税收也影响了资本成本的计算，私营部门评估项目采用税后资本成本，而政府则采用税前成本（Brealey et al.，1997）。我们考察适当的贴现率和私人主动融资

① 用 Brealey 等人（1997）的话说：“在完全资本市场的情况下，所有项目款项都由现有证券支付，纳税人可以通过在资本市场交易规避政府项目带来的风险。资本市场要求的风险溢价就是规避该风险需要的成本。因此，风险溢价是公共部门和私营部门项目都需要的”（p. 23）。

② 标准参考是 Brealey 和 Myers（2003）及 Copeland 和 Weston（1998）。

项目收益等问题时还会再讨论这方面的问题。

资金最佳使用价值

资金最佳使用价值被定义为“为满足用户要求的整个寿命期成本和质量（或者用途适应性）的最优组合”（OGC，2002b，p. 6）。根据英国私人主动融资项目的经验，公共服务项目经理们普遍认同的资金最佳使用价值的决定因素有六个（Arthur Andersen，2000），即风险转移、合同的长期性（包括全寿命周期成本）、产品说明书的使用、竞争、绩效评估与激励以及私营部门管理技能。其中竞争和风险被视为最重要的因素。

因此，实现资金最佳使用价值所需的是：

- 在竞争的环境中授予项目；
- 要严格应用经济评估技术（包括适当的风险评估），公共部门和私营部门分担风险，这样可以最大限度地实现预期的资金最佳使用价值；以及
- 公平、现实和全面地对比公共融资和私人融资。

竞争

竞争营造了一种鼓励投标人在设计解决方案和有效交付服务方面进行创新的环境。根据英国卫生服务领域早期的（在某种程度上并不令人满意）① 私人

① 因为所有超过一定价值的资本计划都要接受强制性的市场测试，首次被引入 NHS 的时候私人主动融资得到的结果有好有坏。这导致了大量未完成的交易，很多交易人们在事后才认识到在私人主动融资下无法解决，而 NHS 也无法承受。而且，许多投入市场的计划面临以下问题：它们关心的焦点是收购资产而不是提供服务；一些主要股东不接受或者不理解私人主动融资概念；而且风险分配不够理想——太多或太少的风险被转移给私营部门。英国劳动部门在应用私人主动融资模型时更加仔细，具体表现在：通过投入需要的资源确保精选的私人主动融资规划成功；处理私人主动融资项目的结构；逐步优化风险和价格；寻求最佳管理人管理风险；加强项目管理从而确保公共部门和私营部门都需要的投资保持在可接受水平。

主动融资合同的结果，可以得出这样的结论：竞标过程需要一定程度的竞争压力，这样私营部门才能提供最有效的投标。获取PPP采购过程的效益需要建立一个完全和充满竞争的合格竞标者市场，在商业预测阶段进行市场能力测试仍然是一个很重要的前提。

PPP的主要优点之一就是全寿命周期的“捆绑式”方法。这种整合创建的设施不仅为核心服务供应量身定制，也非常符合设施运营方的要求。从建筑和工程的角度看，它带来的结果就是以最大限度地提高辅助设施的服务效率、增加可维护性和最大限度地降低项目寿命周期成本（例如采用质量更好的材料）为目的的设计。即使很小的变化（例如，允许留出出入空间以便于维护）也已经产生了巨大的累积效应。正如Peter Drucker（1984）所认为的，创新通常不在于豪华的建筑设计，而在于大量细微变化产生的累积效应。因此，在英国的一个医院项目中，承包商可以通过把窗台做成45度角的倾斜窗台来降低清洁成本，这样人们就不能把东西放在窗台上而产生额外的清洁成本。在澳大利亚的一个医院项目中，屋顶区域设计了专门的出入空间和走廊，可以在不关闭病房区的情况下对设施进行维护。而在传统的采购方法中，并不具备这些优点，因为设施的设计、建设和运营之间很少或根本没有实现整合。

从这个意义上讲，PPP模式可以被视为激励合同，因为它鼓励私营部门实体超越建造阶段的限制来思考，并以便于今后运营和维护的方式进行建设。尽管在本章前面讨论的观点中，有人认为政府把PPP合同“分解”为独立的设计、建造、运营和维护合同可能产生效益，但是把这些协作项目授予单个私营部门实体（或者联合体）可以提供更好的动力和更明确的责任范围。

风险

PPP项目已经通过某些方式唤起了人们对项目风险的意识，而公共部门至今也没能做到这一点。这使得风险的识别、分配和管理成为PPP过程的一个重要部分。我们将在第7章考察这些过程。

资金最佳使用价值已经通过转移适当的风险得到改善，因为供应商有能力降低风险发生的可能性，或减少因风险而产生的经济损失，或者同时实现上述两种情况。但是，当这种风险转移变得次优化时，便会出现问题。事实上，如果将私营部门无法有效管理的风险继续转移给私营机构，资金最佳使用价值就会降低，因为私营部门要求的收益将超过公共采购方将获得的收益。由于寻求的是最优化而不是最大化，因此，风险转移成为PPP的目标。

公共部门比较值

竞争和风险分配是前提条件，但是不能保证实现资金的最佳使用价值。通过建立PPP实现额外资金最佳使用价值的可能性可以通过双重分析来推测。这种分析要在实行PPP之前进行，分析包括：第一，计算在传统采购下提供指定服务的基准成本；第二，把得出的基准成本与PPP下提供指定服务的成本作对比。

采用传统采购方法提供指定服务的基准成本称为公共部门比较值（PSC）。英国财政部工作组（1998）指导材料2号政策声明把“比较值”定义为“评估资金最佳使用价值所参照的基准”（该材料第1.3.1小节），把“公共部门比较值”定义为“假设通过传统资金开支获得资产，且采购方承担重要管理责任和风险的成本估算”（第1.3.2小节）。事实上，公共部门比较值旨在反映政府通过传统政府出资交付项目的全部风险调整成本。

在维多利亚伙伴政策（2003）关于公共部门比较值的技术说明中，公共部门比较值被定义为由公共部门作为基础设施供应商所产生的“假设的风险调整成本”，以作为PPP采购实践中的产品说明书（p.6）。公共部门比较值计算的特点如下：计算结果用净现值表示；根据PPP采购指定的产品进行估算；采用目前实际的产品供应方法（诸如设计和建设等的传统承包形式），包括任何可合理预见的、公共部门可能产生的效率；计算时考虑到可能遇到的全部风险。但是，公共部门比较值依然是假设性估算，而不是政府承担的实际成本。

图 6—1 介绍了公共部门比较值和 PPP 投标之间的资金最佳使用价值对比情况。假设所有的项目都不相上下（如，质量和风险分配），当私营部门供应的总现值成本小于服务基本成本的净现值时，就可以产生资金最佳使用价值，可针对以下因素进行调整：政府承担的风险成本；可转移风险的成本调整；以及竞争中立效应。

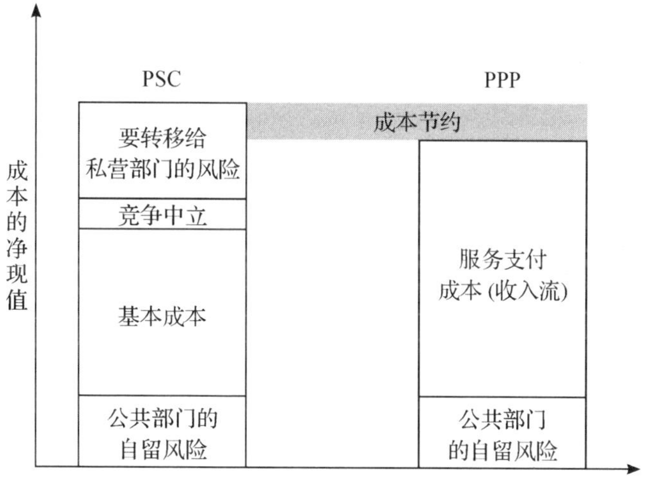

图 6—1　PSC 与资金最佳使用价值

● 基本成本或原始成本是指提供公共部门所要求的服务的成本。这是公共部门估算的建设和维护基础设施以及按照绩效说明书在预期有效的周期内提供相关服务所必须花费的成本。

● 自留风险。从其性质可以知道，自留风险始终由公共部门负责。公共部门比较值和私营供应商的自留风险成本通常是相同的。自留风险通常涉及授权法或规则的变更和服务的需求风险，而公众不必为这些服务直接付费（例如，长期的人口统计变化)。

● 风险调整是针对可转移风险进行的调整，这种可转移风险反映出可能无法按照基本成本预测的成本交付服务，原因是成本超支或技术问题，或者只能通过降低服务质量维持预算。

● 竞争中立调整反映了公共部门比较值应该对私营部门的投标保持竞争中立。竞争中立确保了对私营部门投标的分析不会仅因为重新分配机制或者影响私营或公共部门的其他政策安排而发生偏颇。因此，如果可行，公共部门比较值应该囊括州和地方政府税收、派款以及私营部门可能支付的费用，还有公共部门另外可能通过专属保险安排（captive insurance arrangement）产生的保险成本。

贴现率问题

下一个问题就是用于资金最佳使用价值测试的贴现率问题。在准备公共部门比较值时，需要开发项目财务模型，包括对项目相关的所有现金流的预测。

进行预测的假设条件是，项目由公共部门实施。然后利用贴现率来估算现金流的净现值。应该使用什么贴现率是个充满争议的问题，该问题已经在全球私人主动融资/PPP领域引起了广泛的讨论，正在使用的有多种不同的方法。另外，近年来这个领域的政策也发生了变化。

例如，英国政府已经采取措施，对公共部门的所有项目采用相同的贴现率。多年来，英国政府对私人主动融资项目进行经济评价采用的实际贴现率为每年6%，尽管最初至少四个DBFO公路项目采用的是每年8%的实际贴现率——这个贴现率正用于铁路投资中（国家审计署，1998）。选择每年6%的实际贴现率的根本原因是，采用的贴现率应该反映出政府的资源开支具有机会成本。但是，正如在私人主动融资中，政府支出包括在购买内部供应和外包供应之间的选择。内部资本必须以可以与私营部门供应进行比较的方式来估算成本，以确保公共投资获利和利用私人资源一样边际有效。因此，英国政府决定采用6%的折现率作为私人资本的低风险成本，由债务和股权混合融资。但是这种做法现在已经发生了变化。

2003版的绿皮书(英国财政部，2003a) 引入了3.5%的实际贴现率，其依据是社会时间偏好（即，从社会角度出发的纯时间资金最佳使用价值)。① 英国财政部对政策的变化做了如下描述：

> 政府的投资决策不是通过资本风险溢价来反映风险，而是通过计算资本现值之和来反映风险，例如，在决定选择何种采购方式时，项目经理要计算每种选择的全部风险的期望值，并且考虑每种选择将如何受到未来不确定性的影响。然后，他们采用每年3.5%的贴现率把这些选择在未来几年中的成本折算成现值（完全反映了现在的社会消费偏好而不是未来的)，而不是采用较高的贴现率来折算项目现金流的价值以补偿风险……因此要针对每个项目选择所产生的风险分别定价，然后把这些调整风险后的各种选择的折算成本相互比较，或者和私人主动融资项目的成本作对比，用公共部门比较值表示，从而确定哪种采购方式在考虑风险和不确定因素时能代表资金最佳使用价值。这种方法符合这样一个事实，即：在传统的采购中，公共部门在借贷过程中不用为借贷风险买单——对于公共部门来说，贷款是无风险利率的——但在风险发生且必须纳入公共融资项目时除外（英国财政部，2003b，p.42)。

① 根据绿皮书，社会时间偏好被定义为相对于未来消费，社会赋予当前消费的当前社会价值。社会时间优先率是用于折算未来收益和成本的比率，而且以各时间点或各代人的效用比较为基础。它有两个要素。第一个是在预测人均消费不变的情况下，相对当前消费，个人折算未来消费的比率。第二个，在预期人均消费随时间增加，反映出相对于当前消费情况未来消费量会比较大而产生较低的边际效用时，就存在另外一个附加要素。人均消费年度增长的产品及和效用有关的消费的边际效用弹性就体现了这种效果。预计第一个要素的值是每年1.5%，第二个是每年2%，那么社会时间偏好的实际值就是3.5%。

绿皮书继续对“产量变化的成本”的额外调整做了解释：

> 在估算与特定投标相关的未来成本和收益的过程中，估算的成本和收益与实际成本和收益之间必然存在差异。这将受到乐观偏向的影响，也是由在评估时不可预见的随机因素导致的。
>
> 对于公共部门来说，把所有的投标放在一起考虑，这些随机因素将被抵消。但在某些情况下，抵消可能无法实现。有些项目——例如，交通运输——可能存在评估风险，这种风险与整体经济绩效有着系统性的关系。因为大多数或所有这样的项目都要受到同一种因素的影响，项目之间不会抵消评估错误。
>
> 不愿意冒险的决策者非常在意产量可能发生的变化，宁愿为确定性支付费用（或者愿意在得到补偿时容忍发生的变化）。这种补偿就是变化的成本，应该在适当的时候纳入到评估的范围内（附录4，pp. 33-35）。

维多利亚伙伴政策在2001年制定之初也采用了6%的实际贴现率，2003年改变了贴现率，但是与英国的贴现率变更方向不同。维多利亚伙伴政策认为，用来计算公共部门比较值的贴现率方法需要与政府用于评估投标的方法保持一致，在一般情况下，政府应该采用通用的贴现率进行投标及评估公共部门比较值（PSC）（维多利亚伙伴政策，2003）。在新的维多利亚伙伴政策指导材料中，建议使用象征项目风险的贴现率，其依据是（正如我们之前讨论的那样），资本成本或贴现率是每个项目所特有的，是特定项目的风险函数。但是，大多数项目采用的贴现率都是依据先验的风险分类得出的，这种分类方法把项目按照类型分为极低风险、低风险或中等风险几个风险等级。①

虽然这些方法似乎互相矛盾，但是他们遵循的理论原则实际上并非完全不同。贴现现金流分析通常涉及把预期的与项目相关的现金流贴现，得出风险调

① 特例是项目价值超过5亿美元时，有必要计算特殊项目风险贴现率；或者系统风险情况变得不寻常时。见维多利亚伙伴政策（2003）。

整现值，该数值考虑了所有与项目有关的财务上可衡量的收益、成本和风险。对于风险调整，理论文献给出了两种主要的方法。第一种也可能是更为普遍的一种方法是，通过对适当的无风险利率添加风险边际来调整贴现率风险。另一种方法是评估现金流中的风险，这样就可以把无风险的贴现率应用到已经从风险状态调整到文献中所说的“确定性等价”（certainty equivalent）的现金流预测中。我们可以考察一下 Brealey 和 Mayer（2003，pp. 339－340）对这个问题的处理方法，他们建立了等值法……两种评估风险现金流 C_1 的方法：

方法一：利用风险调整贴现率“r”折算风险现金流，“r”大于“r_f”（无风险利率）。风险调整贴现率随时间和风险进行调整。

方法二：找到确定性等价现金流并利用无风险利率“r_f”进行折算。使用此方法时，你需要问自己“我可以用风险现金流 C_1 换取的最小确定性收益是多少”？

这称为 C_1 的确定性等价，用 CEQ_1 表示。由于 CEQ_1 是安全现金流的等值量，所以按照无风险利率来折算。“确定性等价”方法分别调整风险和时间。

现在，我们可以用两个恒等式来表述 PV：

$$PV=\frac{C_1}{1+r}=\frac{CEQ_1}{1+r_j}$$

在上述推导过程的附图中，“确定性等价”方法可描述为包含两个步骤，第一步“减少风险”（把预测的现金流减少到其确定性等价现金流），第二步再折算资金的时间价值。附图还说明，利用风险现金流和市场收益之间的协方差，使用资本资产定价模型（CAPM）可以直接计算出“确定性等价”现金流 CEQ_1。①

---

① Brealey 和 Mycrs 确定的关系如下：“CEQ_1 可以直接通过资本资产定价模式（CAPM）计算。CAPM 的确定性等价式表明现金流 C_1 的确定性等价价值。C_1，是 $PV = C_1 - \lambda \operatorname{cov}(\hat{C}_j, \hat{r}_m)$。$\operatorname{Cov}(\hat{C}_j, \hat{r}_m)$ 是不确定收入流（$\hat{C}_j$）和市场回报（$\hat{r}_m$）之间的协方差。拉姆达（λ）是风险的市场价格的计量方法。它被定义为 $(r_m - r_f)/\sigma_m^2$。例如，如果 $r_m - r_f = .08$，市场回报的标准偏差是 $\sigma_m = 0.20$，那么 $\lambda = 0.08/0.022 = 2$，（p. 240，n. 24）。”

从本质上讲，在一种方法中分母考虑了风险；在另一种方法中，分子进行了风险调整。尽管两种方法的值形式上是相等的，但很容易理解把理论付诸实践是怎样产生差异的。如果使用风险调整利率方法，有人会认为添加到无风险利率的风险边际应该反映出系统的风险而不是特别的项目风险（正如新维多利亚伙伴政策指导方针所主张的那样）。这一原则的基本原理简单易懂。特别风险可以被分担或分化，这样个体就不会承担任何重大风险，但系统风险是高度关联的，风险分担和分化除了在团体内重新分配已知风险外，不会产生任何影响。由于不花成本就可以消除非系统性风险（通过分化），所以承担此类风险就没有回报，反之如果按照“系统性风险原则”（Ross et al.，2002），承担风险的回报仅仅取决于某项投资的系统性风险。① 但是我们得出此结论所采用的资本资产定价模型（CAPM）可能仅提供了较大范围的适当贴现率，因为很难收集到足够的相关且客观的数据来评估和项目具有相似属性的“β”。② 同时，可能也有许多只有负面影响的个体风险因素，通常在很大程度上与项目的现金流相关，收益的非常态则进一步说明为什么资本资产定价模型（CAPM）可能不是确定收益的适当基础。专业人员可能不得不求助于直觉的方法根据先例和判断而不是市场信息来评估贴现率。

另一方面，如果使用无风险贴现率方法，就有必要使用“确定性等价”方法（或者绿皮书中介绍的“产量变化的成本”）来调整现金流预测中的风险。这包括评估政府为了确认采购费用就是预期支付的现金流而愿

① 系统风险是对与“市场投资组合”，即经济波动相比，特定项目回报可能的变动程度的测量。系统风险的测量单位是β，而且项目或资产的β确定投资者在此类投资中需求的回报。当β等于1，项目的变动将与市场投资组合一样。当β超过1，项目的风险比市场大，反之如果β小于1，项目风险就比较小。

② 普华永道会计师事务所在一份报告中尝试使用在英国受监管的公用设施的可观察市场数据来估算私人主动融资项目的基准β，我们将在本章的稍后部分对此进行讨论。

意支付的费用。① 虽然私营主体可能有关于风险规避的计划或政策，但是政府确实需要拥有一种社会福利机能（显示社会的整体风险规避水平）来实施这种方法。同时也很难把系统性风险定价为现金流，因为可用的市场数据可能相关性不大，而且关于如何进行计算等问题，现有的理论几乎没有提供额外的指导。专业人员主要依靠自己来评估特定预期现金流的风险价值［例如，依据各个现金流因素的“β”估算值，利用对规避风险所需的保险费的预测或者基于资本资产定价模型（CAPM）的公式来估算每一个关键现金流要素的单独调整因素］。尽管利用无风险贴现率的想法看上去很有吸引力，但是后面的步骤似乎很难进行下去，而且由此可能低估现金流中存在的风险。

一个相关的问题是，用来评估公共供应的贴现率是否应该等同于评估 PPP 的贴现率。政府倾向于对项目采用相同的贴现率，不管该项目是公共部门供应的，还是由私营部门通过 PPP 供应给政府的。（在这里，我们想到的是类似以前实际贴现率 6%的风险调整贴现率。“确定性等价现金流”也出现了同样的问题。）Grout（2003）认为，在对公共部门供应和 PPP 之间的测试中使用同样贴现率的标准操作是不恰当的，因为它对私营部门的供应存有偏见，造成对公共采购的过分依赖。他的理由如下：当评估公共部门供应时，要对成

① 一个例子可以说明需要进行的计算。假设现金流费用一定情况下，可能有三种结果：例如当成本是 1 000 美元时的预算结果，当成本是 1 600 美元时的较不利结果以及当成本是 800 美元时的有利结果。如果我们假定不利/有利结果的概率都是 25%，那么我们可以计算得出现金流的期望值为：

$$1\,000\text{ 美元}+25\%\times(800\text{ 美元}-1\,000\text{ 美元})+25\%\times(1\,600\text{ 美元}-1\,000\text{ 美元})$$
$$=1\,100\text{ 美元}$$

然而，该数据仅提供了对加权平均或预期现金流结果的估算值。为了确定公共部门比较值的风险价值，有必要估算为了确保结果是 1 100 美元，政府愿意支付多少钱。换言之，如果政府放弃得到 800 美元或 1 000 美元的可能性（可以确保结果不是 1 600 美元），那么除预期附加的 100 美元之外政府还愿意在“预算”之外支付多少？如果假设是 80 美元，也就是说政府愿意支付 80 美元确保实际成本是 1 100 美元，那么风险调节公共部门比较值可能等于 1 000 美元＋100 美元＋80 美元＝1 180 美元。这个数值应被纳入按无风险比率折算的公共部门比较值现金流。

本现金流采用一个贴现率。这个现金流代表建设设施的成本——如果由公共部门来完成的话。相反，在评估私营部门供应时，要对收入流采用一个贴现率，该收入流由公共部门支付的费用构成，但对私营实体来说是收益项目，并从收益的角度对其进行评估。对于 PPP 来说，这种收入流并不是建设设施的等价成本——而是与收益流相关的按照合同中的价格进行计算的现金流——而且也没有理由假设这两种现金流的风险特征相同。事实上，Grout 认为，有足够的理由认为这二者的风险特征不同，因为一般情况下成本比收益的风险性要小（特别是在收益取决于提供相应质量的服务时）。他主张，在看似似是而非的条件下对公司合作关系等值法采用的贴现率应该高于对公共部门等值法采用的贴现率。如果不能做到这一点，就表明私人供应没有公共供应的效率高，因为相对于公共采购，私人供应的现值将被高估。

关于贴现率问题还有最后一点需要说明。那些认同 Knight（1921）对风险和不确定性进行区分的人会认为，“真正”的不确定性被遗漏了。绿皮书中多处提到了不确定性，例如（英国财政部，2003a，p. 32）：

> 期望值是理解不同选择下风险所产生的影响的有用起点。但是不管怎样明确地识别和分析风险，未来都是不确定的。因此考虑未来的不确定性如何影响各个选项间的选择也是至关重要的。

在包含一个以实例考察不确定性的成本分析中（Box 4. 5），提到了“每个变量指定的概率分布”，说明讨论的是“风险”，而不是“真正的”不确定性。

不确定的情况可以很明确地与风险情况区分开来，尽管在这两种情况下未来的实际结果都不能确定地进行预测。例如：“在风险情况下，结果的概率分布是已知的；而在不确定的情况下，甚至连这个信息都是完全缺失的”（Marglin，1967，p. 71）。用 Keynes（1936）的话说，“突出的事实就是知识基础的极端不稳定性”。Marglin继续指出：

> 确切地说，不确定性就代表一个更难解决的问题，恰恰是因为我们是根据直觉和洞察力来了解事物的……
>
> 世界总是呈现出两极之间的情况，但这并不代表二分法是无用的……
>
> 技术更替、品位的改变、投资计划的偏离以及国际环境的变化对投资收益的影响最多也只能“通过黑色的眼镜”看出来，试图根据符合风险情况的概率分布来分析这些不确定性的根源还为时尚早。

Blatt（1983）认为，对估算现金流的任何方向的适度偏离，都会发生，它们能，而且也应该采用“确定性等价”现金流估算的方法来处理，而不是“最可能的”估算方法。但是，他认为这类调整和不确定性的范围没有任何关系，不确定性指任何项目都可能遭遇的真正不确定、不可预测的未来事件。项目遇到这样的“灾难”和其他后果并没有被纳入“确定性等价”现金流的推导过程中。这种特殊的计算考虑到了不同程度的风险，事实上风险和实际现金流相对于预测现金流（不存在灾难和其他不可量化的因素）的变化有关。这是个潜在的要点，我们在下一节再来讨论这个问题。

很显然，在这个领域中，现在的思路已经有了相当大的进展，而在写这本书的时候还没有就正确的方法达成一致，更不用说将其付诸实践了。但是，尽管（或者可能因为）存在这些差异，PPP和公共部门比较值（PSC）的比较不应被视为“通过—失效”测试。相反，任何PPP投标都需要接受敏感性分析，以便了解不同的假设——例如，关于风险分配的不同形式——会不会极大地改变资金最佳使用价值的评估。下一章将考察这一过程。事实上，PPP采购在很大程度上依赖于判断、技能和经验。在大多数情况下，公共部门比较值和私营部门投标之间的差距将相对缩小，在本章后面的案例研究中这一点就更加明显。因此，公共机构需要对通过承包给私营部门而获得的资金最佳使用价值和该方法涉及的风险做出专业的判断，同时还不能忽略公共采购也存在很大的风险（新的英国绿皮书指导方针包含针对我们先前评注的“乐观偏向”的详细调整步骤）。

尽管存在这些困难，但是公共部门比较值的形成仍然是公共部门采购的宝贵原则，它可以协助参与方了解项目、涉及的风险以及如何根据合同来处理风险。要想使用公共部门比较值对投标进行有意义的资金最佳使用价值测试，公共部门比较值就必须对全部可量化的重大风险进行全面而现实的定价。我们认为，正如英国 Mott MacDonald 集团（2002）在英国进行的研究所证明的那样（否认已发生的现实、不充分的数据，甚至预算往往不是资产整个寿命周期内维持其适当运转所需要的数额等维护方面的矛盾），政府机构倾向于低估这些风险。公共部门比较值所需的风险分析不应该被视为独立的操作，而应该成为更广泛的项目风险识别、风险分配和风险管理过程的一部分。

资金最佳使用价值的证据

关于 PPP 实现资金最佳使用价值的最完整证据来自私人主动融资（PFI），即英国政府为增加私营部门参与公共服务供应而开展的项目。私人主动融资由保守党政府于 1992 年 11 月提出，1997 年在工党的统治下继续实施。截至 2003 年 7 月，已经有 451 个 PFI 项目竣工并投入运营，其中包括 34 家医院、119 个健康计划、239 所新建和翻新的学校、23 个新交通工程、34 个新建消防队和警察局、13 所新监狱和安全培训中心、12 个废物及水处理项目，以及包括国防、休闲、文化、住房和 IT 等在内的 167 个其他项目。私人主动融资（PFI）计划已经受到广泛讨论和普遍的研究，本节研究了两类证据。首先，我们总结了具体项目中 PPP—PSC（PPP—公共部门比较值）资金最佳使用价值的对比情况。其次，我们将考察关于私人主动融资项目收益率的证据。

资金最佳使用价值测试

很难从单个事件中得出结论。在市场环境中，有些PPP难免不能按照计划实施，在有些地区，甚至存在这样的趋势，即用PPP的每一次失败来证明PPP根本就是存在缺陷的。我们判断PPP是否起作用应该根据公共采购可实现的结果的现实评估，而不是政府绩效的理想化设想。毕竟，不是每项传统的采购都按照计划实施，政府过失是客观存在的，不能被忽略。要想评估PPP是否有价值，重要的是要考察私人主动融资与传统采购成功、失败的可用证据。

在前面第4章中（见表4—3），我们介绍了英国财政部和国家审计署汇编的证据，这些证据表明绝大多数私人主动融资的项目都是提前或按时交付的，而且几乎所有项目都是在预算内完成的。这个证据和此前对传统政府采购基础设施的调查形成了鲜明的对比，传统的基础设施政府采购项目大多数都是超时和超预算的。这些结果和Mott MacDonald（2002）的调查也是一致的，该调查显示私人主动融资项目的“乐观偏向”似乎低于其他采购方法。

也有一些根据资金最佳使用价值测试对项目进行的独立评估。受英国财政部工作组委托，伦敦经济学院和安达信会计师事务所于2000年1月联合发布了一项评估报告，报告分析了29个采用私人主动融资的公共部门项目，而且经计算得出，私人主动融资预计比传统采购平均节约17%的资金（安达信，2000)。英国国家审计署通过其独立分析，提供了针对15个项目的资金最佳使用价值的报告，其中有7个项目接受了根据传统公共采购的公共部门比较值进行的资金最佳使用价值评估。总体而言，这些项目总共节约了20%的成本（国家审计署，2001)。

通过把私人主动融资项目的成本与其公共部门比较值作对比，然后再参照尚没有完成的长期项目——实际结果多年以后才能知道——就可以估算出所节约的资金。另外，Allen（2001）认为，这些平均值隐藏了不同私人主动融资类型之间的巨大差异，即公路和监狱项目能达到“合理的效率收益”而医院和学校项目只能获得“最小的收益”（p. 32）。这些差异是由两个因素形成的。第一，对于公路和监狱来说，不存在核心服务和辅助服务的区别，这样就使私营承包商了解到他们也将负责运营和维护服务，从而在项目的设计和建设中力求创新。而在私人主动融资的卫生项目中，核心服务和辅助服务是分离的，这也许在某种程度上降低了创新的可能性。第二，对于公路和监狱项目，由一家中央政府代理机构来处理承包问题，而对于卫生和教育项目，私营赞助方必须和多家机构打交道，如当地教育主管部门和学校管理委员会等。

对于卫生和学校项目，我们还要谨记另一点——在英国这两个领域仍然是收费较高的政治性领域。特别是在卫生领域，私人主动融资的评论家对其批评是最直言不讳的（例如，Mayston，1999；Pollock et al.，1997；Pollock，2000）。然而，无法避免的两难局面是，公共出资已经跟不上医疗技术发展的步伐，这已经导致该系统的预算危机。在这样的环境中，如果私人主动融资能产生真正的成本节约或效率收益，那么所做的尝试就物有所值了。但是私人主动融资不能解决“承受力”的基本问题，该问题产生的原因是，“Trust 公司的期望值超过预算的实际情况”（Grimsey and Graham，1997，p. 220）。

收益率测试

普华永道（2002）受政府商务部的委托，进行了一项截然不同的测试。该公司分析了一系列私人主动融资项目案例的收益率，用以确定私营部门管理和承担风险的期望收益是否达到或超过竞标各方形成的市场竞争的预测收益。在本章前面的部分我们谈到，PPP/私人主动融资投标市场需要引入激烈的竞争，这样才能保证私营部门实体提供最有竞争力的投标并为政府提供资金最佳使用价值。这份报告一开始就表明，有了竞争，项目内部收益率应该真实地反映出多元化投资方所要求的收益，正如加权平均资本成本所显示的那样。

为了考察情况是否属实，又选择了 64 个私人主动融资项目样本，涵盖了采用私人主动融资的各种活动，约占全部私人主动融资项目建造总价值的 23%。作为衡量预期的私营部门收益的方法，报告采用了融资完成时预测的名义税后内部收益率。然后把项目收益和加权平均资本成本作对比，项目收益应该是多元化投资方根据项目风险预测得出的期望收益。这种收益是根据在公共渠道流通的大量同类商业活动信息而得出的（主要是相关的公用事业部门），其方法是利用资本资产定价模型（CAPM）得出相应的股权成本，按照财务模型得出的每个项目的债务成本计算出加权平均资本成本。资本资产定价模型（CAPM）假设股权投资者要求的补偿高于无风险利率，这样才能补偿他们手中投资的相关风险，其中风险溢价是考虑了投资系统性风险的函数。

研究发现，在所有样本项目中，每年的平均收益率是 7.7%。通过对比，得出加权平均资本成本的估算值平均为每年 5.3%。因此，“差额”为每年 2.4%，这样，项目的平均内部收益率就高于资本成本。这个差额就是私人主动融资项目中超出融资成本的额外预期总收益的估算值。注意，股权收益和项目收益是预期收益（事先）。项目不一定在其整个寿命周期（事后）都获得这种收益，因为事情的发展可能比预期的好，也可能比预期的坏。虽然大多数项目都取得了成功，但是也有很多项目没有获得预期的收益，反而让投资者亏本。

然而，普华永道的报告称，即使获得了预期收益，但只有一部分差额是投资者的超额收益，造成这种现象的原因有二：第一，投标成本占的比例为 0.7%～1.3%（平均 1%）。在私人主动融资模式下投标成本要高于其他采购方式下的投标成本。所有项目投标者都期望能在获得收益之前收回全部成本——包括竞标失败所产生的成本。对于样本中的这些项目，在首选投标人宣布之前产生的平均成本约为 100 万英镑。中标几率平均为 1/3 或 1/4，但是为普华永道的研究提供基础的具体项目的财务预测仅仅显示了已经中标的特定项目投标成本。因此它们没有明确地反映出其他落标的成本，这些成本至少有一部分必须通过股权收益收回。第二，在期限为 25 至 30 年的私人主动融资合同中，投标者可以根据传统的资本资产定价模型（CAPM）所采用的，按照固定利率来为目标收益定价，例如可以按照掉期率（swap rate）而不是同业利率（gilt rate）来定价。在股权成本中采用掉期率而不采用同业利率作为无风险利率，可把平均资本成本从 5.3%增加到 5.75%～6.25%之间。

因此，在每年 2.4%的“差额”中，下列两个因素就占了 1.7%：

- 在其他项目上未收回的投标成本（约占 1%）；
- 与公共部门贷款相比，私营部门贷款的基本利率成本更高，这主要是由掉期率相对于同业利率的成本造成的（约占 0.7%）。

考虑到这两个因素之后，项目投资者的预期超额收益的估算值就是 0.7%左右。这些超额收益是由过去曾限制私人主动融资市场竞争的“结构性问题”造成的。例如，人们认为私人主动融资模式采购的期限和私营部门承担的投标成本仍然是私营部门进入市场的障碍。

对于普华永道报告中关于竞争性私人主动融资市场的重要性论断，我们没有异议——市场容量和投标过程中的竞争压力是实现资金最佳使用价值的重要因素。但同时我们注意到还遗漏了一个问题，即“真正的”不确定性，现在我们就来探讨 PPP 项目中这一特点的可能含义。

风险和不确定性

我们先来回顾一下，前面讲到 Frank Knight 把“风险”和“不确定性”

做了区分。在这两种情况下，实际的未来结果都是不确定的，但是在风险情况下，对于各种未来结果的可能性是已知的（根据数学精确计算或者类似情况下的以往经验）。而在不确定的情况下，各种未来结果的可能性也仅仅是“胡乱猜测”的，因为：

> 不确定的“情况”是非常独特的，没有其他情况或者没有足够的数字可以把它列出来，从而进行有价值的推断——推断出我们感兴趣的情况的任何实际概率。（Knight，1921，p. 226）

例如，可以依据什么对“9·11”及其对世界旅游业的影响进行概率分布分析？

从前面的分析得出的观点可以看到，相关的问题似乎是：第一，公司有没有考虑到不确定性；第二，公司在其决策中如何考虑不确定性？

第一个问题的答案是显而易见的。公司在承担风险的情况下忽略了不确定性。Shackle（1955）认为，“真正的”不确定性不仅涉及独特的事件，也涉及典型的关键事件。

> 在做任何选择时，关键性都是独特性的真正而重要的来源：关键性并不是不同寻常，而是普遍存在。（p. 63）
>
> 我所说的关键性实验是指与之有关的某人并不能把这样一种可能性从他的脑海中排除出去，即做实验这种行为可能会对实验所处的环境造成永久性的破坏。（p. 6）
>
> 对于一个商人来说，出现资本临界损失的可能性意味着要大规模运营，也许我们可以这样说，一般情况下它意味着新企业的成立或者现有企业的大规模扩张。事实上，投资决策领域（经济学家用“投资”一词表示）才是个人独特性出现的主要领域。（p. 86）

巨大的沉没成本说明，基础设施投资是关键性投资，而第2章提到的网络效应、外部性和其他特征则表明，每次风险投资都具有一定程度的独特性。

英国绿皮书敦促公共部门项目评估人员“考虑未来的不确定性将如何影响在选项间做出的选择”（英国财政部，2003a，p. 32），并且建议进行敏感性分析、蒙特卡罗分析和情景规划（建立世界未来状态的详细模型）。我们将在下一章讲解敏感性分析和蒙特卡罗分析，二者都是处理风险（而不是“真正的”不确定性）的标准工具。有趣的是，我们注意到旧的美国绿皮书（美国政府，1958）推荐了三种处理不确定性的方法。第一种是保守地估算成本和收益；第二种是保守地估算项目的经济寿命；第三种是在贴现率上添加溢价，因对收益和成本的估算缺乏信心，致使贴现率受到直接影响而发生变化。Marglin（1967，pp. 97-98）评价了 Arrow 和 Lind（1970）关于“旧”观点的早期陈述中的最后一种方法，我们在前面基于政府的多样化能力对此观点进行了讨论。

> 有些项目的失败或者低于平均绩效可以通过其他方面的意外成功来平衡，这样政府就能更多地集中在期望值上，比起私人投资者来，就可以更少担心个别项目的结果偏差。

然而，Marglin 指出，“保守主义是对估算收益和成本的技术人员一贯乐观偏向的合适对策”（p. 73）。显然，“乐观偏向”在公共部门采购中并不是一个新问题了。

参与基础设施投资的私营部门公司面临着非常不同的情况，因此不能忽略被 Marglin 称为“不确定性的非概率性质”（p. 73）。正如 Blatt（1983）所说：

> 灾难性威胁（破产）是非常重要的因素。未来根本就是太难预测了，但是商人希望不仅仅在下一个项目中，而是在他退休前的全部预期时间内都拥有适当的避免灾难的机会。因此，他必须在现有的项目中十分保守地做出选择，这样他在退休时可能就不用去救济院或者待在债权人的监狱

> 中……“灾难”的确切含义可能非常不同：对于商人来说，灾难是巨大的损失，足以使其破产；对于公司聘用的经理来说，比灾难更小的损失都可能导致他被解雇，而且没有机会再受雇为经理。(pp. 279-280)

那么该怎样考虑不确定性呢？我们在前面注意到，有许多人认为概率分析没有什么帮助。用Shackle的话说：

> 我们可以毫不费力地说，频率—概率和真正的不确定性没有任何关系。(p. 26)
>
> 对于数学概率理论家，我们可以简单地用每项或有利润的频率比乘以或有利润额，再乘以1 000，然后把所有答案相加，得出的结果便是数学期望。这个令人印象深刻的名称可能误导我们，使我们以为数学家创造了奇迹，用他的计算器凭空得到了一些结果，并且已经把企业家从基本的不确定引入了确定的境遇。但是数学家并没有做到这一点……频率—概率并没有告诉我们关于个别及特定商业风险投资的任何信息。(p. 84)
>
> 因为在“说出壶的真相”这类教科书中的例子以及靠运气决胜负的游戏中，存在性及性质不明的因素被排除在游戏规则之外，所以这些例子和游戏与现实是互不相干的。(p. 39)

问题的根源在于独特性和关键性：“拿破仑无法反复打一百次滑铁卢战役，而寄希望于在某些特定情况下普鲁士人不会及时赶到”(p. 25)。

从基础设施的角度来看，概率分析是否充分引发了两个问题。从统计上讲，有没有足够多的项目彼此类似，或者与过去的项目类似，因而可以形成可靠的概率分布？或者，基础设施风险投资是否足够不同（独特、关键），可以使我们处理的项目不被看作“下生产线的产品”？

一些涉及学校和住宿的常规PPP项目或许可以以适当的数量进行复制，但是对于许多其他的项目，情况就不一样了，特别是在PPP被视为对一些主要的一次性大型创新综合项目具有特殊价值时。

那么，如果在已知概率基础上进行的概率分析都无法解决真正的不确定性问题，那什么能解决呢？在理论层面上，对不确定性分析的主要方法是以状态偏好理论（state preference theory）为依据，它描述了在自然或世界的相互排斥和穷举状态下，个人面临的随机事件。[①] 在经验层面上，普遍使用的方法是承认风险和不确定性之间的区别，然后把二者都当作风险来处理。例如，Lessard 和 Miller（2001）就是这样做的，但是他们同时强调风险是多维的，而且可以组合及互动而产生紊乱，致使项目变得“不可管理”（p. 8）。他们还认为，在现实的选择框架内创建后续选项是非常重要的。实物期权理论（Dixit and Pindyck，1995）认为，决策是有顺序的，选择今天看似次优化但以后可能更灵活的方案，可以使决策制定者受益，即当了解关于项目的更多情况时就可以做出更好的决策。这种信息的积累和贝叶斯决策理论（Bayesian decision theory）有着某种密切关系，贝叶斯决策理论是我们将提到的第三种关于不确定性的分析方法。

贝叶斯理论开始介绍了先验分布（prior distribution）的部分知识，其基础是主观概率的构成，主观概率是根据新信息不断更新的风险期权偏向得出的。[②] 许多

---

① 关于国家优先理论的主要知识来自于 Arrow（1965），Hirschleifer（1970）和 Karni（1985）。该模型使一些经济学家开始研究不确定性选择，但大多数仍继续聚焦风险分析。聚焦风险的优势在于能够引入现代概率理论，其中经济实体的行动结果是他们面对的随机变量的另一种明确的概率分布（Machina，1987）。

② 贝叶斯决策理论是统计决策理论的分支，是关于在不确定性情况下做出最佳决策的问题。不同于将概率视为重复事件的长期频率的传统统计，贝叶斯理论采用了对概率的主观主义视角，其中概率可能描述的是可信度或不完全知识的状态。贝叶斯的原理描述了我们如何学习，或者更准确地说是我们应该如何学习，并且说明了我们以先验概率描述的信念应该如何接受将先验信息和样本观察都纳入概率分布的信息的修正（Lindley，1985，p. 102）。因此，贝叶斯决策理论从初始不完整的自然状态信息开始。从“先前不知”或先验知识缺失的状态中，决策者形成有关不确定事件的主观概率。随时间推移，在学习过程中这些主观概率被测试并改进，直到它们逐渐接近有关事件的真实概率。最近对贝叶斯理论的说明见 Bernando 和 Smith（2000）。

人都认为通过实验来学习的贝叶斯方法为量化局部信仰（partial belief）提供了一个逻辑框架，量化局部信仰把不确定性纳入到概率分析和风险情况下制定决策的范围内，从而使Knight界定的风险和不确定性之间的区别变得多余了（LeRoy and Singell，1987；Hieschleifer and Riley，1992）。然而，并不是每个人都认为可以丢弃风险和“真正的”不确定性之间的区别（Kelsey and Quiggin，1992；Runde，1995）。贝叶斯决策规则的实施远没有这么简单（Kirman and Salmon，1995）：它的计算是复杂的，也许还不能处理“根本的”不确定性（Casson，2000b，第4章），而且还要依赖尝试和错误的过程，而决策者在基础设施项目中是不能体验这些过程的。

在我们前面引用的作者的观点中，有一点是一致的，即“无法根除的”不确定性不能通过频率分布和数学期望的计算来解决，而且必须通过一种不同的思维来处理，但是此后的一致意见就比较少了。公司可能被迫采取简单的权宜之计，例如在安全方面留有一定的出错空间（Shackle，1955，p. 83），或者应用诸如投资回收期的简单决策规则；换句话说，就是看项目的累积净收益能否在特定时间内抵消原始投资（Blatt，1983，p. 286）。公司可能考虑到每种行为过程的“最可能”和“最不可能”的结果（前者是对项目的最好期望，后者是对项目的最大担心），然后使这些结果成为决策的基础，决策时谨记可以预期的损失上限以及能否逃脱最坏的情况（Shackle，1955，p. 89）。Blatt主张采用随时间变化的风险调整资本成本——而不仅仅是带有固定风险边际的资本成本，对此，商人可能对最高可允许风险设置不同的风险边际，而且对不确定性的范围也有着不同的主观估测。他指出（1983，p. 285），这种随时间变化的特性说明了在确定风险调整贴现率的适当价值时，存在诸多争论的原因。在他看来，根本不存在适当的价值！

尽管关于处理不确定性的想法各不相同，但是至少后来的作者们都一致认为，在面对真正的不确定性时，公司将采取目标似乎较为明确的“安全第一”

的保守方法。

> 业务管理层不得不考察其启动的每个项目，直至项目完工，政策也必须使其具有在较长时期内继续开展业务的机会，而不仅仅止于下一个项目。(Blatt，1983，p. 261)

专业股权投资者和参与风险投资的其他人也会这样做。任何敏感的 PPP 项目的投标人都希望针对不确定性采取一些措施。虽然不清楚到底怎样做到这一点，但显而易见的是，“我们一生中到处遭遇不可避免的和不可减轻的不确定性”(Shackle，1995，p. 16) 并不会因为我们假设它不存在而消失，具有求生本能的公司将会以这样或那样的方式允许真正的不确定性的存在。

如果我们是正确的，那么普华永道的收益率研究中“缺失的”0.7%的含义就很明显了。普华永道把它归咎为 PPP 市场的结构性弱点，但是我们认为这和不确定性有着某种程度的联系。同时，不确定性和资金最佳使用价值测试也有牵连。我们在前面提到了 Grout (1997) 的分析，他认为 PPP 现金流的风险性要高于公共部门比较值现金流的风险性，从而保证了 PPP 的折现率高于公共部门比较值的贴现率。不确定性的存在及其将被计入 PPP 现金流这一事实巩固了 Grout 的观点。

问责制

问责制是对任何公共或私营组织结构的一种要求。掌管经济资源的人必须进行述职并说明非相关性，无论涉及的交易和资源是属于政府组织还是属于私营部门实体的 (Grimsey and Lewis，2002b)。这种责任职能自远古时代以来一直都是有组织的人类活动的固有特色 (Brown，1905；Brown，1962；Stone，1969)。最初在个人财产所有者的层面上，今天的问责制可以根据管理层协助有效分配资源的核算来描述，具体方式是由负责制定投资决策的人提供信息——可以是为事后监督绩效或事先制定决策提供信息（Whittington，1992）。但是由于许多其他群体在知悉商业活动和运营方面有着合法的利益，因此问责制也具有广泛的经济、社会用途和目的，在 PPP 中应承认他们的利益。

纳税人的目标仍然是实现有效和高效的“资金最佳使用价值”，即，识别确保高品质服务的最具成本效益的方法（PPP 委员会，2001）。资金最佳使用价值可以通过多种途径得以实现：为基础设施项目营造一个竞争性的市场；依靠私营部门在资产设计、建造技术和运营实践方面的创新和技能；把设计、建设延期、成本超支、金融和保险中的重大风险转移给私营部门实体管理。要想取得项目成功，就需要进行风险分配，而资金最佳使用价值是关键。如果不能把足够的风险转移给私营主体，那么 PPP 就不太可能产生资金最佳使用价值。

当我们考虑到一个对 PPP 最普遍的批评时，最后一点的重要性就显而易见了。澳大利亚和英国的政府机构一直在谴责对公私合作伙伴关系安排的倾向，因为它们代表着“后门”融资（PPP 委员会，2001；Walker and Walker，2000）。PPP 之所以对公共部门实体有吸引力，原因包括公共部门可能把某些项目不列入资产负债表。这一动机大概类似于其他参与资产负债表外融资的企业（尽管政府机构不设置商业账户），即在保持信用等级的前提下超出资产负债表的限制而扩展活动（Lewis，1992）。由于是资产负债表外的承诺，因此 PPP 协议下的付款被显示为相关年份的收益支出，而不是作为资产，或参与项目时需要考虑的相应负债。

大多数会计问题已经在文献资料中得到研究和解决（投稿人 Grimsey and Lewis，2002b），由于问题已经发生变化，在这里我们不想一一列举。事实上，关于会计处理的关键性问题一直围绕着风险存在于哪里展开，而对于不同风险重要性的判断可能是至关重要的——例如，建造风险、设计风险、需求风险和残值风险之间的平衡（Heald，2003）。然而，真正的问题不在于 PPP 计划是不是在资产负债表外，以及这种安排是否包括以其他名义贷款，而在于这种安排能不能实现资金最佳使用价值。这是评估 PPP 的真正前提条件。英国财政部工作组关于私人主动融资会计核算的指导方针特别反对为了寻求资产负债表外账务处理而牺牲资金最佳使用价值的做法：

> 私人主动融资采购的目标是提供高品质的公共服务，实现纳税人的资金最佳使用价值。因此，确定某个项目是否应该继续进行的决定因素是资金最佳使用价值，而不是账务处理。采购方应该关注如何通过优化资金最佳使用价值来实现采购风险的转移，而且不能以损害资金最佳使用价值为代价把风险转嫁给运营方。（英国财政部工作组，1999，第 1.8 小节）

英国财政部在其 2003 年 7 月对私人主动融资做的评估中总结了当前的观点：

> 决定是否从事私人主动融资模式的投资，仅仅取决于资金最佳使用价值，私人主动融资是否在资产负债表内或表外由后续的审计师来决定，与选择何种采购方式没有关系。按照价值计算，近 60%的私人主动融资项目都是列入资产负债表内的。（英国财政部，2003b，p. 1）

我们引用的最后一段话说明，资金最佳使用价值是事先考虑的，而会计处理方法是事后决定的，着眼于事后的情况。

会计核算之所以成为 PPP 中颇受争议的问题，主要原因是 PPP 这种安排的范围限制了现有租赁标准所设想的设计界限和商业理念。租赁标准在 PPP 模式之前出现，目的是私营部门参与提供服务（取决于基础设施资产）。在起草租赁标准的时候，没有考虑到更复杂的纵横交织的风险转移——而这正是许多 PPP 服务交付模式的特点。形成 PPP 的国际标准似乎还有很长的一段路要走，同时该行业似乎也认识到英国的做法——特别是财务报告标准5（FRS5）——是目前最好的标准。①

会计准则把财产（一种资产）与作为当前开支的服务区分开来。在PPP模式下，问题就在于是否把产生的财产视为政府资产，或者是否要把一系列单一付款记作当年的开支费用化。一方是否拥有“建筑或财产的资产”将取决于该方是否得到收益并承担风险——通常是与财产所有权相关的风险。财务报告标准5（FRS5）试图解决这一基本问题，其方法是，利用一套标准的测试来衡量所涉及的财产（资产）类型的关键风险量，然后再估算哪一方承担了绝大部分风险。例如，当需要某座建筑或设施来履行合同上的服务时，就需要确定哪一方拥有该财产的资产，并承认已识别的资产和相应的负债。

依据财务报告标准5（FRS5）进行会计分析的起点是，确定合同是否可拆分；换句话说，就是确定商业效果是否为合同支付的单独元素彼此独立运行。“独立运行”的含义就是各元素的表现彼此不同，因此可以被分开识别。服务供应的资产越完整，该资产不可分离的可能性就越大。如果合同不能分离形成各个基本的金额，那么就可以直接应用财务报告标准5（FRS5）。如果合同可拆分，而且可以简化为资产的供应，那么就可以采用租赁规则并参考资产支付流来确定该合同是融资性租赁（资产负债表内）还是经营性租赁（资产负债表外）。

评估可拆分性之后，适用于PPP的财务报告标准5（FRS5）的基本原则可以总结如下：

- 如果产权对履行服务合同来说是必需的，就必须确定哪一方拥有该产权

① 有关英国审计方法，主要基准参考文献包括：

- 英国会计准则委员会—财务报告标准5—报告业务的实质（FRS5）；
- 英国会计准则委员会—应用说明F，私人主动融资及类似合约（AN F）；以及
- 英国财政部工作组技术说明1，（修订本）如何解决私人主动融资交易（TN 1）。

的资产；

- 当一方获得收益并承担该收益固有的风险时，这一方将拥有该产权的资产；
- 如果合同的商业效果是采购方承担较大比例的与潜在财产损益变化相关的风险，那么采购方应该确认资产及其负债并对资产的支付负责；
- 如果合同支付的各组成部分是可拆分的，那么完全与服务相关的这些部分就与确定谁拥有该资产产权没有关系；以及
- 一旦排除了可拆分的服务元素，其余任何元素要么是财产的支付——这种情况适用于租赁会计，要么就是其他合同——直接适用财务报告标准 5（FRS5）。

在确定谁承担整个合同中大部分财产风险时，有必要评估风险并确定这些风险的相对重要性。英国的经验表明很少会有一方明确地表明他们持有与财产相关的所有风险和收益。在初步确定谁承担与财产相关的风险之前，至少需要对风险进行定性的评估，对不可量化风险进行评估。例如，在大多数社会基础设施项目中，需求风险和残值风险将由特许经营提供者承担。然而，如果这种划分不明确，就有必要在特许经营提供者和经营者之间尽可能量化各种风险的重要性及相关风险分配。

公共利益

假设 PPP 被认为代表良好的资金最佳使用价值。我们如何知道它是不是符合更广泛的公共利益呢？简言之，如何使 PPP 对公众负责？在传统的“威斯敏斯特”模式下，由于公务员要对部长负责，而部长要对议会负责，议会要对人民负责，公共服务供应方最终通过投票选举来履行责任。这一制度的核心是核查来自公共账户的公共资金的官方用途。预算方案要提交给议会，供其讨

论和审核从一般收入中筹集的资金的支出。但有些 PPP 可能从未出现这种审查，因为收入流来自通行费和其他收费，而不是来自预算支出。而对于其他形式的 PPP，资产负债表外状态消除了对公共贷款的制约。但同时由于没有涉及私有化的问题，所以对商业企业的市场限制也不适用了。

一些令人鼓舞的迹象显示，这一明显空白正在被迅速填补。在英国，PPP 委员会（2001，第 10 章）已经提出了一系列原则，任何公共责任制都要依据这些原则接受评判，这些原则包括透明度、责任和响应度等。透明度意味着提供公共服务的组织必须披露关键信息，让组织的决策接受公众的监督。责任就是明确对特定决策和行动过程负责的组织或个人。响应度是指服务能够顺应民众的需求，能急民众之所急，想民众之所想，并且在出现错误时能快速为个人提供赔偿。这样，责任制就成为改善服务质量的重要机制。

廉洁的作风也是如此。廉洁是指正直、诚实、行为得体、合乎道德准则、待人接物有分寸。在政府招标中，这些方面都受到“正当程序”的保护。这种正当程序就是指，在一开始就制定、理解并遵守符合政府目标和投标人合法利益的明确程序。对所有投标人都必须一视同仁，而且保持决策透明，以便使这些决策可以在以后得到理解和验证。廉洁的管理依赖于设计精巧的计划，该计划应该培育适宜的文化、建立适用于投标人和公共部门机构之间的适当程序。但是廉洁不应该消除各方在投标过程中的互动，因为要实现项目目标和资金最佳使用价值，这些联系通常是必要的。

在许多市场条件下，在 PPP 模式中，政府和私营部门并不能就所有风险分配问题达成一致意见，而且在许多重要的商业问题上双方还存在很大的分歧。有时候市场很难真正理解政府为某个项目设定的目标。因此，如果政府能通过 PPP 项目和市场保持对话，那将是非常有价值的——不断调查市场需求、推销项目以及定期讨论具体的问题。显然，这种互动需要遵循公平、适当的原则，但同时考虑廉洁问题不应该以任何方式妨碍这种联系并限制试图建立长期合作关系的各方之间的对话。

在各个公共部门机构之间制定一种统一的方法有助于建立一套通用的标准用于廉洁管理，也有助于建立针对廉洁的顾问和审计师、保密与披露，以及利益冲突的管理原则。这种方法是必需的，因为政府机构负责有效地管理公共资源，而廉洁标准有助于形成明确和公开的程序，使纳税人对此充满信心。这些标准还为处于商业圈内的政府的现有和预期的合作伙伴提供了保证——保证他们在与公共部门的交易中受到一贯公平的待遇。这鼓励了更广泛的投标，促使竞争加剧和实现更好的资金最佳使用价值。

最后还有更广泛的公共利益问题，因为政府在向社区提供服务方面承担了特定的责任和民主问责义务。很明显，要利用纳税人的钱为服务埋单，就必须通过核查和平衡来确保明智地使用这些钱。最终由议会决定资金如何筹集和花费，议会已经设置了审计长这个法定职位来核实政府的行政机构是否采用了适当的财务标准。在已经实施了PPP模式的英国和澳大利亚各州，审计长在报告PPP方面发挥了核心作用，但这种职能似乎应该得到加强。然而，政府要负责的不仅限于恰当地利用税收。人们需要得到公平和公正的待遇，政府有特殊的义务去关心因个人景况和经济形势而遭受损害的民众。对于PPP来说，必须解决的问题就是，公共职能是否可以授权给私营部门实体，同时又不忽略民众的期望——公共服务不应该仅仅是买方和卖方、客户和供应商之间的交易，应该具有更大的社会用途（Watson，2003）。责任制需要包含公正和廉洁，同时还要评估金融责任行为。Behn在《反思民主责任》（*Rethinking Democratic Accountability*，2001）一书从四个层面对责任进行了讨论：金融责任、公平性责任、绩效责任和个人廉洁责任（p. 24）。

PPP模式下，可以从多个要素来考虑对公共利益的保护，“最佳实践”框架列出了在投标过程中需要回答的几个问题，这几个问题就构成了一项公共利益测试。[①] 它们是：

- 项目能有效地实现政府目标吗？
- 合伙协议能确保公众了解政府和私营部门合伙人的义务吗？能确保这些接受公共审计师的监督吗？
- 受到项目影响的人能不能在规划阶段做出有效的贡献，他们的权利有没有通过公平申诉程序和其他矛盾解决机制得到保护？
- 有没有充分的安排来确保弱势群体能有效地利用基础设施或者使用相关的服务？
- 项目有没有为顾客，特别是那些政府负有较高关注责任的顾客和/或社会上最容易受到伤害的群体提供充分的保护？
- 有没有保护措施来确保公众能持续使用基础设施，特别是在合同违约的情况下？
- 项目能不能确保社区健康和安全受到保护？
- 项目有没有为用户的隐私权提供充分的保护？

尽管有人担心和公共供应相比，私人供应不可避免地会更少考虑到公共利益问题，但我们认为，事实上 PPP 为提高公共利益保护水平提供了机遇。传统的责任制模式源自特定的公共管理方法，它强调公共部门和私营部门之间的分离，注重通过关系链进行政治控制——权力通过这些关系链从民众集中到下院议员手上，下院议员下放给部长，部长再下放给公务员，公务员再下放给服务供应商。然而，实践中常常出现的情况是：政策和行政管理之间的界限变得模糊；行政协调也出现漏洞；决策通常都是秘密制定的，并且不被公开。我们需要的就是一个新的框架，该框架包含符合公认的廉洁标准的最高责任标准。PPP 凭借其谨慎、循序渐进的决策方法成为达到这种目标的良好载体。

---

① 在针对专业人员的维多利亚伙伴政策指南中，此类公共利益测试起了重要作用。

PPP 取得成功的条件

正如 Berg 等人（2002）强调的那样，当制度框架是为基础设施等经济领域而专门设计的时候，“合法性”就是一个重要的方面，因此，责任制和对公共利益的关注对于 PPP 项目的成功至关重要。合法性在很多方面都是非常重要的。第一，必须让基础设施服务的消费者相信他们为享受的服务支付了适当的费用。第二，如果存在对这些服务的政府补贴，纳税人必须将其视为对社会目标的贡献。第三，接收和评估服务的人需要接受公共和私人安排，而且这些安排必须集中到一起以便为基础设施吸引和配置资源。如果不能做到这一点，就很难获得项目所需的私人融资。

显然，在设计成功的 PPP 时还必须考虑诸多其他因素，许多机构已经列出了他们所认为的主要因素。我们已经介绍了英国财政部工作组委托安达信会计师事务所撰写的报告（Arthur Andersen，2000）中确定的私人主动融资项目成功的六个关键动因：风险转移、长期承包、基于结果的项目说明书、竞争、绩效评估和私营部门管理技能。报告同时还建议对私人主动融资项目的绩效实行更集中的监督，在政府部门之间调任有经验的职员，利用当前的基准来确保现有项目实现持续的资金最佳使用价值，以及更仔细地评估转移到私营部门的风险价值。

在对 15 个私人主动融资项目进行的类似评估中，国家审计署突出了私人主动融资项目取得成功的四个关键因素：明确的目标、适当采购过程的应用、实现高质量的投标以及确保最后交易有意义、被放弃或者重新投标（国家审计署，2001）。

Berg 等人（2002）完成了对基础设施中私营部门主动性的考察，并得出结论：必须为私营部门的参与设计一个合适的机制，其中应包括很多标准。他们特别挑选出了四个基本要素：激励兼容性、管理、可靠性和透明度。合作安排必须提供促使私营部门承担风险的激励措施；而且如果想用正确的方式管理合同，合同必须以清楚和透明的方式明确责任和角色。可靠性对发展中国家尤为重要，因为外国投资者和跨国企业可能是项目的主要参与者，而且它们面临各种政治风险和国家风险。如果合作安排中缺乏可靠性，基础设施项目就很难吸引投资。这个问题将在第9章讨论。

我们认为，PPP的确为私营部门的参与提供了此类的“适当机制”，但是必须适当地对它们加以管理，以便获得良好的效果。据我们所知，需要关注的要素如下：

● 政府机构必须将交易看作服务采购而不是购买标的资产（在获得令人满意的服务而不是在资产建成时支付款项）。

● 双方必须认同该交易不是一个买卖合同而是一种合作关系，双方要共同分担风险和责任。

● 必须确定双方有能力完成和执行合同规定的它们各自的职责。私营主体必须具有这些能力和动机。政府机构必须了解市场并有能力制定商业计划书和管理合同。

● 在招标过程中的互动是必需的，而且就合同执行的谈判必须在合作和克制的前提下进行。竞争压力是不可避免的，必须正确认识并积极对待。

● 针对以下各个方面，进行了仔细的筹备：

——成果的定义

——参与方的一致意见

——明确的审批过程

——所有权的分配

——权利和责任的识别

——资金最佳使用价值的有效参照成本

——清晰的商业模型

- 需要确定实际的且考虑其他承诺事项的时间界限。

- PPP 合同应该足够灵活，以便考虑到可能在项目整个生命周期出现的任何新目标、未来监控和汇报要求。

- 风险分配必须是成本—效益型，从而保证风险分配给最有能力管理风险和响应该风险所提供的激励措施的一方。

最后一个因素是实现效率最大化的必备因素。只有通过转移风险才可以确定私营部门具有进行有效定价和生产的激励措施。PPP 的风险分配是我们在下一章中考虑风险的性质以及参与方之间风险分配的可用“工具”时的主题。但我们将先讲述最近英国一个医院项目的案例研究，其中特别强调了开展该项目的原因。上面提及的激励类型在这个决策中表现得非常突出。

西米德尔赛克斯大学医院项目①

将西米德尔赛克斯大学医院项目选为案例有两个原因。首先，这是传统 NHS（英国国家医疗服务）运用私人主动融资方法的最新案例，该项目于 2001 年 1 月 30 日完成融资，2003 年 4 月投入使用。其次，案例研究举例说明了在确定 PPP/私人主动融资项目是否具有资金最佳使用价值上需要考虑的因素。我们从介绍项目的背景入手。

许多医院旧大楼可以追溯到维多利亚时期，而且情况都非常糟糕。基金会（the Trust）、当地卫生管理局和 NHS 伦敦区域办事处（LRO）都认为西米德尔赛克斯大学医院在旧址上进行重建非常重要，而且早就该进行。为期 35 年的针对西米德尔赛克斯大学医院重建的私人主动融资交易包括新楼的建设以及

① 信息来自于国家审计署关于这个项目的报告（国家审计署，2002）。

所有大楼设施的管理和维护服务。这个项目是 20 世纪 70 年代以来就开始酝酿的对该旧址进行翻新的一系列计划的巅峰之作，其目的是减少因服务的无计划和一些大楼糟糕、不安全的状态而产生的问题。该地址上的许多大楼有 100 多年的历史，而且最近的考察表明，这些地方总体上已经达不到法定的消防、卫生和安全标准。整体布局和状况已经使这个地方不适合提供现代化、高质量的卫生保健服务。

实际上，提前进行的私人主动融资采购程序，在 1997 年曾被叫停。那个时候有关部门决定优先完成现有计划。西米德尔赛克斯大学医院位列紧急项目的第 14 位，而前面的 13 个项目都已开展。该项目被归入 1998 年提出的下一波私人主动融资医院项目。伦敦区域办事处（LRO）表示该项目仍然享有优先权，而且如果私人主动融资解决方案不合适的话，将通过传统采购方法来完成。最终，因为私人主动融资是“唯一的选择”，继续推进私人主动融资路线的决议没有被实施。

西米德尔赛克斯大学医院 NHS 基金会与一个叫做 Bywest 的私营联合体签订了私人主动融资合同。图 6—2 列出了该项目的合同安排，其中要求 Bywest 对位于 Isleworth，伦敦西部的公司旧址进行重建，并提供持续的维护和设施服务。该项目涉及拆除和重建最破旧的维多利亚时期建筑。Bywest 也将对现有的较新的建筑进行大范围整修。这项工程的资金来源于土地销售款项而不是私人主动融资交易下的单一付款。Bywest 联合体的承包商包括从事建造的 Bouygues 和与 Bouygues 来自同一集团的从事设施管理的 Ecovert。这种关系促成了一种联合竞标方法。竞争性投标也得到融资安排的协助。该项目考虑过债券融资和银行贷款，但是最后选择了银行贷款。该基金会的顾问说，阿比国民银行似乎对私人主动融资模式下医院项目融资很感兴趣而且还提供了颇具竞争性的融资条件。

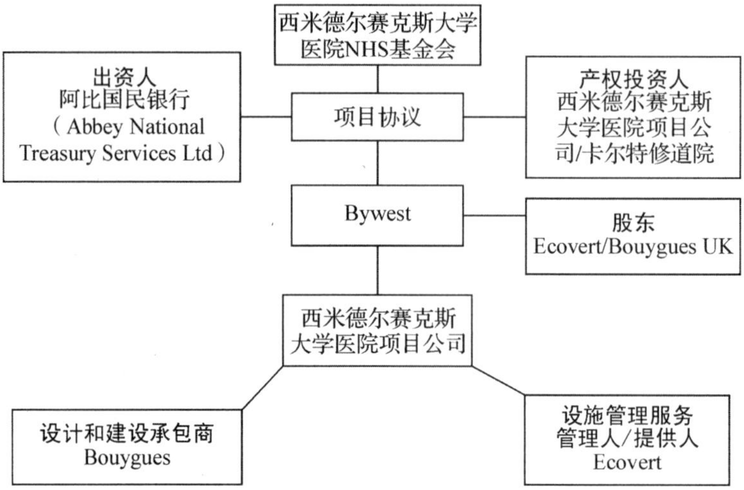

图 6—2　西米德尔赛克斯大学医院项目的合同安排

资料来源：国家审计署（2002）。

在竞争性投标过程之后，NHS 基金会的顾问得到任命。KPMG 被选为财务顾问，MacFarlanes 为法律顾问，James Nisbet & Partners 为特许检察员。在报告中，国家审计署（2002）认为财务顾问应具有“丰富的医院私人主动融资交易经验”，法律顾问应对“基金会有充分的了解”，而且特许检察员应提供“对投标人提议的良好分析”（p. 14）。之所以这么要求，是因为顾问成本总额达 230 万英镑。

和其他 NHS 私人主动融资项目一样，Bywest 负责设计、重新开发、建设、融资和运营这个医院设施 35 年，有可能延期到 60 年。同时要提供支持服务，例如餐饮、搬运、安全、保洁、维护和物品供给。基金会将继续管理医院，通过公共部门资源筹措资金并提供卫生保健服务，例如护理、临床医护人员、药品、治疗和诊断服务等。这些卫生保健服务对个人用户（所有英国公民）实行免费。

当该合同招标之时，收到 39 份意向申请书，“入围名单”（Longlist）涉及

9 个实体，而“短名单”（Shortlist）也有 6 个。

三名竞标人获得了最终谈判邀请。为了节省时间和成本，基金会选择直接从三名竞标人到一名最佳竞标人的路径，省略了涉及两名最后竞标人的中间步骤。2000 年 2 月基金会选择了 Bywest，并于近一年后的 2001 年 1 月 31 日完成融资。Bywest 的投标价格比其他竞标人的价格稍低。基金会认为 Bywest 的投标最具资金最佳使用价值，阐明了它在设计、计划的时间表和人员方面的优势。

该私人主动融资交易的一些特征见表 6—1。该项目成本是基于 980 万英镑的年度单一支付，但直到基金会于 2003 年 4 月开始运营新医院，这个款项才开始支付。采用该支付机制的目的是确保基金会收到合同约定的服务以满足其业务需要。针对 Bywest 制定了相关激励措施：如果提供的服务无法达到基金会要求的服务水平，基金会将扣减单一支付款项。例如，如果六个手术室中有一个 24 小时之内无法使用（一整天），承包商的费用损失大概是 1 400 英镑。合同中定期监控条款确保承包商交付达到要求的服务。基金会强调用 PPP 的方法确保项目在未来 35 年仍然有效。同时基金会和 Bywest 建立了包括用户代表在内的私人主动融资（FPI）监控小组，他们将定期开会评估业绩。小组的主要目标是保证达成一致的质量标准并解决妨碍这一目标的问题。

表 6—1　　西米德尔赛克斯大学医院项目的主要特点

	承包的私人主动融资交易	传统采购选择
以 2001 年价格水平计算的最终交易成本（35 年中逐年贴现直到 2001 年 4 月，其中不包括临床成本）	1.25 亿英镑——35 年 1.3 亿英镑——60 年 （根据每年约 1 000 万英镑的单一支付）	1.3 亿英镑——35 年 1.4 亿英镑——60 年 （风险调整）

续前表

	承包的私人主动融资交易	传统采购选择
成本	约1 000 万英镑的年度单一支付加上单独安排下的 1 200 万英镑的翻修成本	在第一个四年，全资建设和翻新成本约 6 200 万英镑（现金估算），加上随后的持续的维护和辅助服务
风险分配 ● 仍然在公共部门 ● 过渡到私营部门	● 提供临床服务 ● 基金会要求改变 ● NHS 特定规则/立法发生变化 ● 建设设计（除了外部 NHS 要求造成的变化） ● 达到特定业绩标准和运营成本风险 ● 非 NHS 特定规则/立法发生变化	大多数风险仍在公共部门
采购过程中的顾问成本（实际价格）	230 万英镑	有关部门已经列出了 2 000 万英镑以上计划的 2%到 4%之间的资本价值范畴。在本案例中就是 120 万到 240 万英镑之间。
交易成本的初始估算（以 30 年合同为例）： ● 谈判邀请（1998 年/1999 年价格） ● 选择首选投标人（2000 年 2 月的价格）	 9 100 万英镑 9 500 万英镑	 9 300 万英镑 9 800 万英镑
基金会对其选择的采购方式相对传统采购方式的附加优势的评估	● 较高的价格确定性 ● 激励承包商按时完成建设工程，因为全额款项只有在建筑可以使用并进驻的时候才开始支付	成本超支转移到公共部门
	付款与服务交付挂钩将激励私人主动融资（PFI）承包商在合同期限内交付规定质量的合格服务	对糟糕业绩的唯一追索权就是终止合同，这可能导致基金会付账

续前表

	承包的私人主动融资交易	传统采购选择
	同一个承包商在一份合同下设计、维护并运营大楼，因此有助于激励其采用全寿命期成本方法	大楼的设计、维护和运营在独立的合同下完成

资料来源：国家审计署（2002）。

基金会遵循私人主动融资（PFI）的指导方针，事先将私人主动融资（PFI）投标成本和传统采购模式下提供同样水准的服务所需成本的估算值进行了财务对比。它将私人主动融资（PFI）交易下的单一支付的净现值与根据合同转移的风险来调节的公共部门比较值进行了比较。如表6—2表示的，最终比较表明私人主动融资交易的估计成本略低于公共部门比较值。就NPV而言，单一支付的预先风险调节NPV是1.238亿英镑，而公共部门比较值是1.293亿英镑。

显然，该比较涉及35年，预测未来价值的不确定性是不可避免的。例如，建设、提供服务的成本以及设计或服务要求发生变化而产生的成本。该交易下转移的风险价值尤其难以预测，而且为了确定这些风险的价值而估算交易周期中发生风险事件的可能性时需要做出许多判断。这在本案例中特别重要，因为最终比较很明显取决于风险转移评估值。

表6—2　　西米德尔赛克斯大学医院项目的资金最佳使用价值测试[1]

	私人主动融资交易（百万英镑NPV）	公共部门比较值（百万英镑NPV）
35年风险前调整	984.1	976.5
转移的风险	−0.6	12.5
调节的总风险	983.5	989.0
总差额	5.5	

注：1　NHS基金会于2001年1月开展的对私人主动融资交易和公共部门比较值的财务比较。

临床服务不在交易范畴之内，但是根据有关部门的标准，基金会在各方的计算中都包括了同样的临床成本。该项目35年中单一支付的风险前调节NPV是1.238亿英镑。公共部门比较值是1.293亿英镑。

资料来源：国家审计署（2002）。

实际上，基金会在该项目中的初始比较表明私人主动融资价格略高于传统采购成本。国家审计署的资料表明，基金会及其财务顾问在考虑所有因素之后对交易的资金最佳使用价值总值深信不疑，但是，对一些有关初始财务比较的正确性心存疑虑。征询卫生部意见，该部门预测结果显示，公共部门比较值比私人主动融资交易费用更便宜。这可能会使项目处于危险之中。因为风险分析看起来可能不够全面，需要重新读取数据。于是，在送交有关部门批准之前举行了风险研讨会，完成了对风险和成本估计的调整。最后的结果是公共部门比较值的价格比私人主动融资价格略高。最终计算表明，对比包括项目成本和临床成本在内的公共部门比较值在 35 年中的 9.89 亿英镑（净现值）总风险，私人主动融资的调节总风险要小 550 万英镑。这样，无须私人主动融资本身给出有力的证据，重新评估的成本比较已经证明了私人主动融资的资金最佳使用价值。

非常重要且必须谨记的一点是，对私人主动融资与公共部门比较值的计算评估不是对类似事物的比较。公共部门比较值的计算是对采用的公共部门采购方法下项目成本的假设估算，其中在成本核算方面还有许多不确定性，特别是风险的评估和处理以及发生成本超支的可能性。而私人主动融资成本是私营部门联合体公开提出来的一个确定的数据，他们有能力并且已经准备好开展项目，愿意尽早开始提供基础设施服务来获得收益。在这个案例中，在首选投标人选择阶段，Bywest 书面保证在细则不变的情况下其提议的价格不会发生变化。此类案例的一般情况是，与旧址建筑有关的一些细则和其他要素会发生变化，但是在 Trust 和国家审计署看来“交易偏移”已经得到“控制”；受通货膨胀和用土地出售收入投资其他工程的决议的影响，在这期间项目的年度价格增加幅度少于 10%（国家审计署，2002，p.16）。

鉴于此类成本估算中本身存在的不确定性，特别是公共部门比较值方面，我们可以向国家审计署那样完全合理地推断出“仅就财务比较而言，在私人主动融资和传统采购选项中并不存在什么选择”（p. 22）。但是具有讽刺意味的是，鉴于基金会顾问在这个问题上的考虑，有关部门告知国家审计署，如果开展该交易有令人信服的资金最佳使用价值理由，则没有必要无缘无故不批准看起来比传统采购稍贵的私人主动融资项目。实际上，正如国家审计署注意到的，基金会对资金最佳使用价值比较中的并列数据的关注已经让它忽视了私人主动融资方法预期可以保障的更宽泛的收益。在表6—1下方对这些收益进行了总结，涉及（1）对承包商按时按预算完工的激励，（2）支付机制包含的让服务达到适当质量水平的激励，以及（3）促使设计者和承包商考虑整个生命周期成本核算的激励。基金会考虑的另一些重要因素是定价的确定性以及对资产的职责的转移，从而确保其集中于核心服务的交付。

当然，基金会将自己束缚于周期如此长的一个服务交付合同也可能有一些“不利因素”。企业需求在不断变化，因而可能存在这样的风险，即，在合同期内合同就已经不能适应这些不断变化的环境。合同也考虑到了此类事件，合同本身就具有一定内在的灵活性以应对此类不确定因素。按约定，可以提供6个附加病房（170床）或者减少床位数量。基金会认为合同为长期卫生保健服务未来可能发生的变化提供了充足的回旋余地。

本案例只是说明了众多大型复杂PPP/私人主动融资项目中的典型情况。这是因为私人主动融资交易和公共部门比较值的财务比较不够清晰，但是这个比较不考虑长期私人主动融资合同中伴随的众多潜在利益和成本。必须有效利用和管理其他一些要素，确保交易符合资金最佳使用价值。基金会认为其已经有效地管理了西米德尔赛克斯大学医院合同的潜在不利因素和风险，而且用私人主动融资方法开展这个项目有一定益处。这些益处得益于促使私营部门按时交付项目以及按固定价格和令人满意的质量持续提供基础设施服务的激励措施。

PUBLIC PRIVATE
PARTNERSHIPS

第7章

风险管理

PPP 的风险

本章从各方角度分析了 PPP 安排的风险。很显然，公共采购方需要确保公共资金实现了最佳使用价值。对于项目发起人而言，这些风险的特点是项目公司股本低、依靠直接收入来支付运营和资本费用、由银行和其他金融机构提供债务融资。风险评估不仅需要从这些不同方面进行风险分析，还需要掌握项目的内在信息。鉴于此，并考虑到所涉及的通则，我们利用评估这类项目的实践经验提出了一个风险评估方案，作为典型 PPP 项目的实例研究说明。①

涉及的项目为 Almond Valley 和 Seafield（AV&S）项目，包括 East of Scotland Water（ESW）水处理设施的建设和运营，ESW（公共采购方）和 Stirling Water 签署的一份超过 30 年的服务合同。另外在 Stirling Water 和 Thames Water（该工程的私营运营商）之间还有一份独立的运营协议。该项

① 本章大量节选自 Grimsey 和 Lewis（2002）。

目于1999年3月完成融资，图7—1列出了有关各方的关系和主要合同安排。这说明：类似这种大型的基础设施项目在文档编撰、融资、纳税、技术细节、子协议等方面较为复杂。在许多情况下，要充分处理这类项目中固有的大量风险必然是很复杂的。

公共采购方寻求公共资金的有效利用。在PPP实例中，这一目标可通过设计、建设技术和运营实践有机结合所产生的激励来实现，也可通过转移设计、建设延迟、费用超支以及融资和保险中的关键风险到私营部门所产生的激励来实现。对于项目发起人而言，PPP（和PFI）在本质上还是项目融资，其特点为：为该项目成立一个紧凑高效的特殊目的公司，并用项目收入来支付运营成本和偿债成本，同时提供风险资本的期望回报。一个项目必须符合公共部门的资金最佳使用价值测试并满足私营部门对强劲收入来源的需求，以支持融资计划（Grimsey and Graham，1997）。

如果无法实现预计收入，将对项目的商业生存能力造成巨大风险。这种风险主要由提供融资或金融保险的人承担。股本投资所占比例通常较低，例如在AV&S项目中只占总投资的5%（总投资为9 900万英镑，股本495万英镑）。这种情形在第5章所提到的案例——目前在南威尔士Bridgend运营的PFI私营监狱的设计—建设—管理—融资（DCMF）中体现得更为透彻，其股本仅为25万英镑，占总资金8 350英镑的0.3%。通常认为次级债务是股本等价物，并在英国受到欢迎，这是因为在股利的分配受项目损益限制的情况下，发起人在次级债形式下可以从项目公司抽出现金，而且利息是可以税前扣除的。但是在AV&S项目中，从属债务仅占投资金额的14%。对于项目发起人而言，需利用尽可能少的资源对财务结构进行策划，同时提供充足的信用支持以使贷款方对信贷风险感到满意。

有哪些风险？任何基础设施项目均面临至少9种风险（Chapman and Ward，1997；Kerzner，1989；Smith and Walter，1990；Thobani，1998)。这

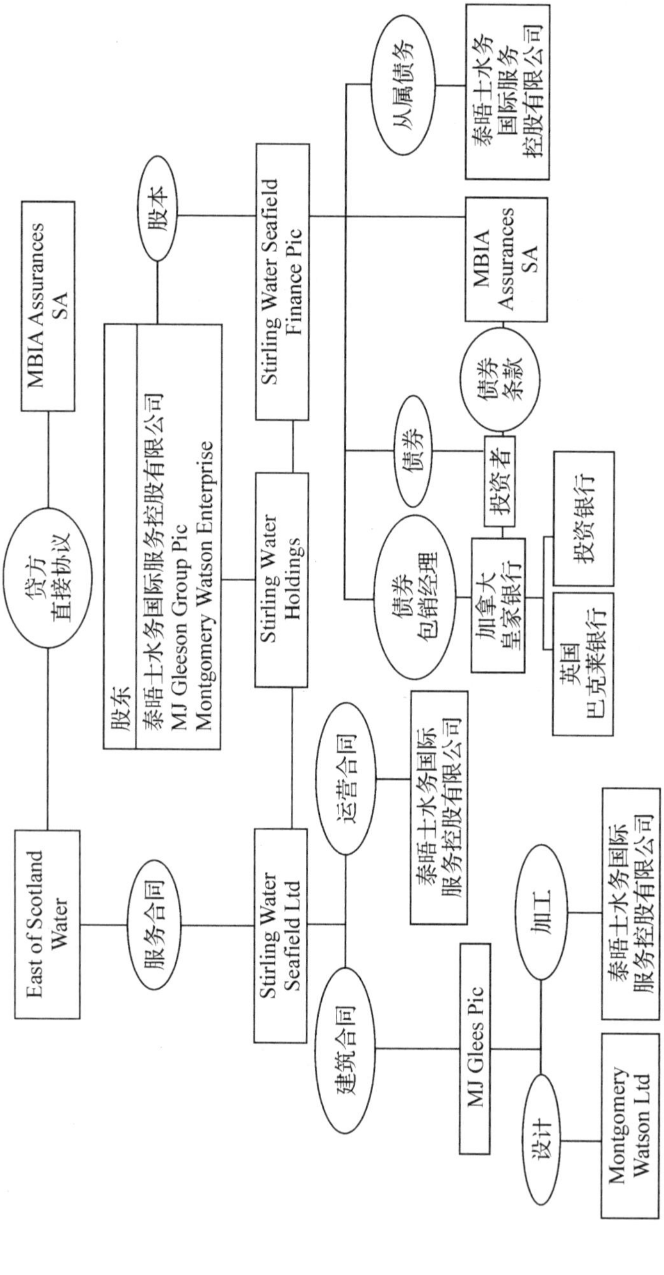

图7—1 PFI/PPP项目的合同构架

9种风险是：

- 技术风险，由于工程和设计失误导致的风险；
- 建设风险，由于建设技术使用不当，费用增加以及建设延迟造成的风险；
- 运营风险，由于运营和维护费用较高导致的风险；
- 收入风险，例如，由于车流量不足，无法获取资源，价格、产品需求以及服务销售量的波动导致的收入不足等；
- 财务风险，由于收入及融资成本套期保值不足所导致的风险；
- 不可抗力风险，包括战争及其他灾难以及天灾；
- 法规/政治风险，由于计划变更、法规变更和不利的政府政策导致的风险；
- 环境风险，由于恶劣的环境危害所导致的风险；
- 项目失败，由于上述各项风险的任何组合所导致的项目失败。

成功的项目设计需在竞争性投标之前，对所有这些风险以及合同框架的设计进行专业分析，确保正确地分配风险负担。对于这个长长的列表，最重要的是要避免“见木不见林”。在项目进行中许多风险会发生改变，例如，建设阶段和运营阶段所产生的风险就不同。一些技术设计风险在工程完成后会随之消失。计划风险在完成必要程序后会发生改变。其他风险，如与市场有关的风险会在整个项目周期持续存在，还有一些风险可能是非人力所能控制的。

出于这些原因，一些作者正试图根据类型提供一种风险的分类法。Merna和Smith（1996）将风险分为“整体”（global）风险和“要素”（element）风险。整体风险是指通常包含在项目协议中的风险，包括政治、法规、商业和环境风险。要素风险则是指与建设、运营、金融和项目创收等项目构成相关的风险。Miller和Lessard（2001）将风险分为三类。“市场类”风险源自产生收入的市场（如：需要使用道路）和金融市场（利率、汇率等）。“完成”风险源自技术设计或技术应用、建设费用超支、时间拖延以及运营问题等。最后，“制度风险”源自法律和法规，如受到环境和当地集团的反对，政府机构要求重议合同等。这些分类旨在为不同来源的风险提供一个概括性描述。根据 Millar 和 Lessard 对全球 60 个大型工程项目的研究，管理者们认为，“市场类”风险为主要风险（42%），随后是技术风险（38%）和制度风险（20%）。

这些大多是项目融资活动中常见的风险，根据项目不同产生或大或小的影响力。对于一些 PPP 协议，收入风险可能较低甚至可以忽略。例如，收费桥的收入可能比油田的收入更可靠，而私营监狱的“入住率”（例如 100%）很可能会高于一家豪华酒店！但同时，由于对私营部门提供公共服务的政治气候会出现变化，所以明显存在由此产生损失的风险，而许多公共部门服务的收费容易受到政策的影响，可能会被调整或进行某种方式的上限管制。

尽管如此，PPP 项目的风险大体上与其他一些项目融资活动的风险相同，并可使用相同的基本技术来进行评估。通常，关键问题是，收入来源是否可以满足支付经营成本、偿还债务融资和提供风险资本回报的需要。

以电厂基础设施为例。电厂项目的发起人借钱修建一个发电厂，发起人签订合同为公共事业部门提供电力，期望项目计划收入足以偿还借贷并产生利润。但是风险很多。电厂会如期建成吗？电厂会正常运作吗？合同的市场价值是否足以弥补收入的不足？费用是否能提高到与公共事业部门供电（此项活动历史上一直由政府控制）成本大致相等的标准？在项目评估中这些问题均不可规避或忽略。

事实上，Lessard 和 Miller（2001）将大型工程项目（以及许多 PPP 项目）比喻为“高赌注赌博”，其特点是“不可撤销的实质性承诺，成功时是不对称的报酬结构，但失败的概率也很大”。他们还说：

> 一旦建成，项目只能用于最初计划的用途。其潜在回报也许看好，但

常常会降低。创收期平均为10年。承诺大额资本费用前必须花费大量前期费用。在加速上升期，市场估算会得到检验，项目的真正价值也会显现出来；发起人可能会发现其价值大大低于预期。(p.2)

当项目失败时，项目失败风险最终由融资人“兜底”承担，政府往往必须介入以保证持续提供服务，因而要承担主要的损失。这就是为什么公共采购方必须关注私营部门面临的风险而非只看谁的出价最低。在考虑这种违约情况时，未来可能的现金流可以分为两类：

1. 适度（也可能不算适度）偏离预估的现金流计划，这是由价格、费用、时间延迟、小的技术问题等导致的。

2. 对项目具有毁灭性，这是由于成本大幅度超支、经济低迷、法规条文变更、政治气候改变、天灾等原因引起的，可能会导致项目失败和破产。

这种区别（Blatt，1933）并非仅仅体现在规模上，也反映了我们在之前章节中详述的“风险”和“不确定性”的奈特（Knightian）差别。Blatt认为“适度”偏离可用统计学术语进行描述并通过风险分析进行处理。但“毁灭性场景”就不行，因为这些场景代表了不确定因素实际发生的情形，由于没有完全理解潜在的结果以及引发风险因素的原因，因而无法对这些事件的发生指定概率。

Knight认为“企业家”的主要职能是承担不确定性带来的风险。企业的利润（“纯利润”，即超过债务资本利息支出和/或支付给股东的股息的部分）即为对承担这种不确定性的回报。但有时，项目融资的实际情况常常与Knight所设想的不尽相同。例如，建造办公楼或公寓用以在将来进行销售的开发商通常会为每幢新的建筑物设立一个新的有限公司。该公司贷款和/或出售股票。如果该建筑物未能创造利润，该公司将会破产，但发起人会幸免于难。成功的企业家通常懂得如何将不确定性以某种方式转移给他人并使自己幸存下来，等待下一次机会劝说别人带着自己的钱来碰运气。正如Blatt（1983）

所说，谨慎的企业家通过使他人承担后果来应对实际不确定性。在许多情况下，投资者、融资人及其他债权人是承担风险的。① 在其他情况下，风险由纳税人承担。

很显然，在这些情况下，分析风险的性质及风险承担者至关重要。根据税收理论，必须牢记最初税务负担和最终税务负担之间的差别，而且详细研究项目结构也非常重要。另外，项目评估需要应用一些符合项目各方利益的风险分析技术。② 尽管如此，奈特差别仍然存在。至少在理论上，可以对风险进行评估、根据不同概率进行量化、规避或转移、合并或多元化、转变或购买保险，但是实际不确定性或毁灭性情况又另当别论。在 PPP 实践中如何处理风险？若要回答这个问题，我们必须先了解风险分担“工具”，然后讨论特定的 AV&S 项目实例中的风险分析。

风险分担战略

在传统的采购政策中，若由政府承担拥有和管理基础设施的风险，通常会耗费大量且未经估算的费用。若将一部分风险转移到一个能够以更低成本对其进行管理的私营部门，则能够降低政府的总费用支出，但是将风险全部转移的

---

① 在经历了 20 世纪 80 年代后期的房地产贷款神话以及亚洲金融危机（参见 Lewis，1994；Bentick and Lewis，2004）后，银行付出了惨重代价并从中获得了深刻教训。Blatt 列举的其他例子对于我们早先讨论的私营部门在 19 世纪参与基础设施投资的问题是很重要的。我们在此加以重述。

19 世纪中期美国轨道交通体系发展是具有高风险的，许多人受到了损失，但主要轨道交通公司发起人免受损失。通常的做法是建立两个公司：(1) 一个专有轨道公司，由其发行和出售股票，以伦敦地区为主；(2) 一个轨道建筑公司，其股份由发起人牢牢把握。轨道公司在伦敦筹到了资本，委托轨道建筑公司建轨道。建轨道必然支出巨大，因此轨道公司向建筑公司支付了巨额款项。不久以后，轨道公司破产，股票变得一文不值，英国的投资者损失了金钱；美国的发起人则既得到了铁路又得到了钱（Blatt，1983，p. 268）。

② 有大量风险分析技术方面的研究。除前面引用过的内容之外，World Bank（1997）与 Uher 和 Toakley（1997）也研究了开发项目风险。Miler 和 Lessard（2001）讨论了大型工程项目，Fender 等人（2001）评论了财务机构应用的压力测试。

成本效益并不高。PPP 寻求取得“最佳”风险分担。基本上，在 PPP 项目中，政府和私营部门之间的风险分担受以下三方面因素的制约：

1. 特定服务义务；
2. 支付/定价结构；和
3. 在基本结构中调整风险分担的明示契约条款。

各方根据以上这些因素分担风险。

服务义务

我们已经强调过，在 PPP 中，公共部门的目的不是采购资产而是接受服务（如医院和法庭的住宿服务）。一个能够反映政府政策目标的明确的服务/输出规范是政府成功完成一个合作项目的前提条件，包括实现所期望的风险转移。必须可以对该服务的数量和质量进行评估，并可以与关键绩效指标进行比较。

服务交付规范必须真实明确地表达政府对服务的输出要求，并尽量省略关于如何交付服务或如何维护资产等方面的内容。这样可在投标中鼓励服务交付选择范围和出价等方面的创新，从而为政府提供资金最佳使用价值。服务交付的实际技术/工程方法以及建造和维护资产及交付服务所需要的费用预测应完全由私营方负责并承担风险。政府所关注的是：第一，工程方案是令人满意的，足以满足交付所需服务/输出的要求；第二，如果要返还政府的资产的使用寿命超过合同期，那么在合同期内该资产应得到正确维护。如果政府试图规定服务交付的方式（而不是仅指定输出规范），那么政府可能收回了本应由私营方承担的风险，而这是不明智的。

支付机制

需制定有效的支付机制的原因有二：第一，在项目中确立必要的风险分担等级；第二，促进私营部门正确运作，这一点尤其重要。除非支付机制符合项目的政府目标，否则私营部门将缺乏动力而无法采取与收入流（符合公共部门项目目标）相适应的行动。

根据项目的不同，支付机制的特征可能包括：

- 以服务为基础，支付建立在服务可用和服务绩效水平的基础上；
- 以交易或使用为基础的因素，根据交易单元进行支付；
- 以效益为基础的激励措施，支付与商业或组织环境的改进（例如安全性或效率提高）相关联。

以服务为基础的支付特别适用于住宿服务的提供，政府在这类项目下提供核心服务，实际使用是可变的但设施的可用性是大前提。虽然在一定程度上实际使用可以衡量对消费者的吸引力并可以反映服务质量，但使用频次本身是一个相对粗略的支付基础。对于信息科技服务，交易数量可反映出服务速度，而服务速度又与绩效有关。安全、效率和自然环境或商业环境方面的改进很重要，并且在项目的政府目标可测量的情况下，以效益为基础的因素颇具价值。

通常，如果政府目标范围涉及 PPP 项目，那么支付机制至少包括上述特点中的前两个，也可能包括全部三个。例如，在为维多利亚地方法院提供非核心住宿类服务的 PPP 项目中，支付是以法庭的可用性（包括具有特定执行标准的物理和功能可用性）为基础，同时设施的实际使用也是支付的因素。① 但支付机制的整体思路非常简单，并以将风险转移给私营部门，为其提供正确激

① 维多利亚地方法院项目是第一个依照维多利亚政府的维多利亚伙伴政策交付的基础设施项目。它包括在政府和私营供应商之间分担系统性风险。政府要求私营部门承担新法院设施的长期拥有风险。私营部门还要负责融资、设计、建筑以及提供附属服务。政府提出准备与私营部门实体签订 20 年的合同，由其提供住宿和指定的附属服务。除在规划和其他审批程序上提供支持外，政府不接受无法管理的项目风险。作为普通商业计划的一部分，政府的目标是使其承担的风险最小化。对新机构的基本商务计划反映了政府的观点，即总体目标是提供核心法院服务，而非基础资产。

励为原则。将部分或全部收入流置于可用性不足带来的风险中，可以避免降低服务质量，同时这种机制使得私营部门在设计设施的功能时充分考虑保持服务质量的要求。

风险回收

在前面的章节中我们已经大致讨论过风险回收。在理论上，风险分担的概念是很简单的。政府完全不承担基于资产的风险（包括设计、建造、经营和残值风险），购买长期无风险服务，并且当未按时获得服务或对服务质量不满时，可减扣支付款或获得赔偿。在实践中，一个 PPP 项目中的风险分担要复杂得多。风险分担的目标不是将全部风险转移给私营部门，而是将风险分配给最有能力承担风险的一方。政府可能同意承担部分风险，也就是“回收”某些风险。因为如果将这些风险全部转移给私营部门，私营部门将会收取过多的费用。通常用风险矩阵作为风险分配的组织框架。

表 7—1 列出了一个标准的风险矩阵框架。其目的是说明怎样构建更详细的风险矩阵以便显示每个项目阶段的风险范围，并粗略地列出在风险分担中公共部门的位置。如果风险矩阵得以恰当使用，将成为政府工作人员和私营部门的有用工具。[①] 优化风险分担旨在使项目风险最小化，并使风险实际发生时所导致的不良后果最小化。它有两个因素：（1）优化风险管理以及具体实施的动力；（2）实现资金最佳使用价值。其中第一个因素的基础是：将风险分配给最有能力控制它的一方。第二个因素——资金最佳使用价值——与第一个因素相关，指最有能力控制风险的一方应当能够以最低的成本进行管理。

① 表 7—1 中的风险矩阵是以 Grimsey 和 Lewis（1999）为基础的。

表 7—1　　　　公共部门/私营部门基础设施投资的风险矩阵

风险类型		风险来源	风险承担者
作业场所风险	作业场所条件	地面条件、支撑结构	建筑承包商
	作业场所准备工作	场地赎回、使用期限、污染/排放、获得许可、社区联络	运营公司/项目公司
		既往责任	政府
	土地使用	权属、文化遗产	政府
技术风险		招标规定中的错误	政府
		承包商设计错误	设计承包商
建设风险	费用超支	工作不足和材料浪费	建筑承包商
		法律变更、批准延迟等	项目公司/投资人
	完工延迟	承包商协作不足，未获得标准规划审批	建筑承包商
		对不可抗力事件的保险	保险公司
	未达到性能标准	质量不良/建筑缺陷/调试试验不合格	建筑承包商/项目公司
经营风险	经营成本超支	项目公司要求改变做法	项目公司/投资人
		行业关系、维修、职业健康和安全、维护、其他费用	经营者 政府
		政府产品规格要求改变	
	经营延迟或中断	经营者的失误	经营者
		政府在批准的授予和更新或提供合同规定的输入时延迟	政府
	服务质量不佳	经营者的失误	经营者
		项目公司的失误	项目公司/投资人
收入风险	供给价格提高	政府拥有的支持网络发生违约	政府
		私营供应商违约	私营供应商
		其他	项目公司/投资人
	税收、关税改变	收入降低	项目公司/投资人
	产出需求	需求降低	项目公司/投资人
财务风险	利率	保值措施不足、利率波动	项目公司/投资人
	通货膨胀	通货膨胀影响支付	项目公司/投资人
不可抗力风险		洪水、地震、暴乱、罢工	分担
法规/政治风险	法律变更	建设期	建筑承包商
		经营期	项目公司，政府依据合同给予补偿

续前表

风险类型		风险来源	风险承担者
	政治干涉	许可证失效或取消	政府
		征用	保险公司、项目公司/投资人
		重新申请批准失败差别税、进口限制	政府
项目失败风险		多个风险的组合	股本投资人、银行、债券持有人和机构贷款人的组合
		发起人符合性风险	政府
资产风险		技术落后	项目公司
		终止	项目公司/经营者
		移交残值	政府，有针对维护责任的补偿机制

虽然许多风险处于各方的掌控之中，但在某种程度上一些风险完全不受双方的控制。如双方均未对风险进行完全掌控，风险分担应反映出私营部门如何对该风险进行“定价”以及由政府支付该定价是否具有合理性。考虑的因素包括风险因素实际发生的可能性，政府承担该风险的成本，以及如果风险成为现实，政府减轻风险后果的能力等。此外，各方也可通过各种风险分担机制来分担风险。

就本质而言，在风险分担中没有什么是免费的。当对一个项目进行投标时，私营部门估算项目风险及其对项目收入的潜在影响，并设置溢价，以便当风险变为现实时保护自己免受财务损失。该溢价会平摊到该私营部门涉及的那个项目或所有项目中，并根据不同种类事件的概率和后果设置权重。这样，估算的风险溢价可以视作自办保险的一种形式。然而，一些风险所带来的财务后果可全部或部分明确地转移给他人，包括保险提供商。

如果溢价支付足够，私营部门可以接受大部分风险。政府方面的问题是，在考虑特定风险的发生概率以及政府机构如何能够降低风险所造成影响的基础上，确定该风险溢价是否实现了资金最佳使用价值？还是自己承担风险更具成本效益？为此，需要制定风险管理计划，该计划主要包括下列因素：

- 识别所有项目风险。包括风险矩阵中的一般风险和项目特定风险（如供排水项目中含有的对公众健康的风险）。
- 确定将由政府提供的核心服务以及风险无法转移给私营部门的服务。
- 检验每个风险并识别那些由于政府的控制水平而最好由政府来管理的风险，以及那些不适合由私营部门来管理的风险。这两种情况下均应由政府回收风险。
- 确定是否由于市场惯例或与项目有关的特别因素而必须分担其余的风险。
- 调整基本 PPP 结构中固有的风险分担，并利用合同反映出这种调整，并考虑到由于特殊政府权力引起的各方权力不平衡的情形。

在实践中，在将项目投放市场之前，政府必须根据项目情况来确定其要回收的风险。通常，由政府承担的风险可能包含下列因素：法规风险或不利于项目的政策变更、政府要改变服务标准或数量的风险、历史古迹或原居民权因素、先前未显现出的缺陷以及污染风险。表 7—2 说明了实践中如何进行风险分担。例子是：在“服务型基础设施”模式下，一个为某私营监狱项目而设立的 PPP 结构。随后是详细的风险管理程序研究实例。

表 7—2　　PPP 监狱项目中的风险分担

政府风险	私营部门风险	共同负担风险
作业场所审批	作业场所条件	• 技术 • 监管的最佳实践 • 不可抗力
规范/单元设计功能性	承包商设计缺陷 费用超支	
合同规定的土地使用权	建设延迟	
许可条件改变	建筑维护/服务 费用超支	
政府延迟，如进行审批	质量不佳	
需求	按规定标准提供住宿设施	
政治/主权		

续前表

政府风险	私营部门风险	共同负担风险
法律中的歧视性变更	● 将不同类型的犯人混合管理，应变能力增强 ● 普通税务及关税变更 ● 利率 ● 法律上的非歧视性变更 ● 环境风险	

风险分析实践——实例研究

项目

AV&S项目主要由ESW（East of Scotland Water，现在已与其他苏格兰供水局合并）发起，旨在改善Almond河和Firth of Forth地区的水质，并提供海上排污泥的备用方案。由于当局需履行于1994年颁布的城镇水处理（苏格兰）法规规定的义务，因此启动了该项目。该项目是为遵从新的法规标准而实施的十个PFI计划之一。

在经历了长达两年多的采购过程后，ESW于1999年3月与Stirling Water签订了30年的服务合同，根据该合同，Stirling Water同意升级改造Almond Valley和Seafield集水区的污水处理系统，并提供海上排泥的备用方案。图7—1显示了该项目的主要各方及其关系，概言之：

● ESW是采购方，当局负责供水、收集和处理污水并处理所辖区域的污水污泥。

● Stirling Water是为AV&S项目特别设立的公司，负责项目的融资、建设及实施。

● 项目发起人为Thames Water、MJ Gleeson和Montgomery Watson，它们负责提供风险资金并分别充当Stirling Water的经营者、承包商和设计者。

● MBIA 提供信用增强保险，使项目获得 AAA 信用等级。机构投资者购买债券，MBIA 保单无条件和不可撤销地保证按期偿还所发行债券的本金和利息，因此 MBIA 有效担任了高级贷款人的角色。

Stirling Water 对这项总投资 9 900 万英镑的项目作如下的财务安排：

● 7 921.7 万英镑为 27.5 年的 AAA 级信用增强债券支付 5.822%的固定息票。

● 由 Thames Water 提供 1 483.5 万英镑的从属债务。该从属债务与债券具有相同的期限和相似的利率。

● 495 万英镑的股本中 Thames Water 拥有 49%，MJ Gleeson 拥有 41%，Montgomery Watson 拥有 10%。在融资完成时，预计股本内部收益率（IRR）的名义回报率为 16.56%，实际回报率为 12.5%。

项目风险

Stirling Water 作为项目机构承担合同期内相应的建筑和经营风险，并利用合同将许多风险转移分配给建筑承包商和运营商，这是通常的做法。项目机构保留了维护费用超支的风险，例如由于资产寿命低于期望值、某些设备和机械进行意外维修等所造成的费用超支。

在工厂完成调试运行后，Stirling Water 收到了根据污水处理量所支付的报酬。这种支付机制是风险分担的关键，它与其他 PFI 交易不同，在其他 PFI 交易中，经营者在设备就绪后获得付款。合同借鉴了英国 DBFO 公路项目中采用的支付段（即指定的流处理量水平）内影子收费的办法，这在第 3 章中已有介绍。该构架的目的是将足够的处理量风险因素分配给服务公司，并限制由于要处理的污水量超过预期而导致当局费用超支的风险。AV&S 支付段如下：

● 污水处理的第一个支付段为：对每年污水量在 0 到 90 000 立方米之间的，支付 13.883 便士。该段的设计旨在使收入能够足以支付日常经营和维护固定成本以及已发行债券的未付款项。

● 污水处理的第二支付段为：对每年污水量在 90 000～101 000 立方米的部分，支付 9.255 5 便士。该段的设计旨在提供足够的收入以满足支付从属债务的需要。

● 污水处理的第三支付段为：对每年污水量在 101 000～107 000 立方米的部分，支付 4.628 便士。该段的设计旨在满足股东的投资回报目标。

● 污水处理的第四支付段为：对每年污水量超过 107 000 立方米的部分，则不必付费。该段的设计旨在为由 ESW 支付的费用设置封顶。

第三支付段以上付费封顶，以便将 ESW 依本合同的支付额限制在一定范围内。对于运入的污泥的处理另有规定。合同规定支付的费用根据业绩进行调节以便符合苏格兰环保局设立的环境排放许可标准。Stirling Water 的一个主要关注点是 ESW 运送到工厂的污水水质，因为这会影响到经营者处理污水使之符合污水和污泥排放许可的能力。由此，合同包含了一个进水浓度等级列表。如进水超过了这个标准导致 Stirling Water 无法将其处理到所要求的标准时，Stirling Water 仍有权要求全额支付污水费。

在合同条件下，对 ESW 造成的、影响污水量的情形，Stirling Water 受到合同保护免于受其影响。这些情形包括发放污水排放交易许可、引进流量计或因大量增加污水基础设施资本投资而引起下水道渗水减少等。但是，在支付机制下，未达到预计污水产生量标准或因业绩不良而使扣款超出预期将会导致收入低于期望值，这将对股本回报产生影响并可能反过来影响 Stirling Water 支付从属债务甚至是债券息票的能力。

水费的 65%计入零售价格指数（RPI），适用于所有三个支付段。其余 35%的水费不计入指数，在合同条款中固定不变。在比例上，这种分配接近于债券还本付息的所需名义现金流的比例。但是，有可能 Stirling Water 的收入和费用之间没有精确配比，导致费用上升速度高于合同下的收入上升速度，而且该风险由 Stirling Water 及其股东承担。

法律上负面变化的风险是一个重要因素，在 AV&S 项目中该风险在合同期的前十年中由 ESW 和 Stirling Water 共同分担，之后由 ESW 承担。

风险分析

在大概了解了项目中含有的关键风险后，从项目各方的不同观点看待风险的质和量是很重要的。图 7—2 给出了分析方法的流程图以作为方法指导。该图针对三个主要的实体集团，分别概括了它们的风险观、主要变量、它们所面临的主要风险以及正确的风险分析。有几种风险分析技术，根据复杂程度可分为简单的期望费用分析、普通的敏感性分析以及更加复杂的涉及计算机辅助数据统计抽样的概率分析技术。使用何种技术主要取决于相关方面临的风险及其期望的回报的性质。

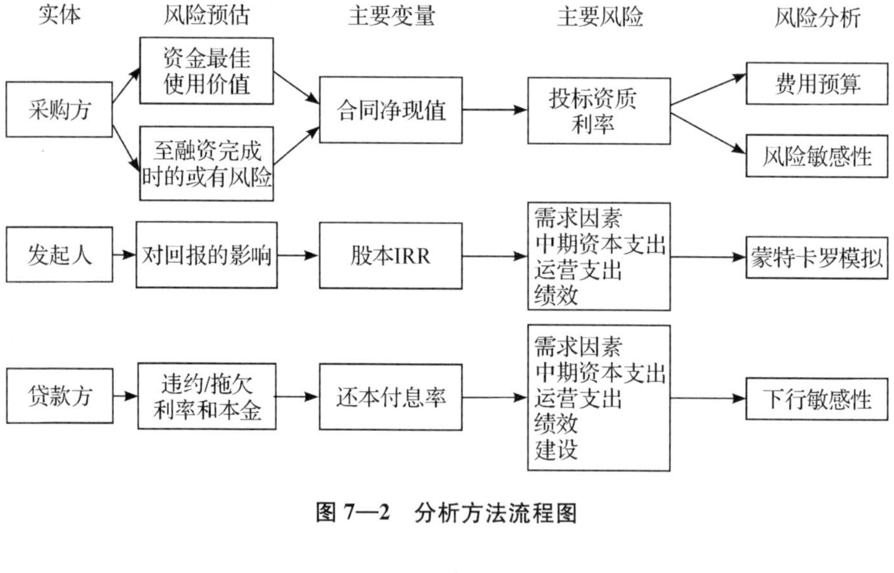

图 7—2 分析方法流程图

采购方

作为采购方，ESW 主要关注的是以合同项下的费用支付义务。根据政府指导手册，将支付给每个投标人的费用按 6%折现（当时指定的折现率）并相加得到每份投标的净现值（NPV）。从 ESW 的角度看，风险分析的核心是，在评标时平等对待投标人，并在净现值的基础上与公共部门比较值（PSC）进行比较，以显示资金最佳使用价值。资金最佳使用价值分析包含与传统公共部门采购方式以及公共部门经营方式下的比较（如前章所述）。从这个角度分析的主要风险关系到下列事项：

- 合同为获得规划许可留有余地，并达成风险分担机制，以便 ESW 可通过调节水费支付一定比例的计划变动费用。

- Stirling Water 将项目建设阶段发现诸如文物等物品的相关费用风险转移给 ESW 承担。

- 投标人还被要求计算合同推迟签订造成的影响，主要是指在这种情况下仍旧要保证 2001 年 1 月污水处理设施投入使用将会增加的费用。ESW 及其顾问对可能的延迟进行评估并调整投标价。

风险分析通过计算 ESW 可能发生的相关费用并调整投标净现值来实现。在 Stirling Water 实例中，大约提高了投标净现值的 1%。与其他竞争者相比，他们为 ESW 提供了最经济的投标报价。

在项目开发协议中，ESW 还承担至融资完成为止利率变动的风险，这也是此类项目的通常做法。在这个案例中，风险在于在融资完成前，只要利率水平上升，项目融资费用也随之上升，这将导致征收更高的水费，而财务分析中所使用的贴现率固定为 6%。利率风险通常很难精确定量。若要了解该风险可能造成的影响，可以在财务模型中进行敏感性分析[①]，其结果见表 7—3。这种

① 英国绿皮书中对敏感性分析的描述为：

敏感性分析是评估的基础。它用于测试所作的选择对于不可避免的未来不确定性的应对能力。应避免不实的精确度，根据主要变量值的可能变化范围，考察使结论改变的变量值，这些是非常重要的。因此，敏感性分析通常是有必要的，而且在实践中，只有个别例外情形中不必进行敏感性分析（HM Treasury，2003a，p. 32）。

分析显示出ESW在应对潜在的利率变化时得到了合理保护，1%的利率增长，使得项目费用的净现值增长3.6%（近似于利率敏感性关系变化率）。

表7—3　　采购方：利率敏感性

利率（%）	预期费用净现值相对基础利率条件下增加/降低的百分比
基础利率 −1	−3.3
基础利率 −0.5	−1.7
基础利率	基础利率条件下的净现值
基础利率 +0.5	+1.8
基础利率 +1	+3.6
基础利率 +1.5	+5.4
基础利率 +2	+7.5

当RPI偏离财务模型中的计划数值时，ESW还要承担通货膨胀风险。通常人们认为在利率和通货膨胀之间存在关联，而风险分析却将两者独立开来。因为利率中的通货膨胀因素可能不会完全反映在通货膨胀率中。[①] 与利率相同，通货膨胀很难预测，因而再次运用敏感性分析。表7—4显示了通货膨胀在2%到6%区间变化时净现值的变化范围。在较高的通货膨胀率下，净现值降低，部分是因为依靠项目收入所支撑的债务因素没有纳入价格指数的计算。以6%的固定折现率对正常条件下固定的项目收入中某一要素进行贴现，会降低较高通货膨胀率下的收入中的债务因素的净现值，从而引起总净现值下降。分析显示，ESW可以很好地规避未来通货膨胀加大的风险。

表7—4　　采购方：通货膨胀敏感性

RPI假设（%）	预期费用的净现值相对基础RPI条件下增加/降低的百分比
2	+4.79
3	+1.47

① Lewis和Mizen（2000）探讨了这种名义利率不因预期通货膨胀而提高的原因。

续前表

RPI 假设（%）	预期费用的净现值相对基础 RPI 条件下增加/降低的百分比
3.5	基础 RPI 条件下的净现值
4	－1.36
5	－3.79
6	－5.90

众所周知，敏感性分析局限于当变量发生变动时，指出对某结果（本例中为净现值）的潜在影响。评论家认为除非有指标能够解释某个量化的变动将要发生的可能性，否则，这种形式的敏感性分析作用不大。这一论点忽略了一个事实：一些重要的经济变量的发生概率以及变动程度无法轻易量化。例如在 20 世纪 70 年代后期的英国，谁能够合理预测到 20 世纪 90 年代通货膨胀将小于或等于 3%？这还仅仅只有 20 年的期限，也就是，比本案例中的合同期限还少 10 年。在这种情况下，敏感性分析为评标时进行风险分析提供了一种有用的工具。

发起人

从发起人的角度看，风险分析集中于确定对股本回报的潜在影响。在这里，忽略了从属债务和股本之间的差别，因为从属债务的优先级别使从属债务实际上具有与股本相同的特点。若要从发起人的角度评价 Stirling Water 的财务方案，在分析股本风险对财务模型的影响时需考虑潜在的上行以及下行风险。

因此应用了下列方法进行模拟。首先，由 ESW 的技术顾问 Halcrow Crouch 对每个风险定义一个模拟现实的下降（和上升）情景，以便针对每个风险建立一个三方风险分担模型。这种分析的相关风险是：

- 污水量风险；
- 中期资本支出和资产管理费用超支风险；
- 经营成本；
- 经营绩效。

建设延迟是一项重要的项目风险但未被列入，这是由于该分析是以项目发起人，也就是 Stirling Water 股本投资人的角度来看待这一风险因素。对于他们而言，延迟风险是按合同规定，通过建筑合同中包含的误期损害赔偿以及经营中断保险进行处理的。这样，风险便由建筑承包商和保险公司承担，而不是项目发起人承担。

其次，在描述了要考察的相关风险后，应用计算机软件@RISK 来决定相关风险的总体分配。最后，通过这种风险分析，对混合股本/从属债务 IRR 的影响进行评估。

@RISK 软件包应用一个蒙特卡罗模拟程序来实施风险分析。[①] 这种场景下的模拟指的是一种从人工计算的风险分配模型中随机抽取数据组让计算机一遍遍重新计算，从而生成可能的风险分配方案的一种方法。实际上，计算机在尝试所有输入变量值的有效组合，以便模拟所有可能的结果。

表 7—5 显示了对 Stirling Water 财务模型进行定量风险分析的结果概要。该分析出人意料地显示，发起人不大可能获得基本回报率，但他们在这类项目中承担与风险资本投资相当的合理数量的财务风险。

---

① 根据英国绿皮书（HM Treasury，2003a，p. 33）：

蒙特卡罗分析是一个风险模拟技术，呈现了不同风险的共同影响的范围和预期值。当变量很多且不确定性很大时，这是很有用的。它可以是一个有用的技术但需要听取专家建议来确定其正确应用，特别是当风险之间互相关联时。在实施或委托进行这种风险分析之前，有必要了解数据如何输入、结果如何呈现以及决策如何会受到生成的信息的影响。

根据前两段的讨论，可以看出这些要求在应用该技术时得到了满足。

表 7—5　　　　　　　　　发起人：股本/从属债务风险分析

模拟	混合股本 IRR 降低
最小模拟结果	基础条件－7.17％
5％的概率低于回报：	基础条件－5.48％
25％的概率低于回报：	基础条件－3.9％
50％的概率低于回报：	基础条件－2.52％
75％的概率低于回报：	基础条件－1.47％
95％的概率低于回报：	基础条件－0.57％
最大模拟结果	基础条件－0.06％

分析显示，虽然模拟的相关风险包含上升可能，对发起人而言财务增加的可能性不大。财务收入增加主要是来自污水量的增加，但 ESW 的付款额如前所述是有上限的。毫无疑问，在这个例子中，采购方占有较高的谈判地位：英国和法国拥有世界上最大规模的水务公司，它们正在争夺苏格兰这个相对较小的市场。

高级贷款人

对于高级贷款人而言，无追索权或有限追索权融资的性质使其与传统的整笔贷款追索权所承担的风险或信用评估有显著不同。在传统的完全追索贷款中，贷款人除拥有起诉借款人的权力外，还有实施安全策略的能力，能对用于抵押的资产进行评估。对于项目融资，就一个广阔的市场而言，贷款人通常很难量化项目资产的价值。当然，贷款人尽力争取当项目即将失败时及时介入对其进行挽救的权利，但他们不能通过简单变卖资产来实现价值。在诸如 AV&S 的合同中，资产以合同标的的形式归采购机关所有，因此可以理解贷款人常常对风险分析持悲观态度。高级贷款人和发起人之间的一个关键区别是：由于高级贷款人持有债权而非股权，因此不可能在项目中获得收益的增长，只存在下降风险会降低借款人依据贷款协议偿还本金和利息的能力的问题。

因此，高级贷款人关注贷款期间收入能支付贷款，并通过参考保障倍数（cover ratio）来建立稳健性。这些倍数中最重要的是贷款寿命保障倍数（LLCR）和年度偿债保障倍数（ADSCR）。贷款寿命保障倍数简单描述了从某特定日期至贷款寿命期内的某日，项目现金流的净现值与当日未结贷款的比率。年度偿债保障倍数是一个历史性的比率，衡量的是上一年现金流与应付贷款本息的比率。

从贷款人角度进行的敏感性测试旨在找出由服务公司承担的风险而非整个项目的风险，还考虑到如何通过合同方式分散风险来降低主要风险。用于分担风险的主要方法是：

- 设计和施工（D&C）合同可降低服务公司设计风险、建筑费用超支和延期风险；
- 运行和维护（O&M）合同可降低服务公司的运营业绩风险和运营维护费用风险。

因此，在假定理想的财务结构下，以严格的合同形式将服务公司的风险分散给合适的相关方，这对于投标的财务稳健性是至关重要的。然而，即使通过合同方式转移了风险，服务公司仍然会有一些剩余风险。例如，如果经营成本大大超出预计水平，可以推测出，服务公司出于自己的利益会决定通过提高价格来缓解部分成本增加的压力，而不至于使运行和维护承包商放弃合同。运营成本（OPEX）和资本开支（CAPEX）敏感性测试旨在反映这种剩余风险。

表 7—6 列出了 Stirling Water 的财务模型的稳健性分析结果。年度偿债保障倍数和贷款寿命保障倍数仅在运营成本、流量和综合情况三种假设方案下低于最低要求（年度偿债保障倍数为 1.15、贷款寿命保障倍数为 1.15）。但是，在任何情况下年度偿债保障倍数或贷款寿命保障倍数均不低于 1.0，按照贷款协议中的约定低于 1.0 将构成违约。高级贷款人从该分析中可以看出，Stirling Water 的财务计划是相当稳健的，可以支持所需的资金投入。

表 7—6　　　　高级贷款人：现金流稳健性分析

敏感性	变化[1]	年度偿债保障倍数（ADSCR）	贷款寿命保障倍数（LLCR）
基础条件财务模型	—	1.26	1.32
建筑费用	+3%	1.26	1.32
运营成本	+12.5%	1.08	1.15
流量下降		1.07	1.12
中期资本开支	+10%	1.24	1.29
经营绩效	−2%	1.20	1.26
综合下降：流量		1.04	1.10
下降+中期资本开支			

注：1 由 ESW 技术顾问制定。

总体而言，AV&S 项目中应用的风险分析技术显示：

- 项目为采购实体 ESW 实现了资金最佳使用价值并满足政府对资本项目投资的主要标准。
- 对于项目发起人而言，项目基础条件中具备合理的预期回报水平，并且他们承担与投资相当的合理数量的财务风险。
- 从贷款人的角度来看，下降敏感性测试显示项目在财务方面足够稳健。

结论

项目融资和 PPP/PFI 计划建立在将最适合由私营部门管理的风险从公共部门转移到私营部门的基础之上。在试图将风险从公共部门转移到供应商，并为私营部门提供利润激励作为回报这个意义上，这一通则适用于所有的公共部门。但是，公共部门的主要目标是在提供的服务中获得资金最佳使用价值并确保私营部门实体正确有效地履行合同义务。

若满足了资金最佳使用价值和风险转移准则，只要在持有特许权期间建立一个强劲的长期收入流，PPP 项目基本上是可行的。本章略述了调查和实施风险分析的框架，该框架从采购实体、项目发起人和高级贷款人的视角系统地呈现了项目风险。为使一个项目取得成功，在风险分担过程中必须满足这些相关方的不同（或对立的）需要。这一点在作为案例的污水处理项目中似乎已经得到了实现。

然而，资金最佳使用价值计算以预期的回报预测为核心。为使其得以实现，必须实现合同规定义务。这是下一章的主题。

PUBLIC PRIVATE PARTNERSHIPS

第8章 PPP的管理

PPP交易的各个阶段

PPP交易包括很多重要步骤。这些步骤通常分为开发阶段和实施阶段。图8—1通过图示描述了这两个阶段。融资完成，即就融资方案达成一致并做出承诺之时，标志着一个阶段的结束和另一个阶段的开始。因为融资人对项目融资的承诺基于公共采购机构与项目公司之间的完全契约框架，所以商务安排的确定或者PPP协议的签订是实现融资完成的先决条件。在本章中，我们主要分析了与达到这一目的相关的一些问题。

本章将讨论融资完成后的阶段，并重点分析合同管理部分。合同一旦签订，必须由负责合同监管和实施的公共部门机构进行管理。在本章中，我们的目的是概述一种可以帮助实现这一功能的合同管理和报告机制，提示项目目标的达成程度，并为潜在问题提供预警。本章重点讨论两点，首先是满足绩效标准的关键报告要求，其次是评价承包企业的“健康度”以及违约风险的绩效监管体系——发生违约时，政府不可避免地承担提供核心服务的责任。

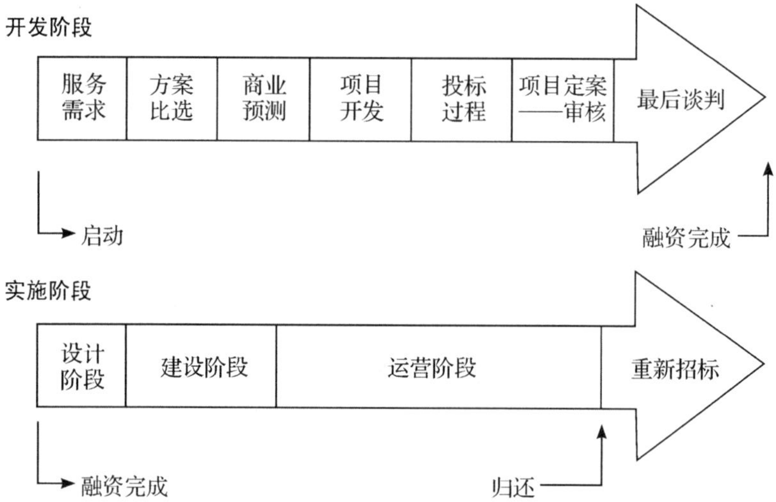

图 8—1　PPP 交易时间表

通常，缔结合同的“私”方是作为单独法人实体成立并开展特定活动的 SPV。SPV 将与一个或多个组织缔结分包合同以执行这些活动，而且一般会同时缔结 SPV 的融资协议。如第 5 章中所述，在 PPP 项目中使用 SPV 是为了能够使项目贷款无法追索到发起人，使项目的资产和负债不体现在发起人的资产负债表上，并使项目和项目回报不受任何发起人破产的影响。由于大多数重大的 PPP 都包含一个 SPV，因此我们以此为假设前提。

实施阶段一般分为详细设计、建设和运营阶段。在详细设计阶段，SPV 开发了设计计划，并从事计划、组织、行政和前期准备。SPV 在这个阶段所产生的费用通常由股权投资者支付。这种早期的股权注入使其他参与者对股权投资者的项目承诺有了信心。建设阶段通常是资本投入最多的阶段。建设费用主要通过债务和股本支付。

一旦设施调试完成并且开始提供服务，公共机构的付款流（或单一支付）便为服务的提供和偿债费用提供资金，同时提供风险资本的回报。单一支付一般根据数量和绩效标准（比如新的道路或污水处理厂的情况）以及资产可用性

（比如建筑）进行分摊。除了这两方面的因素，通常还包含基于效益的、有利于提高安全性和效率的激励机制。

特许经营期可能各不相同，但是一般都在10到50年之间。在特许经营结束时，项目公司通常被要求在预定的技术参数下将资产归还公有。此时，公共采购机构可以选择通过重新招标的过程来重新进行资产运营的外包采购，自己来运营，或者可能将资产用于其他目的，包括出售资产。①

这一切的前提是中途没有任何差错，且政府需要建立并运行一套监管体系，以确保在预定的付款范围内提供的服务达到了预先设定的、有保障的、可测量的标准。履约规范和相关的支付激励机制是公共部门实施项目目标和执行风险转移规定的主要法律手段。履约规范指出了所需提供服务的范围和质量要求，而支付机制详细地指出了如何就SPV提供的指定服务支付费用。履约规范和支付机制对于项目的成功至关重要，因为它们为私营部门正确进行风险管理提供了商业激励。

如果未达到约定的标准，合同中会有一些机制可以对不完全履约进行约束。然而，对于长期合同，比如BOT或PPP项目合同，"合同各方一般不运用常规的法律补救方法"（Campbell and Harris，1993，p.168），而且在解决争议时经常会不参考合同规定的法律制裁。这些工作者们设法制定管理这些交易的原则。他们的出发点是，因为在实践中长期合同总是"不完整"，包含很多不确定性要素，有效的长期合同行为必须具有合作意识，因此，如果要保持协作关系，合同必须尊重现行的惯例，并且在管理上要采取开放的方法，为改变或重新协商先前的承诺留出足够的空间。

① 这是常见的情况。但对于PPP而言，资产的设计使用期限通常比政府拥有产权的现有同等资产的设计使用期限短很多。这是因为设施的设计寿命与合同期内的服务需求预测之间一般有着较为紧密的相关性。例外的情况是，因项目的合同到期或终止而移交资产后，政府规定了该资产的有效使用期限。政府对在项目合同到期或终止、资产移交以后的使用年限作出了规定。

很明显，设法避免争议符合大多数合同方的利益，为了避免产生分歧，我们在这里要重申团队协作以及PPP的重要性。但是，争议会不可避免地发生，如果真的发生争议，存在很多种解决争议的方法，从相关各方的非正式协商到涉及第三方的较正式的调节，直到诉诸法律。表8—1中列出了这些可选方法。迄今为止，协商是最常用的争议解决方法，而且无疑是最具成本效益的解决方法，它对管理资源、解决速度、保持开放的沟通渠道都有要求。这些协商依赖于各方为实现共同目标而真诚做出的努力。在这方面，合同不应视为独立的文件，而应视为将各方捆在一起的互惠关系网的一部分，即使在最苛刻环境下也应当予以充分尊重。合同管理必须在这种情况下展开，而绩效监管仅仅是通过定期审核，以确认项目运作与协议的一致性。

表8—1　　争议解决方法

协商——合同方尝试自行解决争议时最常见的争议解决方式。
调解——由无利益关系第三方协助进行的非公开的和有组织的协商方式。如果达成和解，可以成为具法律约束力的合同。
调停——亦为调解，但调解人可以提出解决方案。
中立评估——一种私人的不具约束力的方法，通常由法律上有资格的第三方对审判可能的结果提出建议，作为和解讨论的基础。
专家决定——一个涉及具有调查权的独立专家参与的非公开过程，做出的决定具有约束力。
法定裁决——由一位专家裁决一个技术问题，主要用于建筑争议，裁决对双方都有约束力，至少暂时或者在开始另一个过程之前有约束力。
仲裁—— 一个正式、非公开的和有约束力的过程，通过指定的第三方、一个或多个仲裁者的决定来解决争议。
诉讼——一个正式的过程，该过程将索赔提交给民事法庭或者公开审理。诉讼判决对各方具有约束力，但有上诉权。

资料来源：英国商务部（2002a）。

合同管理

合同管理可以定义为一些过程，通过这些过程来保持合同完整性，并确保合同项下的职责被完全理解并根据约定标准执行。合同管理需要确定管理程序以监督项目的交付、处理合同变更、监管服务输出，并在早期发现问题。

需要政府监督的原因之一是政府可能会在某个阶段成为设备的拥有者或经营者，或者是私营部门实体同意在合同结束时将设备移交给公共部门（有偿或者无偿），或者是因为政府可能被迫在SPV违约或合同义务未履行时“介入”以维持基本的公共服务。然而，公共部门机构还需要评估和管理许多其他的合同风险和问题（维多利亚伙伴政策，2001），具体包括下列内容。

服务交付问题

特许经营协议的内容包括指定要提供的服务内容以及要达到的标准、要求提供的担保和适用的违约处罚。根据规定，如果没有按照政府要求的标准来提供服务，合同条款一般会允许减少付款金额并责令解决问题。很明显，付款金额减少的程度应反映问题的严重性，而且对“主要”和“次要”违约应进行适当的区分。私营实体通常会收到关于服务交付问题的书面通知，并且有机会在规定的时间内解决这些问题。如果问题不能得到改正并且持续超过合理的期限（根据合同规定），则SPV有权在政府提出合同终止前更换运营商。

可用性

由于PPP本质是服务的采购，因此服务的可用性是政府所要面对的一个关键问题。如果SPV不能提供服务，将会直接影响到项目的核心，尤其是在付款（全部或部分）基于可用性而非实际使用时。如果项目涉及住宿的服务（比如提供医院、监狱、教育或办公场地服务），则更容易产生可用性的问题。这种情况下的可用性通常会超出基本的住宿服务，还包括保养得当的、有清扫服务的、有空调设备且安全的法院、医院或办公场地（还须具有功能齐全的

IT 基础设施）。

作为合同的一部分，合同会对可用服务的含义做出界定，这通常与服务的数量和质量以及提供的频率有关。付款通常与服务的可用性直接相关，通过量化可用服务（比如在法院服务合同中提供符合要求的法庭的数量）来决定服务费用（或至少一部分服务费用），或者可能会根据不可用服务来减少预先约定的付款金额（比如可能会根据不可用法庭的数量来减少付款金额）。不同的服务要求可能有不同的比重，因此未能严格按照合同规定提供服务并不一定导致服务费用的降低。也可以使用其他机制（比如介入和终止）来恢复服务的可用性，但这些机制通常只是最后的备选方案。

公共风险

政府有责任要求设施的建设、运营和维护务必按照相关的法规和操作规程来进行，以确保消费者和工人的安全与健康。为了防止或降低对环境、公共卫生、人员、财物安全的严重风险，或者保证基本服务的连续性及履行其法定责任，政府可能需要行使其“介入”的权利。介入的权利通常作为政府对项目公司违约采取的一揽子补救方法的一部分。行使这些权利可能也只是因为私营机构不能适当地处理特定的情况——比如紧急情况——而需要政府干预时。在某些情况下，政府有责任确保为公众持续提供合同规定的服务，并且需要保持控制这些服务的能力，在公共利益出现危机时介入。这包括介入对核心服务（由政府承担）交付质量起到决定作用的外包服务。

私营部门期望减少政府的介入，政府需要保证外包服务和核心公共服务的正常交付，因此在确定政府应在何时行使其介入的权利时，需要平衡这些因素。平衡点取决于项目的性质以及所涉及的公共服务的敏感性。介入条款通常包括在相关问题得到解决时政府“退出”的有关规定。做出该决定也需要仔细的评估。

资产风险

大多数基础设施使用年限都是几十年，在特许经营到期时，政府可能期望接收的资产还有较长使用寿命且维护成本可接受。资产风险的产生可能有很多原因：设备设计寿命或技术寿命可能比预期的短；保持设备可用性的维护和升级成本可能会超出预期；资产可能会由于不可抗力事件遭到损坏或破坏；项目公司可能会由于违约或提前终止而失去资产；以及资产可能不具有项目融资结构所赋予的价值。

就设施维护和翻新计划达成协议，赋予政府对资产进行调查、在维护义务未能履行时强制履行的权利可以部分地降低这些风险。合同可能还需要具有一些灵活性以便于对基础设施持续升级，并提供相应的激励。可能还有一些不可投保的不可抗力事件，这些事件受环境条款中重大变化的影响，需要政府与 SPV 共同承担一些风险。

经营风险

经营风险是指交付合同规定服务的过程可能会受到某些影响，使民营主体不能根据合同规范以及/或者在预测的成本内交付这些服务。经营风险关系到生产和经营程序、投入物资的可用性和质量、项目管理的质量和效率以及维护和升级要求，上述因素可能导致设备的运营成本超出预期，因而降低了预期的回报，使项目设施不能够按照标准运行。尽管 PPP 的结构可以让政府摆脱这些经营风险（在传统模式下政府因为拥有和经营设备而承担这些经营风险），但是运营失灵仍然对政府构成风险，使其得不到合同规定的服务。如果违反了合同规定，而且民营主体没有足够的资金，分包商可能会设法中止合同，从而限制政府实施补救的能力。正因为如此，可能需要发起人或民营主体母公司的担保或者履约保证金来覆盖合同运营阶段的履约义务。如果合同的结构正确，而且发起人投入了大量的资金，他们中止合同的风险就可能降低到使政府不要求运行担保。然而，情况并不总是如此——在多数情况下需要对发起人风险进行评估和管理。

发起人风险

一般而言，当一个项目结构形成后，与政府签约的 SPV 只是一个新建的实体——作为项目联合体的法定代表，而不具备政府可以评估的财务历史或经营记录。该实体通常由组合投资人提供股本金，除了投入股本以及融资回报的预期之外，这些投资者与项目没有任何关系。因此政府只有依赖联合体成员的信誉来保证实现项目的相关义务。当 SPV 和/或其分包商不能履行合同义务，且政府不能对发起人强制执行那些义务或者不能为 SPV 违约遭受的损失得到某种形式的补偿或补救时，通常会发生发起人风险。另外，当发起人出于安全或其他可能的原因而不适合参与项目或者与之关联时，结果可能会危及项目或有损其声誉。

融资完成后，如果 SPV 被认为资金不足，政府可以从发起人那里获得保证金、母公司担保或者履约保证金，以确保该机构将完全致力于交付所要求的服务。在运营阶段，当建设分包合同下的施工担保不再有效且发起人可能设法中止合同（而非解决运营困难）——使得 SPV 在无力对政府做出违约补偿的情况下被清算时，这些担保尤其重要。发起人可能还想出售在 SPV 中的利益，因而政府需要确保对民营主体所有权的任何变化拥有充分的控制权，以便降低发起人风险。

在某些场合，由母公司为政府提供保证可能是不合适的，有悖于许多发起人偏爱无追索或有限追索的基础设施项目这个现实。可能使用履约保证金更为有效。降低担保或履约保证金成本的方法是将保证金额设定为采取补救措施所需的最低成本（比如安装新操作装置的成本）。另外，这些问题需要长期的精细管理，可能需要进行不断的诚信检测、持续的能力测试，以及足额信用证或履约保证金，以满足索赔或强化履约义务。

财务风险

这里存在很多种风险。第一，在民营主体完全投入项目之前，金融参数可能会发生改变，从而对价格造成负面影响。第二，融资人（债务和股本）可能无法继续为项目提供融资。第三，金融体系可能不够稳健，以致在项目周期内不能提供良好的资金回报，使项目的持续经营能力遭到质疑。在评估这些风险时，政府会留意到一个事实，即私营部门实体及其融资人必须对收入流的稳定性有信心，而融资人对项目的持续参与将有助于提供激励机制，使联合体具有交付服务的动机。

但是，很多问题都在最初的时候开始出现，需要政府进行现实审查，而不是鼓励低价投标。经验证明，如果PPP在财务方面对私营部门不利——比如联合体为了赢得项目而以很低的价格投标，则项目可能对政府也不利。如果民营主体在激烈的竞争压力或者由于失去其他项目而产生的内部压力下做了亏本的生意（赢家的诅咒），则项目可能会步入歧途，即使没有发生商业失败，也会不断遇到困难。另一种情况是发起人依赖以更优惠的成本进行第二轮融资以实现合同的长期商业生存能力。一般在项目进入低风险阶段时会发生这种情况，但是如果突然发生某一事件并且经过评估后认定风险处于较高水平，则民营主体可能会发现自身处于不利的商业境地，以致违约或中止合同。

违约风险

当承包企业不能履行合同义务时（包括不能满足最后期限、绩效不能达到规定的标准、不能持续偿还借款），即发生违约（违反合同）。根据违约的不同程度和后果，合同会规定某些违约（实质性违约）将导致合同终止，其他违约

（非实质性违约）需要履行纠正义务，但不是允许另一方终止合同。然而，如果非实质性违约在允许的时间内未得到纠正，而且进展不能令人满意，或者再次发生违约，就可能变成实质性违约。在这些情形下，作为补救方法，政府有权介入或终止合同。在极端情况下，政府可以通过预先确定的评估机制将基础设施资产转移到其名下。

发生违约时，在终止合同之前，政府一般会寻求其他的解决方案（比如减少服务费）。终止合同被认为是最后的选择，可能会给政府带来很实际的后果和成本（比如政府找不到替代的服务或者不能提供其自身承担的服务）。合同一般会规定足够的争端解决期间，区分实质性违约和非实质性违约并提供不同解决方案。对融资人来说，有一个合理的违约解决机制非常重要，如果一个机制只实施严厉的惩罚，而不给予纠正违约的机会，则可能会使项目很难融资，并且会增加财务成本，最终导致资金价值不够理想。如果情况顺利的话，良好的合同管理旨在让合同有效地维护双方的利益，而不是寻求时机终止合同。另一方面，如果项目在现有运营商那里生存的可能性很小，也许快速减少损失会更好。真正的问题就变成了建立一套行之有效的监管体系。

管理框架

在前面我们概述了 PPP 合同中的主要阶段。完成 PPP 融资要依靠合同各方的投入，但仅仅这样还是不够的。实际上，将合同转化为服务的交付才是达到整体项目目标的最终要求。合同管理需要特定的技能，在执行合同前这些技能就必须到位。理想的合同管理团队应由参与形成项目方案、投标和评估全过程的人员组成，因为他们精通合同并且曾与民营主体关键人员建立工作关系。这一点非常重要，因为事实上合同的时间跨度不可能允许合同条款预先规定所有的可能的变化。根据 Macniel（1974）的术语解释，被管理的合同必须视为

“关系型”合同，而非“交易型”合同。

合同管理的核心是报告和监管框架。为了在一个动态和不稳定的环境下对项目进行明智的控制，重要的是具有足够的信息，根据这些信息来采取“控制”措施。因此，作为整个合同管理框架的重要组成部分，必须对项目健康状态实施监管。监管本质上是一个持续不断的活动，为审核阶段的评估过程提供信息，并带来一系列的控制措施。对于一个典型的PPP项目来说，控制措施包括：

- 减少付款（因不完全履约而降价）；
- 增加监管和/或报告要求；
- 管理上的变化；
- 应急计划，以确保合同下的服务连续性和潜在的政府介入；
- 启动合同项下的违约解决方案以及随后的政府措施（比如补救，如更换具体的服务提供商）。

但是只有在清楚地了解过去和现在的目的（即合同的本质及合同操作程序）之后，这个监管信息、报告及随后的控制措施的过程才能真正有效。从这个角度来看，实施控制措施旨在让项目回到正轨或者对其进行一些转变以确保将来获得更好的结果。

接下来，我们描述一个风险和绩效监管结构模型，详细说明服务提供商向政府机构报告的要求。① 报告的内容将有助于政府机构评估承包商是否有能力满足中短期以及整个项目周期内的要求，识别并管理关键的业务和绩效问题。设计这个框架的前提是大多数情形下政府不能置PPP合同的后果于不顾，不提供服务的风险实质上由公共部门承担，这个后果与在财务意义上服务失败的风险造成的后果是完全不同的——财务意义风险可以转移到私营部门（通常也

① 该结构源引Islami Demirag教授编辑的企业公民杂志的一辑特刊（2004年秋季第15期）中发表的文章Grimsey和Lewis（2004a）。在此登载的相关资料已获得出版商Greenleaf Publishing U.K.的准允。

正是这样处理的）——这一点同样很重要。因此，政府机构可以获取超出服务绩效标准监管范围的信息至关重要。

收集信息的框架在两个层面上发挥作用：

1. 企业生存能力，通过下列要素进行衡量：

- 整体绩效（见表 8—2）
- 现金流量管理（见表 8—3）
- 风险（见表 8—4）

2. 项目的基本质量，通过下列要素进行衡量：

- 组织“健康”（见表 8—5）
- 服务绩效（见表 8—6）

企业生存能力

首先，合同经理们在签订合同时需要鉴别经营环境和政府目标。实施绩效管理需要采取绩效评价措施，绩效评价措施应该与战略目标或预期项目成果直接相关。了解企业是为 PPP 项目建立绩效框架的第一步骤。

为了全面地评价企业及其运营状况，合同经理应考虑战略和项目两个层面上的绩效。表 8—2 概括了要解决的绩效问题。很明显，根据具体的项目和被监管实体的结构，分析的信息也有所不同。每个项目都会因战略结果和项目关联因素而有所不同。在项目层面上，现金流量和风险后果非常特殊，需要具体考虑。

表 8—2　　企业分析

绩效方面	分析工具	关键问题
战略层面的绩效管理：评价组织在实现战略层面的高层目标方面是否成功。战略绩效主要关注项目结果	**行业分析**：分析竞争对手、替代者、顾客、供应商、政府政策的情况，以了解行业特点和风险	经营战略是否稳健？ 主要的利益相关者是否已识别？
	战略分析：识别外部环境信号并研究对项目的影响	优先次序是否已确定？

续前表

绩效方面	分析工具	关键问题
	宏观环境变化：经济情况、人口趋势、技术变革、社会/文化因素、法律因素	组织是否有能力生产产品/服务？
		组织是否有能力学习和适应变化？
	产品/市场分析：产品和/或市场增长机遇的分析	结果是什么，是否跟计划的一样？
项目层面的绩效管理：项目及服务提供商的绩效。在项目层面，绩效管理主要关注是否能达到预期的项目成果	**流程图**：为了全面了解一个项目，根据输入和输出以及两者的关系进行分析可能会有所帮助	提供的核心产品/服务是什么？ 顾客是谁？
	项目特定风险矩阵：对采购阶段形成的风险矩阵和管理计划进行定期监管和更新	资本结构如何？ 项目是否在达成其目标？
	公共部门比较值：针对合同的任何变更对公共部门比较值进行更新	提供的服务是否符合质量要求？ 现金流量是否充足？ 对政府有什么保障？ 不顺利时政府能否“走开”？ 何时是干预的最佳时机？
	绩效监管：对照关键绩效指标进行绩效监管	

由于融资结构的关系，PPP 依靠清晰界定的收入流来承担基本成本结构，包括运营成本、维护成本、财务成本（包括支付项目贷款的本金和利息）、保险费、纳税以及与开发成本和投资者承担的长期项目风险相当的股本回报。通过使用分包合同和金融套利，大部分的成本都相对固定，收益方面也一样。任何降低收入或增加成本的因素都可能消耗掉利润并且对偿债能力具有潜在的破坏性。高级债务贷款人很谨慎地对待这种可能性，并会着重关注在三个时间范围内与贷款成本有关的收入流所承担的偿还能力，即年度偿债保障倍数（ADSCR）、贷款寿命保障倍数（LLCR）以及整个项目寿命保障倍数（PLCR）。

政府在某种程度上可以依靠高级债务贷款人设定的绩效监管标准，但它们的利益并不总是保持一致，而且政府可能需要处在一个介入和终止合同的位置。出于这些原因，合同经理需要很好地了解现金流量如何发挥作用以及收入流的来源。例如，“用户支付”的收入流（如收费或公共运输系统）与可用性机制（如政府住房项目）有很大不同，因为用户支付机制将使用量或使用风险转移到私营部门，而可用性机制只转移绩效风险，不转移使用量风险。通过监管现金流量的规模，合同经理可以更好地识别可能面临财务困境的项目的早期预警信号。合同管理团队将希望知道早期形成的现金流中各要素的过去绩效和预期绩效。表 8—3 概括了绩效的各个方面。

表 8—3　　　　现金流量评估

绩效方面	分析工具	关键问题
过去：分析迄今为止的现金流量	**财务模型**：通常采购活动所需的财务模型是了解现金流量的一个有用的起点（根据财务模型进行逐年的精确预测，并比较实际的现金流量与预测的现金流量）	对于企业来说，现金的真正来源和用途是什么？ 收入在项目期内可能会如何变化？
未来：分析预期的现金流量	**项目特定风险矩阵**：对采购阶段形成的风险矩阵和管理计划进行定期监管和更新，并对财务模型应用量化技术	收入的决定因素是什么？ 基本成本结构是否稳定？ 基本资本结构是什么，其合适程度如何？
	敏感性分析：测试基本成本和收入的变化（以及其他适当的变量，比如风险）对现金流量产生的影响	有哪些风险。它们是否可能影响到现金流量？ 何时支付/应支付红利？
	情景规划：测试变量变化的可能组合以建立下行（上行）情景	红利是否有制约因素？
	蒙特卡罗方法：利用几率分布和计算机辅助模拟技术来考虑各种数值对基本成本和收入（以及风险等其他变量）的影响	支付机制的作用原理，包括针对不完全履约的降价适用于哪些场合？

风险分析则是下一个步骤。成功的项目设计取决于对所有风险的全面概述、招标之前的合约安排设计（根据指定的服务义务来分配风险）、付款（降价）机制，以及具体的合同规定（调整初始结构中暗含的风险分配）。而成功的合同管理取决于对所有风险的谨慎监管、分析其对项目的影响，以及制定动

态风险管理计划。区分政府自留的风险与转移到私营部门的风险对于风险分析很有帮助。表 8—4 列出了这种分析可能采用的形式。

表 8—4　　风险分析

绩效方面	分析工具	关键问题
自留风险	**项目特定风险矩阵**：对采购阶段形成的风险矩阵进行定期监管和更新	自留了哪些风险，每种风险在哪方面的影响可能最大？
	公共部门比较值：应当对采购阶段形成的公共部门比较值进行定期审核和更新，以确定已发生的自留风险事件的影响，同时对自留风险和已识别的任何新风险进行量化审核和更新	自留风险在多大程度上能够被量化？ 自留风险的量化影响有哪些？ 风险特征是否已改变？
转移风险	**项目特定风险矩阵**：对采购阶段形成的风险矩阵进行定期监管和更新 **组织图**：监管的对象在很大程度上取决于风险的所在。例如：如果政府主要依靠运营商及其财务健康，那么在特殊目的公司层面上进行监管可能就毫无意义	转移了哪些风险，每个风险在哪方面的影响可能最大？ 风险特征是否已改变？ 风险存在于项目的哪个部分，例如，是否存在于承包实体那里，或者风险是否通过伙伴关系结构转移到供应商那里？ 使用了哪些机制在服务提供商的项目结构内分配风险（比如服务合同、母公司担保、违约赔偿条款、信用证等）？

项目质量

就了解企业的基本资信情况（或偿付能力）而言，对服务提供商的内部经营环境进行审核是很重要的一步。正是通过这样的定期审核过程才能知道服务提供商的优缺点。但是，单一的组织健康模板不可能适用于所有情况。因此，更合适的策略是考虑一组问题，帮助合同经理们应用逻辑思维过程来确定并评价特定项目的关键报告要求。

任何审核都应包括与组织结构和财务状况有关的问题，其中财务状况基于各种“硬”指标，比如红利支付、债务偿还、清偿能力、公开账目等。但是，组织的表现好坏还取决于管理技能和激励水平。校准管理质量总是从“软”指标入手，因此主观性很强。然而，一名经验丰富的合同经理应定期审核并重新评价服务提供商的管理质量，找出弱点或趋势，以便提早发现将来可能发生的问题。因此，表8—5将“硬”指标和“软”指标组合在一起，作为评估整体组织实力和活力的基础。

表8—5　　组织“健康”的衡量

绩效方面	分析工具	关键问题
财务状况：评价组织和/或个别服务提供商的信用价值或偿付能力	**财务报告要求**：现金流量监管、主要债务偿还比率、流动资金要求和还款安排	通过分析关键财务数字的趋势能够发现哪些优缺点？
	分红监管：分红支付（实际和预测）	财务数字的趋势说明组织的财务状况如何？
	信用分析：活动分析、清偿能力、长期偿债能力、盈利能力和估价	迄今已取得的以及预测的回报率是多少？ 分红是否已支付？
	审计账目：SPV和/或主要服务公司过去三年的审计账目	现金管理体系是否有效？ 资本开支是否适合将来的经营需求？
	穆迪/标普评级（若适用）	组织是否了解或积极进行纳税筹划？
	财务绩效指标：现金流量监管、主要债务偿还比率、流动资金要求和还款安排等	高级管理层由哪些个人或小组构成？
管理人员的素质和数量：分析过去、现在和将来的管理效率	**经营报告**：应当要求服务提供商提供有关管理结构的更新资料，包括任何人员变动	正在运用什么管理风格（比如独裁式或参与式）？ 董事会实施什么影响或控制？
	经营审核：必要时政府应自行审核其管理结构，包括关键管理人员	高级管理人员的控制力预计能保持多久？
		就时间管理、控制成本、改善质量和绩效而言，中层管理和监督人员在计划和控制工作方面的素质如何？

续前表

绩效方面	分析工具	关键问题
经营人员的数量和素质：分析过去、现在和将来的经营效率	**经营报告**：应要求服务提供商提供定期有关经营人员的资料，包括人员配置的变动	职工队伍有哪些技能？ 这些技能是否足以满足合同需要？
	经营审计：必要时政府应自行审计其经营状况，包括在适当的时候了解工作人员的证明资料（符合隐私法规）	员工的一般态度和动机是什么？ 员工流动水平如何？ 已实施或要实施哪些培训？ 发生了哪些员工聘用、提升、闲置或辞退以及/或者劳资纠纷？ 发生了哪些事故以及卫生和安全事件？

最后要讨论的是服务绩效及其衡量方法。PPP 合同对政府与服务提供商在整个合同期内的关系以及权利和义务做出了明确界定。由此可见，PPP 联合体中的双方都依赖在如何执行合同以及如何提供服务方面的整体性。正如英国财政部绿皮书中所述："利益实现的可能性会受到合同条款以及合同内含的所有激励因素的影响"（英国财政部，2003a，p. 44）。合同经理应利用合同中确定的服务绩效规定，根据 KPI 及项目成果标准来对服务质量进行定期审核。表 8—6 概括了要考虑的绩效问题。

表 8—6　　服务绩效指标

绩效方面	分析工具	关键问题
KPIs：关键绩效指标提供了成果标准和付款机制之间的内在联系	**KPI 模板**：适用于特定服务类别（比如设施维护）的、衡量和记录 KPI 的标准方法	制定 KPI 的起点是评价以前存在的服务等级和可以达到的服务等级。合同方认为可以达到的与实际上如何进行绩效衡量可能差别很大
	物理措施：在个别规格标准内衡量量化要素	

续前表

绩效方面	分析工具	关键问题
	检查：运营活动的物理检查，以确定服务的质量	KPI 确实必须在签订合同时制定完成。但是，随着项目的进展和/或在经营阶段初期，合同应有足够的灵活性，以便对 KPI 进行修改和审核
	记录的失败/校正时间：衡量政府提出请求与服务提供商处理事件之间的时间	
	用户反馈：投诉和/或服务用户来访	KPI 与付款机制的相互关系如何？
	定期审核和审计：绩效的抽查审核和定期审计	
绩效趋势	**趋势分析**：用图显示相较于以前每个付款期内的绩效（在服务/设施方面）在所述付款期内的服务绩效趋势	反复失败通常会导致合同下的违约责任和/或通知 服务类型和设施的整体绩效如何？ 每个服务、逐个服务、逐个设施、逐个服务/设施的绩效如何？

结论

本章主要概述了一种在 PPP 基础设施项目中使用的通用型项目风险以及业务和服务交付报告架构，注意，服务交付和基本公共服务绩效的最终责任由政府承担。该框架包含以下内容：

- 评价承包商企业持续生存能力的措施，以满足合同条款以及主要风险领域的要求；
- 关于如何报告、监管和评价这些指标的建议；
- 报告质量标准的指标，以确保承包商满足绩效要求；
- 应定期审计和/或审核的内容；
- 报告要求的结构。

在本书的前面部分，我们对比了 PPP 与传统的基础设施公共采购，这个重要区别不能被忽视。由于私营部门对项目资产的所有权以及合同各方之间复杂的风险分配关系，政府的绩效监管过程在 PPP 体制下的实施方式可能与较为传统的采购体制有所不同。尤其是不要忽略一个事实，即服务提供商必须具有完善的绩效监管、质量管理和管理信息体系。合同经理只需要根据写入合同的义务在严格的期限内通过接收定期的计划报告来对这些体系进行审计，同时进行随机的实地检查，就可以确保绩效得到可靠、准确、全面的衡量和报告。

PUBLIC PRIVATE PARTNERSHIPS

第9章

新兴市场中的PPP

引　言

前几章我们探讨了PPP在发达国家中提供基础设施服务方面的潜在效益。效益可能来自于为私营部门经营者提供适当的激励。在这种安排下，私营实体应承担与项目设计、融资、建设、经营和维护相关的责任与风险，但是只有在服务按时交付并达到满意的标准后才能得到报酬。在PPP模式下，私营承包商可以在项目设计方面自由创新，保持建筑成本和维护水平之间的相对平衡，通过支付和扣减机制鼓励积极缩减全寿命周期成本，避免建设和试运行延期，做好充分的维护。先前的证据显示，许多项目已经取得了上述效果，考虑到风险和不确定性，项目公司所获得的回报并不过分。

对发展中国家和转型经济体①的基础设施进行投资又会有所不同。Miller和Lessard（2001）所描述的“制度风险”存在于新兴经济体中。因为这些国

① 尽管发展中国家和转型经济体中的条件有某些程度的差别，但是我们将它们并在一起，统称为“新兴市场”。

家的法律法规尚未完善，容易变更。决定投资与偿付债务的能力取决于对收益、产权占有以及合同等进行管理的法律法规，这在某些国家是由宪法框架和法治体系控制，而其他国家却并非如此。因此，政治风险尤为突出，政府很有可能会要求对特许经营协议进行再度谈判，或者对产权进行修正。而对一个基础设施项目进行分阶段融资将成为一种重要的方式。因此，本章我们将特别关注项目融资的意义，因为项目融资已经成为 PPP 项目的支柱。

而另一个重要因素是，在新兴市场中缺少 PPP 的“文化”。这部分表现在法律框架有些不近人情，同时也说明新兴市场在 PPP 方面经验不足。尤其是许多转型经济体形成于社会主义体系，而在此体系中私营部门不允许参与关键性的经济基础设施。私营部门参与基础设施很有可能会遭到地方集团、经济发展机构和有影响力的政治集团的反对。其他的障碍来自于还未开发的国内市场，没有投标商，公共部门缺乏对 PPP 的理解，以及不懂得如何组织和管理 PPP。这些问题将陆续在本章加以讨论。

利益和难题

由于新兴市场中有大量建设基础设施的需求而缺乏预算资金，因此，PPP 将成为一种不错的政策选择。事实上，联合国（2002）已将 PPP 描述成一种“战略需要而不是政策选项”，“是执行基础设施项目的一种独特灵活的方式”(p. 3)。当然，作为 PPP 的提倡者，联合国在经济、社会和环境方面所起的作用越来越重要，正如在全球契约、千年峰会、联合国可持续发展世界首脑会议（Rio+10）中所体现出的。早在 1996 年 1 月，联合国欧洲经济委员会（UN-ECE）就同意并建立了建设—经营—移交（BOT）专家组，为其成员国提供中欧、东欧和独联体（CIS）新项目融资技术的信息。这些信息还可以补充其他国际机构所提供的建议。①

新兴市场中的PPP通过借鉴其他国家的经验，最初主要集中运用于运输、防御和能源方面。PPP可以运用于运输系统的建设或改造，及市政基础设施如自来水、供热、废水和污水处理设施以及医疗、教育、监狱设施（联合国，2002；美国商会，2002）。PPP的一个主要价值体现在，它能够实现社会、商业和环境目标。

潜在的商业利益包括：

• 根据全寿命周期成本原则制定的PPP合同，从签署开始就努力在尽可能短的时间内完成基础设施工程；

• 适当的建设激励措施可以促使私营部门按时完成工程，从而降低项目建设延迟或停止的风险；

• 通过将风险有效分配到公共部门和私营部门，实现资金最佳使用价值；

• 通过采用创新的资本建设方案节省经营成本，合并项目的经营和投资阶段以产生利润；

• 不依靠公共债务为项目融资；

• 使公共部门的能力不受财务所限，充分利用其能力将效率最大化。

除此以外，还有许多与社会效益相关的一系列利益，譬如：

• 确保PPP融资技术可以从国外投资商转移到当地公共部门；

• 选择能鼓励竞争的项目，采用以市场为导向的管理方式、工艺技巧和创新改革；

• 让私营部门共享公共部门的学习经验（可以通过培训课程）；以及取得新的商业技能，使观念不再受资本掣肘，使用最新的技术知识，对公共部门进

① 比如Gerrard（1997）、Irwin等人（1997）和亚洲开发银行（1998）。还有世界银行的年度刊物《全球金融发展》（各期）。

行改革。

环境问题是PPP项目第三个比较重要的方面，需要考虑节能、节水和节约其他资源，减少浪费，加强生物多样性，控制污染——这些因素对于任何市场都很重要，在新兴市场中尤其如此，因为这些地区普遍存在人口压力和资源使用不善的记录。现在有一种观点认为，因为PPP关注项目的全寿命周期，PPPs是“绿色”议程最好的载体（国家商务办公室，2002b）。在传统公共采购方式下，建设、维护和设施管理等合同是相互分离的，而在PPP采购方式下，这些过程都整合在一个合同中。用直接的利益激励承包商考虑资产设计和资产最终运营成本之间的关系，因此要考虑如经营成本、处理成本以及最初的资产采购价格等各方面成本。对设施设计的特别关注可以在不降低资金最佳使用价值的情况下，制定出更完善的计划、减少浪费、满足环境要求。例如，关注设计特征和建造材料可以减少整个项目合同全寿命周期的全成本，也就是说，如果项目的高额初始费用可以通过项目经营期内（外）的低额维护和经营成本相抵消的话，承包商会选择具有高成本设计特征的项目进行投资。

PPP在促进环境可持续发展方面的价值直到最近才开始得到重视。新兴市场国家可利用发达国家的PPP学习曲线，将PPP的要素运用到项目的前期阶段。通常这只是一个简单的过程——询问相关问题和提出项目开发商以前可能没有考虑到的方面。可从英国项目中借鉴的方面包括，指导准备PPP提案的人员，鼓励他们检查以下要素：

- 通过水循环、水处理和再循环减少废物产出；
- 通过调整初始成本和维护经营成本（不必迎合用户要求），降低全寿命周期的成本；
- 采用自然采光和自然降温方式，设计良好的照明和通风，带给客户良好感受，改善服务水平；
- 通过解决当地与工作和生活相关的健康、安全和环境问题，进一步增加社会和环境利益；

- 通过建立有效的设施应对不断变化的要求和新兴技术，特别是节约资源和减少浪费的技术，促进内部的灵活性。

当然，从广义上来说“可持续性”并不仅仅考虑环境因素，还可以被看成是一个过程，这个过程比传统采购方式更注重下一代的利益，认可广泛的社会、环境、制度和文化价值。

然而，如果要获得这些潜在的利益，还需要克服以下的困难：

- 形成符合成本—效益要求的一揽子财务计划的潜在困难；
- PPP合同中，资金的长期投入使得公共部门财政的灵活度不够；
- 由于项目开发阶段交易成本比较复杂、费用比较昂贵、时间耗费比较多，需要公私双方投入较多资源；
- 缺少比较可靠的商业和法律框架。

本章将对上述问题进行探讨，但首先我们要了解一下新兴市场中参与基础设施项目的私营部门的不同形式。

私营部门参与基础设施项目

世界银行《1994年世界发展报告》认为，传统的基础设施公共采购方式表现不佳的原因和绩效改进的源头在于供应商所面对的激励方式。在这一点上，PPP已经做出承诺且政府必须调查更大的私营部门参与基础设施项目的可能性，使得大型私营部门参与基础设施项目的可能性成为发展战略的主要组成部分。许多新兴经济体已经开始让私营部门参与基础设施项目。私营部门参与的方式有几种类型，最常见的方式是：租赁模式，BOT（建设—运营—移交）/ BOO(建设—拥有—运营）/BOOT（建设—拥有—运营—移交）模式，以及特许经营模式。其他较少使用的方式还有合同外包方式和经营管理合同。

一种极端方式是完全私营化。

每一类私营部门参与方式的制度安排互不相同。[①] 通常来说，因为发电站和电信市场存在竞争或有相近的替代品，所以采用完全私营化的方式是最合适的。供水、电力传输和电力分配的市场竞争不充分，通常采用特许经营更为适宜。假使普通管制框架薄弱，合同章程将成为行之有效的替代方式，如许多运输项目中都采用了BOT（建设—运营—移交）模式。服务管理合同和租赁合同可以代替完全特许经营模式。上述的许多模式已经讨论过，以下，我们将对其运用于新兴市场中的特殊案例进行研究。

租赁合同

在租赁合同下，一个公用事业单位在特定的时期内（比如10年），将设施的全部经营和维护租赁给一家私营运营商，并赋予运营商在此期间内为客户开票并向客户收费的权利。运营商的报酬与消费者所付的费用直接挂钩，之后按照预先协商的价格，从运营商的收入中抽取部分作为租赁费用缴付给公用事业单位，以弥补资产使用的资本成本。反过来，按照租赁合同的要求，通常运营商有融资、筹建、采购、维修小型机器和设备更新的义务。租赁资产的所有权仍归公共主体所拥有，由它们负责资产的增加和升级。公共主体对运营商各方面重要工作——尤其是服务的连续性——予以指导，但都要与运营商进行磋商。同时，运营商可参加评标或提交其对扩展项目的投标。在合同终结时，公用事业单位补偿运营商的融资费用，但不可分期清偿。

租赁合同下，新兴市场经济体的公共部门可以将所有经营的商业风险转移给私营部门承包商。由于报酬体系的存在，可以激励私营承包商更新消费者资

① 本节和下一节得益于Haley（1992）、Stewart-Smith（1995）、东亚分析机构（1994，1998）、国际金融公司（1999）。

料，实行更为有效的收费程序，提高客户费用收取率，扩大客户群、为更多的客户服务以增大收入基数，降低经营成本和增加利润，定期维护，加强设备的可靠度，延长设备使用寿命。

BOT、BOO 和 BOOT 方案

东亚分析机构（1998）认为 BOT（建设—运营—移交）、BOO（建设—拥有—运营）和 BOOT（建设—拥有—运营—移交）是为了能让私营资本投资新兴项目，而对租赁合同进行根本的改变。简单来说，BOT（建设—运营—移交）模式是要求私营部门在一个特定的时期内融资、设计、建设、经营和维护一个设施，作为回报，私营部门可以通过为政府或政府事业单位提供服务而获得排他的收费权，或直接向客户收费。主要资产的租借是有固定期限的，通常是 15～30 年，然后私营部门将资产返还或卖回给政府，这要取决于合同的内容。经营风险和大部分建设风险由私营联合体承担。

从新兴经济体的角度来看，BOT（建设—运营—移交）和 BOOT（建设—拥有—运营—移交）模式有许多优势：管理简单；通常不会出现主要部分的重建，因此新建设施可以添加到现有网络。在管理和法律结构尚未健全的国家以及新兴资本市场中，这类方案可以快速实施并能提供重要的学习经验。许多 BOT（建设—运营—移交）模式是对私营部门制度的一种有效介绍，可以大幅度降低建设成本以及提高工厂管理和劳动力管理的效率，同时也可以使公共企业摆脱投资资金上的预算限制。BOT 作为一种工具——一种相对比较快速的方法——在资本市场发展不良的情况下，可以调用基于项目的无追索权融资进行新项目投资。然而，有效实行 BOT 合同需要关注投标文件设计和合同条件，比如公用事业部门支付给 BOT 运营商的价格。另外，冗长的投标过程，至少要等到政府制定出 BOT 合同的模板才可避免。

特许经营

特许经营合同结合了现有资产经营租赁与新BOT投资项目合同的要素。通常，在特许经营合同下，私营部门的投资只能靠用户支付的费用来弥补，因此它们比大多数租赁方和BOT承包商承担更多的经营和市场风险。在特许经营合同下，私营运营商拥有合同中规定的使用基础设施资产直接为客户服务并从服务销售中获得收入的权利。一般来说，这类运营商管理和负责所有资产的新增、升级和常规维护。与BOT运营商和租赁方相比，特许经营模式能给予特许经营权所有人更多的灵活性以决定新增加供应的投资性质和时间。特许经营到期，资产将交还给政府。常规的特许经营合同期比租赁合同长，为20～30年，可以保证运营商收回所有的资本和融资成本。而与BOT合同相比，特许经营能提供更多的激励方式，能扩大客户基数、增加投资、维持现有资本，而最重要的是，在供水和供电网络中，它能降低技术和非技术损失。

特许经营如此重要，这是因为它是经过测试真正可靠的PPP模式。正如第3章所阐述的，法国利用特许经营为城市供水已有100多年的历史。私营供水公司使用市政所有的资产提供批量和零售供水服务。公共交通、供水和电力事业单位可以同时进行特许经营，如此就可以对特许权获得者的价格、服务质量以及满足社会需求的投资效益进行比较。特许经营的一种优势是，它并不是给现存的设备“添加什么”，这与新建的BOT项目一样。特许经营能解决现存系统中最根本的经营问题。本章的最后一部分将对此作进一步的讨论。

与BOT合同一样，特许经营模式在机构、法律、法规和财务结构发展尚未完善（因此不能通过独立的规章来支持完全的私营化）或政治上不允许完全私营化的国家中是非常有用的。如果私营公司不是为将风险留给政府而签订简单的管理合同，而是要为真正的特许经营（或BOT）提供风险资本，就必须满足下列条件：

- 明确所要求的工作范围；
- 公开透明的投标过程；
- 确保获得必要的资源，如土地、燃油及其他供给；
- 政府明确承诺执行特许经营合同条款；
- 确保可以市场水平或近市场水平收费；
- 执行商业和客户方面的义务的能力。

融资结构

近年来，发展中国家私营投资的金融背景发生了很大的变化。在第一次世界大战前，投资基础设施项目的私营部门都是那些为了高回报而愿意承担资本风险的企业家，他们会因此变得一夜暴富或一贫如洗（参见第3章）。从那之后，融资的来源发生了根本性的变化。现在很少有企业家或私人投资商直接提供风险资本。该市场已由寻求安全投资和投资回报的机构所占据。[①] 随着项目风险的加大，这类机构期望它们的投资能有高回报率。它们关注政治风险、资金汇回本国的风险、汇率风险和商业风险，这些都是新兴经济体最实际和最难评估的风险。但是，通过创新的融资技巧可以降低这类风险。在这方面，Haley（1992）认为“金融工程已经成为了项目成败的关键”（p. 65）。

还有几类机制可以降低和分散风险。政府、国际开发性机构以及地方和国外金融机构致力于研究可靠的方式降低基础设施项目的风险，这些方式有：

---

① 机构投资商的兴起由OECD（经济合作与发展组织）研究。

- 专门金融机构提供的结构项目融资和信贷；
- 改善信用，包括“夹层融资”和从属债务；
- 政府担保；
- 多边开发性银行的担保和出资；以及
- 由政府直接参股提供支持的 PPP。

结构化的项目融资

结构化的项目融资为特定的基础设施项目调动股权资金和债权资金提供了一种新的方式，风险（和回报）不再由发起人一人承担，而是由不同类型的投资商（股权拥有者、债务提供者、准股权投资者）承担。项目融资适宜性的一个标准是，项目是否能作为一个独特的法律和经济实体独立存在，项目资产、与项目相关的合同以及项目的现金流是否是按有无追索权的方式独立于赞助商。项目投资的回报主要取决于项目的现金流和项目资产，但是由于项目资产有其固定的区域、场所、特定的权限及大量的沉没成本，因此它只能为贷方提供有限的安全保障。

贷方通过向发起人提供 10％～30％的股权作为保证金的单独建立并执行项目的 SPV（特殊目的机构），可以获得未来收入流的安全保证。由于要通过所有现金流识别和结构化融资来确保完成项目每阶段的还债义务，财务预测与风险预测因此被重点关注。参与项目的各方要对综合合同、分包合同和担保进行谈判，以确定并分配项目风险管理责任，降低贷方的风险，还可以在项目失败时提供可选的补偿方案。合同方包括项目发起人、SPV（特殊目的机构）、建筑公司、项目最终运营商、直接商业辛迪加贷方、其他股权拥有者、项目产品购买方、政府以及与项目服务提供商签订合同的国有事业单位。图 9—1 描述了在资源项目中它们之间的关系。

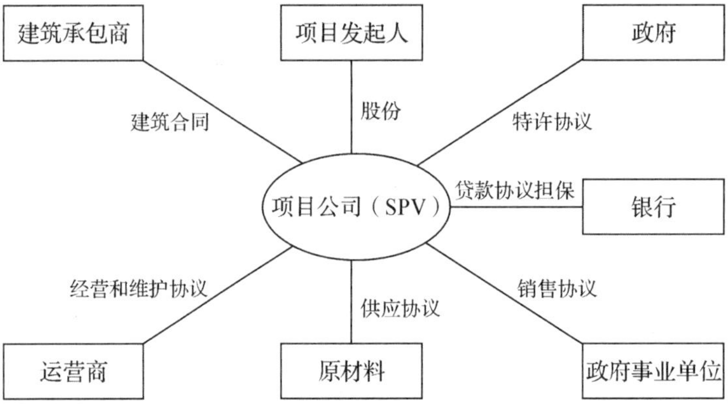

图 9—1　典型的项目融资方案的合同安排

资料来源：东亚分析机构（1998）。

信用增级机制

信用增级机制能帮助降低项目风险和增强贷方的信心。次级债工具，即所谓的“夹层融资”，可根据从违约公司获得的不同偿债优先顺序，来提供不同层次的借贷成本。之所以称其为“夹层融资”，是因为它是处于结构（股权）最底层和“第一层”（优先债务）之间的那一层。从另一种意义上来说，也指投资者提供早期启动资金不久之后的融资——在公司建立经营记录之后、股票上市之前。债务可以被分为优先债务和次级债务，次级债务比优先债务的回报率更高，因为它是第一损失方。

夹层资本成功地成为第三种融资方式，弥补了传统债权和股权两层资本结构。其与股权、债权融资方式的区别在于：

● 在清算时对于现金和资产的索赔优先权不同，其优先权程度比优先债务低，比股权高；

● 通常对于持有者来说可以选择将其从一种形式（如债务）转换为另一种形式（如股权）；以及

- 当预期优先债务回报和股权回报之间具有较大利润差时，最具吸引力。

四种主要类型的夹层融资是次级债、可转换债、优先股和认股权证。

政府担保

政府可以担保贷方不承担某些政策风险，但这类担保仅限于政府和政府事业部门的合同义务，比如国家垄断的供电、供水或燃油供应采购。在过渡时期，政府担保是促进私营部门参与基础设施的一种非常有效的方式。新兴市场经济体的政府提供最低或门槛收入保证（在不增加公共部门风险的情况下对银行保证）、专项税收条款、次级特权费、费用支付或批量采购以及"包销"协议（"off-take" agreement）。

后者尤为重要，因为从定义上来说，有限追索项目是以未来的现金流作为融资的保障，并以安排某种形式的买家为前提。这些项目可以分为两类：一类项目是其买方身份比较明确，如收费道路和一些电站，另一类项目是其实体产品可以销售且通常销往国际市场。确定包销人身份和决定基本价格有助于项目的平稳进行，但这不能替代电力、水利和其他基础设施等的行业改革，因为该改革最终要使私营提供商承担适当的需求、投资和管理风险。如果要求私营部门这样做，可以对它们采用收入激励法将产品损失最小化，从而降低无效经营率。

多边开发性银行的担保

世界银行及亚洲开发银行等多边开发性银行采用的部分担保机制在处理基础设施私营部门提供者面临的主权风险时非常有效。与直接借款给涉及 PPP 的基础设施项目不同，多边开发性银行为作为私营项目发起人的融资人提供保证，保证项目所在国的政府一定会履行项目合同的条款。可在私营投资商承担商业风险时使用该担保。通常使用的担保有如下两种：

● 项目融资担保。这是一种部分主权风险的担保，开发性银行将承担项目的部分政治风险，以帮助项目在财务上变得更为可行。

● 延长贷款期限的担保。部分信用担保的目的是延长贷款的期限，也就是说，贷款的期限要超过商业贷款人通常愿意提供的期限。

多边开发性银行的参与给相关项目盖了一个“同意”章（seal of approval)，因为多边开发性银行也对项目进行监督和评估。

公共股权分担额

政府用来降低私营发起人的风险感知度并帮助其获得项目融资的另外一种方式是，认购公私合作基础设施项目的股权，尤其是在项目初期的高风险阶段。与多边开发性银行的担保一样，政府参股也可为私营投资商提供一些保证，因为政府的参与会降低由于政策负面变化而带来的主权风险。如果政府不愿意推行项目全部私营化，组建合资公司将是最好的选择。

政府非现金补贴方式也可以帮助启动财务边际效益低的项目。这些项目具有重大溢出或经济价值的公益要素——如在低收入地区建造收费道路——它们在一定时间内若没有政府非现金补贴方式是不可能启动的。通过提供“种子资本”，政府可以降低项目发起人的风险，确保项目主要通过私营融资方式进行，主要的商业风险将留给运营商。

PPP的障碍

以前在新兴市场中项目融资技术主要运用于采矿、石油和天然气部门。这类项目依赖大规模的外币融资，也特别适合于项目融资，因为它们的产品销往国际市场，赚取硬货币。由于市场风险严重影响许多项目的潜在结果，因此项目融资倾向于那些有明确可靠收入流的行业。在政府长期特许经营协议下，私营部门参与的基础设施项目也能够吸引主要项目的融资流，前提是签订买卖合约书，确保有采购商购买项目的产品。似乎没有什么有力的理由能说明这种技术不适用于非金融部门，包括服务项目，如私营经营的医院和监狱。因此，新兴市场中的PPP将会重复发达国家中的现象。发达国家的市场是以“硬经济”项目为开端，不断积累知识，然后再运用到软性的基础设施。

然而，假如像以前一样，仅开放先前限于公共部门运营商的领域以允许私营部门的参与，还是不够的。如果要成功发展并实施PPP，还有许多问题需要处理。有些障碍来自概念本身。PPP不是一个容易执行的过程，它非常复杂，需要与相关的各方进行接触，还要受公共机构的影响。其筹备和委托的过程非常耗费时间，在此过程中还需要政策的大力支持。其他障碍来自于商业和法律环境，这些问题需要通过改变立法和政策来加以处理。一些主要的影响要素如下。

- **法律框架**。许多国家没有关于PPP的法律框架。最好建立坚实的商业法律体系。现行法律应保护私营部门的利益。政府机构也应加快私营部门参与基础设施项目或公用事业的速度。对公共采购的限制会对PPP产生负面影响。比如，在波兰，若签订超过三年的公共采购协议，首先需要获得公共采购办公室负责人的同意。大型公共采购合同的申请过程也必须获得同样的认可，而不是通过没有限制的招投标过程（美国商会，2002）。除此以外，PPP项目还需要其他的许可证、同意和行政决定。公共实体的合作伙伴通常是外国公司，在项目所在国，它们的运营有时会面临其他的限制。

- **金融**。这已经讨论过了。尽管有多种可用的方式能降低风险，但是项目融资的高风险认知在一些地区是很难被克服的，并且会阻碍私营商业银行向这个地区提供贷款。风险由多个方面构成（例如政治、商业、价格等），其中有些可以由国际金融机构承担，有些可以采用“照付不议”协议承担。国家信用风险也是一种重要的因素。由于有些新兴国家的总体法律和管理体制还未完善，私营商业银行通常不愿意进入该市场。在这些国家中，国际金融限制涉及国家、地区或地方政府事业单位的债额，这会抑制甚至阻碍 PPP 的典型的长期委托项目。

● **税务**。在与私营部门实体进行交易时，良好的税收分支评估是必要的。PPP 本身的复杂性使得无帮助的税收体系对其强征更多的税负。比如，公共部门能立即同意支付 PPP 的部分应税资产吗？资产交还给公共部门需要进行税务评估吗？PPP 使用的财产免税吗？基础设施资产会因为税务的问题贬值吗？现行的税收体制，正如法律体系一样，与 PPP 格格不入。

● **会计记账**。决定合适的 PPP 会计处理方式更会引起复杂和有争议的问题（Grimsey and Lewis，2002b）。主要包括：既定协议所涉及的资产应该入谁的账？在资产负债表中确认既定的资产就意味着在账目中确认相关的负债。对于既对使用这些资产承担最大经济风险，又能够最大程度利用相关经济利益的一方，既定协议所涉及的资产应该在其账目中予以确认。对每一个个体案例都需要进行具体的分析，以便确定这一点，同时，随着时间的推移，要关注与既定资产相关的收入和成本以及面临最大风险的参与者的可变性。不断发展的国际标准基本上都接受这一点，但并不是所有的国家体制都接受。这使得我们无法确定，在何种情况下，PPP 的支付义务可被公共部门看作表外交易。

● **公众接受度**。对于私营部门参与基础设施需要获得广泛的一致同意，尤其是实施使用者付费的项目融资模式。例如，大多数东欧新建交通基础设施中，试图用通行费融资进行项目建设的方式都被否决或被叫停（von Hirschhausen，2002），除了两个例外：匈牙利的 M5 高速公路和波兰的 A4 高速公路。在国家规划下，立即从基础设施的免费使用过渡到以用户缴费为基础实行项目私营融资会非常困难。交通流量低、缴费能力低和自由可选路线少都意味着，在新兴市场中采用以用户缴费为基础的私营特许经营模式，要比在西欧和其他工业化国家中采用此模式所获得的利润少很多。

● **公共管理**。公共管理的能力和技巧应该运用于项目的成功管理和谈判。从前面的观点来看，实行交通基础设施私营融资的困难在于，比如，在项目私营融资的发展和控制上缺少管理能力，缺乏未来交通流量、缴费意愿和其他决定性需求风险等相关知识（von Hirschhausen，2002）。但也许通过知识共享可以改善。联合国（2002）建议在如东南欧等重建地区推行 PPP 模式，感兴趣的政府单位和部门也可参与地区网络，从而提高政府推动项目建设的能力。

一些可能的解决方案

显然，需要先处理好一些重要的要素（“助推器”）以利于 PPP 的发展（见表 9—1）。许多事务必须从国家层面加以解决。其他事务可能需要通过国际层面才能解决。比如，欧洲过渡经济体的案例，从财政上支持加盟国家将主要依赖欧洲投资银行（EIB）和欧洲复兴开发银行（EBRD）的援助。在新兴市场中，对大多数项目采用纯粹的基础设施私人融资可能不是一种可行的方式，但不排除扩大私营部门参与的可能性。当 PPP 的市场从“项目

表 9—1　　　　PPP 模式的核心“驱动器”和“助推器”

驱动器	助推器
● 财政需求，如预算赤字 ● 基础设施老化和失效 ● 公共部门服务需求和期望的增长 ● 寻求高效和创新 ● 期望引进竞争 ● 国内缺乏相关经验和技能 ● 培养国内承包商并保持竞争优势的愿望 ● 随大流效应	● 政治框架：稳定、政治意志或政治承诺明确，如成立一个专项单位，增强项目计划推进能力，地方政府的创造力和意愿 ● 法律框架：不设障碍和过度复杂的法规 ● 公众接受度：接受私营部门参与项目以及特殊的影响，如新建道路的环境影响 ● 质量保证者：高质量、有经验的项目发起人和贷款方 ● 较容易获得的融资：包括一些案例中 EU 和 EIB 的融资；成熟和完善的银行部门以及资本市场文化

资料来源：《欧洲 PPP 调查（2001）》——D&P（2001）。

融资”转换成“公司融资”时，不同安排下，私营部门也会参与融资。D&P（2001）认为，如果一个投资商有 20～30 个基础设施项目的项目群时，他就有资产或收入流作为贷款的保证或进行证券化。当“第三方信用担保”现象出现时（即当保险公司的信用使项目信用提升到更高的信用等级时），项目债券会吸引养老基金，甚至可以转卖给零售投资商。假如基础设施的高质量资产按此方式安置的话，则项目群中会产生更高风险的基础设施资产需求，从而从一定程度上回避银行不愿意借款的情况。

不过，只用设计可靠的框架来吸引资本市场融资是完全不够的。必须要有激励措施，提高经济效率和制定成本遏制计划，同时还需要基础设施服务使用者接受公私合作计划（为基础设施项目提供资源）的有效性，以及让他们感到服务费用是公正合理的。Berg 等人（2002）认为合法性、可靠性和效率这三个因素是维持基础设施公私合作方式必要的条件。

联合国（2002）和美国商会（2002）在研究欧洲过渡经济体中 PPP 时，强调以下几点：

- 制定适当的法律框架；
- 政府应发挥带头作用；
- 必须取得公众信任；
- 需满足当地政治层面上的公众接受度；
- 需要有相关经验的人；
- 必须满足融资要求。

这些都是重要的先决条件。由于 PPP 合同涉及多方参与且需要长期的资源供应，这就需要有适当的牢固地根植于国家法律结构的立法给予支持。这不仅与法律行为有关，而且与所有的程序和管理规则相关。私营合作伙伴不希望存在任何法律模糊，期望法律表述清楚；公共合作伙伴则希望一种有效的 PPP 执行方式。建立长期的公私合作框架依赖于公共部门的政治支持。如果投标成本非常高的话，政治稳定则显得非常重要。公共部门必须制定关于PPP的清晰的合同纠纷处理政策。需要建立公共部门和私营部门主体之间的长效对话机制，为双方实现有效的合作奠定基础。许多国家不能对此过程提供保证。

这类因素与PPP执行的总体环境相关，并支持制定PPP战略。但是为了使新兴经济体能取得PPP所带来的利益，需要对筹备工作进行周详的部署。先前提出的来自于发达经济体的证据表明，与传统的采购方式相比（其他证据参见Grimsey and Lewis，2002b），PPP能提高效率、节省成本，但并不是所有的PPP都是成功的。正如其他项目一样，PPP必须达到它们自己的目标，还要实现从项目启动到合同管理的过程。需要考虑的因素有项目目标、合同条款、活动范围、合同监控、绩效评估、风险管理、会计和税务处理、资源、正直与责任、政治方针和公共利益测试。一个成功的PPP不仅能处理，还能解决上述和其他相关因素以及它们之间相互关系的问题。

因为PPP在发展中国家是相对比较新的概念，在转型经济体中也是如此，因此借鉴其他国家实行PPP计划的经验是非常有帮助的。确定其他国家PPP方式的缺陷，考虑其他国家使用的解决方案是否能改变以适用于当地环境。先前已经讨论的将PPP融入“绿色伙伴关系”议程中，就是一个很好的实例。从广义上来说，经验显示，PPP能实现广泛的目标，还能为公共部门实现资金最佳使用价值，但是PPP的过程远比传统的采购方式更为复杂，需要参与各方深入了解问题的形成根源。比如，公共部门采购人需要能够对个体项目合同进行谈判和管理，并且能获得适当的金融、法律和技术专业知识。在公共部门内建立一个能够获得、保留、共享和使用PPP专业知识的机制，这对于制定一个完全符合公共部门目标、本地要求、运作环境和公众接受度的PPP模式来说，其价值是无法衡量的。这正是成立PPP小组的价值所在。

建立一个 PPP 小组

一个中央政策小组或专项组织能够确保 PPP 的顺利实施，比如英国、澳大利亚、爱尔兰和荷兰都是如此。一个成功的 PPP 计划必须包括五个基本要素，在建立 PPP 小组时也需要考虑这五个要素。

1. **政治意愿**。政治意愿是成功的 PPP 计划的基础。PPP 是对传统公共采购的一次巨大变革，政府在引进 PPP 计划前需要建立政治支持。

2. **正确的管制环境**。成功的 PPP 计划的第二个要素是，建立正确的商业环境。基础设施投资的一个主要风险是管制风险——业务运营时的规则与投资时所使用的管制规则不同。如此，私营部门公司将不可避免地比在传统合同下采用相同方式时承担更多的风险，比如施工现场的健康和安全。至于其他风险（比如环境立法的重大更改），私营部门发现很难对其进行控制和定价，而政府出面处理受影响的成本效果更佳。

3. **过程和技能**。成功的 PPP 计划的第三个要素是方式的连续性和清晰性，基本规章必须清楚，文字含义必须明确。但是只有程序本身是完全不够的——必须要有具备相关技能的合适人员来执行项目。PPP 要求新兴市场的公共部门组织具备那些短缺的能力，比如精通拟订产出物的标准和规格、合同包的谈判经验（支持私人融资交易）和熟悉投资银行家用以支持交易的各类金融产品。问题在于要将上述所有技能注入公共部门的管理队伍中。

4. **资金最佳使用价值**。从本质上来说，资金的最佳使用价值是通过 PPP 项目的竞争市场产生的，需要具备能够推进改革和创新的环境，以及充分利用成本技术的全寿命周期和竞争价格的风险管理。

5. **项目**。政府关注 PPP 计划的执行，不仅需要投入资本、建立适合投资的环境、制定合适的政策以及关注价值，还必须确保计划是成功的——按照交付的项目数量和结果来衡量。

从上述因素来看，PPP 小组在以下方面非常有用：

- 表示政府承诺该方式；
- 建立或澄清公共权力机关参与 PPP 合同的法律义务和权利（新兴市场政府所面临的一个主要挑战是，确定哪个机构或哪个部门单独拥有谈判特许经营项目的权力）；
- 定义和开发最实用的技术，构建开发政策，为项目团队提供指导意见；
- 改进公共开支控制制度以适合 PPP；
- 去除影响 PPP 方法的不合理税收；以及
- 选择合适的试点项目。

最后一个因素在新兴市场中尤为重要，即选择 PPP 计划的试点项目。确定应放在优先地位的部门和项目，以帮助提高采购的成功率，并避免可能以其他方式导致的投标成本浪费。如果要建立公共部门采购人的信心并获得私营部门投标商的信任，就应尽早提供 PPP 的实用案例而非理论模式。如果相关的专业知识在计划开始阶段非常有限，为了使项目顺利进行，将可用资源重点用于少数具有代表性的项目，这是明智之举。① 下一节将会关注这样一个试点项目。

最后，必须牢记，PPP 是一种伙伴关系，在合作的框架下共享项目目标、风险和责任。一个中央 PPP 小组可以指导和引导 PPP 计划，但是 PPP 必须也能在基层起作用。Rondinelli（2002）认为 PPP 的成功取决于政府官员和私营部门实体之间的互相信任，以及公众对伙伴关系诚信度的信心。PPP 项目执行的每个阶段都需要一种合作方式。通过商讨各方的利益使它们达成协议——不管是从公共部门的角度，还是从私营方的角度来看都是最合理的，同时不要

① 在爱尔兰，进行试点项目是成功实行 PPP 的一部分（Horner，1999）。

忘记该目标是为社会提供最高质量的服务。

特许经营供水项目

在第7章中，我们已经讨论了一个在苏格兰的污水处理设施的PPP项目(BOOT)，其所采用的是“设计—建设—融资—运营”模式。现在我们要讨论的是一个在转型经济体中的供水项目。在这个案例中，采用的是法式特许经营模式。首先我们来看一下私营部门参与供水和卫生行业的各种形式。

各种途径

私营资本和私营部门的管理能力，有助于克服发展中国家和转型经济体中的供水和污水服务行业所存在的财务与经营问题。一般来说，这些国家中的供水部门存在许多问题。第一，收入低，只能弥补一小部分的供水成本。第二，忽视了商业经营原则以及用户水费定价方面的节水原则。第三，由于渗漏和其他损耗使得水资源损失非常严重。第四，与发达国家的最佳做法相比，公共供水事业单位的人员严重超编。第五，特别是在许多发展中国家，由于项目覆盖面不广，致使欠富裕的家庭享受不到补贴和自来水，他们只能依赖私营贩卖商购买昂贵的饮水(Haarmeyer and Mody，1997)。

有时出现的问题是缺少扩建设施、提高经营水平和替换渗漏主水管的资金。需要注入资金以引进最新的污水处理方式，降低威胁公共健康的风险。然而，很多案例中的问题并不只是，甚至并不主要是缺少资金，而是管理不善，经营方式低效。只要产生的收入能弥补经营成本，兑现财务承诺，在这些地区采用私营部门参与的方式都是可行的。

由于问题都是多方面的，不可能用一种方式就解决所有国家和环境所面临的问题。表9—2列出了私营部门可以参与供水项目的各种途径。这个表格的一端是私有化，即一个私营实体通过购买整个市政设施体系（包括生产、输送、分销服务和收取水费）的方式接管项目。换句话说，市政设施的许多部分都可以拆分（分类交易），可以将批量供水、水处理和污水处理与零售供水相分离，将其中一部分或全部都卖给私营实体。

表 9—2　　私营部门参与供水和排水项目的各种途径

特征	运营和维护合同	租赁合同	BOT 特许经营	完全特许经营	资产出售
时间跨度	2～5 年	10 年	10～20 年	20～30 年	永久私有化
设施所有权	公共	公共	公共	公共	私有
经营责任	私有	私有	私有	私有	私有
投资责任	公共	公共	私有	私有	私有
客户性质	政府	零售消费者	政府	零售消费者	零售消费者
收入源	固定服务费用	受市场风险影响	建成后按合同支付	受市场风险影响	受市场风险影响

资料来源：根据 Haarmeyer 和 Mody（1997）改编。

这个表格的另一端，在固定费用合同下，处理设施或整个供水及卫生体系的 O&M（运营和维护）责任可以转移给私营公司。在租赁合同下，私营公司被赋予控制设施运营和收取费用的权力，而不是进行资本融资。O&M（运营和维护）与租赁合同的主要缺点是它们并没有将所有商业风险分配给运营商。结果，私营资本投资商没有任何风险。BOT（建设—运营—移交）或 BOO（建设—拥有—运营）合同是将融资、建设和经营分离式设施（如水处理厂或污水处理厂）的责任从政府转移到私营部门的方式。这类合同对于急需水处理或污水处理，但缺少提供新建项目或升级现有设施资金的国家而言特别有吸引力。这正是第 7 章苏格兰案例所处的背景，在该背景下，需要新的设施迅速地将污水处理系统提升到新欧洲标准的水平。可以将私营资本和私营管理方式引入新设施的建设和经营过程中，而不需要为了适应它而将整个网络剩余部分重新组织或私有化。同样的案例也出现在南澳大利亚地区。

在新兴市场中使用该方式，会出现一个与BOOT/BOO协议相关的问题，即新兴市场不能解决市政设施最根本的经营不善的问题——如供水输配系统的漏换、冗员、缴费率低等，因此新兴市场并不能成为将财务上比较弱势的供水公司转变成高效组织的载体。正是因为这个原因，一些国家开始授予特许权（经营整个市政设施），这样，不仅能够吸引私营投资，还能引进整个系统的私营管理。与在BOO/BOOT合同下为城市级公用事业单位提供特定服务的项目相比，在完全特许经营下，系统的所有方面都是私营运营商的职责，尤其是向零售消费者的销售。

BOOT类型的协议和完全特许经营在融资方式上是有区别的。BOOT项目的融资主要靠项目融资模式，即在提供债务融资前，借款方要对新项目产生现金流的能力进行评估，而不是对投资商资产负债表的实力进行评估。在完全特许经营情况下，现有的收入流（如果足够的话）可以立即用来还清债务，从而减少部分建设融资风险。随着时间的推移，特许经营者能从更加多样化的消费者群体中获得稳定的收入流，同样，当多元化资产的运营范围扩展到其他区域时也能给特许经营者带来利益。建立更强的资产负债表所获得的收入可以使这个市政设施获得内部融资以及债务市场的融资。以这种方式将所有商业风险分配给私营部门强调的是绩效激励，但是又需要可靠的合同环境来吸引私营风险资本。这对于参与设计特许经营协议的人员来说无疑是一种挑战。

索菲亚供水及污水特许经营项目①

索菲亚供水及污水特许经营项目是保加利亚的一个主要城市级基础设施特许经营项目，也是东欧最早基于有限追索权融资的供水特许经营项目之一。索菲亚市的供水体系是为拥有120万人口的大城市供水，被认为具有丰厚的收入

① 以下采用的信息由PricewaterhouseCoopers（普华永道）提供，并在美国商会（2002）出版。

潜力。然而，该体系与其运营商被视为存在缺少投资、基础设施老化、运营效率低下、人员严重超编、管理技术落后、资本结构薄弱、水费收入低以及产销差很高（这就是净的制水量和付费水量之间的差别）等问题。较高的产销差率反映了漏损以及计费和收费能力不足。

从财务方面来看，项目至少带来了为期15年的1.5亿美元的资本投资。该项目由索菲亚市政府牵头，目的是利用私营部门的专业技能和资本，大幅度改进为消费者服务的供水服务水平，使之达到欧洲标准，并成功交付。公共部门对项目的坚定允诺是整个PPP交易过程的一个关键因素。

我们所称的开发阶段是从筹备研究开始到2000年10月的融资完成，历时近30个月，它表明整个过程准备充分，管理有效。另外，它也体现该项目是由欧洲复兴开发银行（EBRD）所支持的。在竞标过程开始之前，所进行的一系列研究肯定了特许经营结构的可行性。这些研究认为，最后的交易结构将会变得非常完善，能够吸引足够的外部融资，从而达到计划的投资需求，提供的供水和污水服务的价格也是索菲亚市的消费者能承担得起的价格。同时，市政府建立了一个专门招标委员会，授权委员会与顾问一起制定详尽的合同文件，并指导投标的过程直到选出最适合的投标商。

设计多阶段的采购过程是为了充分引起国际领先的供水运营商们的兴趣。在第一轮资格预审中，有8家意向投标商提交了资格证明文件，然后有4个联合体应邀参与正式投标。评标过程确保供水价格是决定投标胜出者的关键，Sofijska Voda AD（国际水务有限公司）以非常有竞争力的出价获胜，其投标的供水价格按实际计算仅增长15%，且不需要市政府的补贴或担保。在融资完成阶段，Sofijska Vod、市政府、欧洲复兴开发银行以及顾问们密切合作，解决了许多技术、商业和财务难题。依据合作伙伴计划，市政府的顾问团尽力保持市政府在谈判时的地位，同时拟订一份有利于各方的权利义务平衡的合同。

图 9—2 展示了特许经营项目的结构。它以 SPV（特殊目的机构）为基础，主要股份（75%）和管理控制归属于私营部门运营商，即 International Water UUJ（索菲亚）。市政府通过其供水事业单位 Vodosnabdajavne I Kanalizatsia EAD（ViK）保留少部分股份，是股东和董事的代表。此种安排为满足公共服务外包的政治关切提供了一种有实效的方法，而不会过多地妨碍选定的运营商完成其合同义务和实现其商业目标。欧洲复兴开发银行（EBRD）在此交易过程中发挥了重要作用——作为 Sofijska Voda AD 的主要高级贷款方，其运作都在城市特许经营监督单位的控制之下。在为期 25 年特许经营期的前 5 年内，所需的资本投资由 EBRD 提供 15 年期的最高金额为 3 200 万欧元的高级债务融资。另外由国际水务有限公司投资 2 000 万欧元的股本金和准股本金。

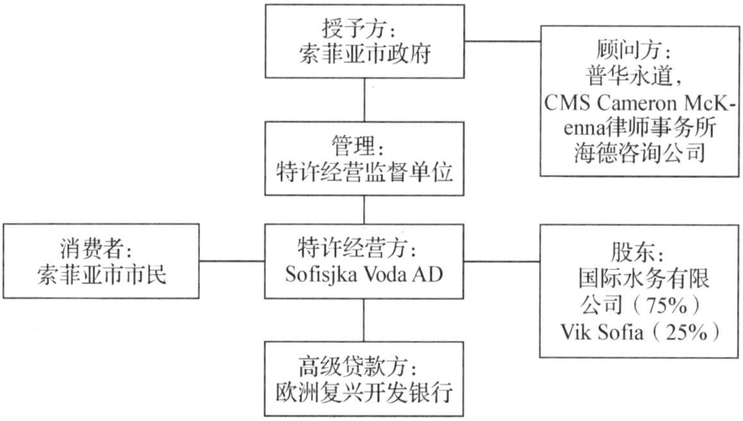

图 9—2　索菲亚供水特许经营项目的结构图

此项目还赢得了众多好评，包括年度最佳国际 PPP 项目（2001 年公私融资奖），年度交易项目——中欧和东欧（《国际私营化》，2001 年 1 月）——以及中欧和东欧年度供水项目（《全球财经》，2001 年 1 月）。在相对短期内，项目能使融资顺利完成的因素有：明确的目标、市政府对过程的承诺、可行的交易结构、合适的监管框架、权利义务平衡的合同、交易的银行可融资性、透明的采购过程、良好的数据、投标商的激烈竞争以及结构化和分阶段的谈判。

第10章

结　语

PPP 的特点

本书前面部分讨论了PPP在基础设施建设中的作用。这种伙伴关系模式最明显的特征是灵活性强，主要体现在以下几个方面：第一，这种安排涵盖了公共部门和私营部门互动的各种形式，如租赁、商业特许经营、公用事业特许经营、建设—运营—移交、建设—拥有—运营—移交、设计—建设—融资—运营、设计—施工—管理—融资，以及合资经营。第二，PPP在多种类型的基础设施建设项目中都得到了应用，包括硬经济基础设施（公路、桥梁、铁路、电信，等等）；硬社会基础设施（医院、学校、供水、排水、监狱，等等）；软经济基础设施（研发、技术转移）；软社会基础设施（社区服务）。第三，PPP类型的安排已在多个国家得以应用，如澳大利亚、保加利亚、智利、法国、马来西亚、荷兰、菲律宾、波兰、葡萄牙、南非、英国和美国。第四，PPP模式考虑了这些情形，即，从收入来自公众支付的通行费和规费；到公共部门以客户身份购买并支付服务费用。公共部门的付费时间表根据服务质量和绩效激励措施来确定。第五，只要设计得当，PPP合同就能够考虑到一个项目全寿命期内可能出现的新的服务需求以及未来监管和报告要求。

我们一直争论不休的一点是，尽管 PPP 模式下的各种组织安排都会使私营部门参与基础设施项目，但是“伙伴关系”的程度各不相同。成功建立伙伴关系的基础是履行承诺的义务、致力于共同的目标、信任对方、团队建设、共同承担风险以及开诚布公地解决一切冲突和问题。各方的关系与其说是“交易型”，不如说是“关系型”。不过，不同的方式也存在着某些共同的思路。PPP 具备以下特点：

- 公共采购部门提出一个整合的公共项目，涵盖设计、建设、维护、融资和日常运营；
- 公共部门关注的是成果，该成果指交付使用的服务而不是背后的资产；
- 服务本身被清晰地界定，但交付服务的方式由运营商决定；
- 需对其他备选的方式进行评估以确保该项目选择最佳的采购体制；
- 由具备最佳风险控制能力的一方承担风险；
- 通过在协议中整合融资来实现风险转移；以及
- 运营回报支付进度取决于成果的数量和质量，而非交付的资产。

合伙关系形式多样的原因是 PPP 并非只有一种模式。通常我们所指的 PPP 只不过是外包关系。另外，在很多国家（比如法国和西班牙），政府部门和私营部门的合作早已存在。在这些关系中，政府拥有资产而私营部门在特许经营模式下进行运营。这种方式可能与英国或者澳大利亚所指的 PPP 并不相同，却同样行之有效。事实上，我们可以这样说，特许经营模式作为 PPP 的一种模式经受住了时间的考验。所以，在这些国家中，特许协议已经成为一种固有的模式，用以将私营部门的管理技术引入基础设施建设。甚至其他的国家也已经借鉴了这种模式。第 9 章中便有这样的案例。就英国的私人主动融资（PFI）项目来说，如果没有第 5 章提到的监狱项目或者第 7 章提到的水处理设施项目中那样富有想象力的支付机制，那么这些私人主动融资项目也只是些普通的项目融资。PPP 拓展了采购过程，使其超出外包和项目融资的范围，不过也存在许多灰色区域。

事实上，我们一直在强调 PPP 不应仅拘泥于一种模式，而应该是一个系统的过程，包括：确定服务需求，明确预期结果和支付机制，评估和量化财务影响和内在风险，确定最佳采购模式，制定商业规则，确认最佳资金使用价值，监管设计过程和施工，管理合同的履行直至监管服务项目交付使用。如果该过程在每个合同中都能得以严格的体现和履行，那么每个项目的结果必然会大为改观。

影响 PPP 的因素

造成 PPP 市场多样化的另一个因素是合作关系安排没有统一的成因，不同的法律管辖区中许多不同程度的影响因素已使我们了解了这一概念。这些影响因素包括：

- 包含许多公共服务的外包、私有化和商业化的“新公共管理”议程；
- 基础设施市场的发展［由于许多作为自然垄断的服务已通过横向和纵向“解除捆绑”或“松绑”（unbundling）向市场开放］；以及
- 传统的公共采购方法导致大量超支和税收漏洞，引起民众的不满。与此同时，许多其他方面的发展推动了 PPP 向前发展，其中两项尤其重要的发展是：
- PPP 的概念在建筑行业得到发展，解决了某些争议问题，克服了以往在处理争议问题时所采用的消极方法；
- “设计和建设”方面的项目融资技巧得到改进，在由私营部门投资的高速公路以及类似的基础设施项目中，出现了建设—运营—移交和设计—建设—融资—运营等方式。

PPP 从这些发展中汲取了经验，出现了新的集设计、施工、融资、运营于一体的方式，并提供令人满意的激励措施。这是人们思路的转变，即把 PPP 视为将资产与由之产生的服务加以区分的手段。以前采购战略从根本上由获得资产的需求所驱动，但是政府为了从中获得服务，实际上仅仅采购了资产。如今的政治思维将重点放在如何向社区提供服务而不是资产上，这正是 PPP 的真正本质。有了潜在的私人供应商提供资本，公共部门便多了一种选择——能够在不进行前期投入的条件下逐步采购服务。

从历史上来看，在基础设施建设项目中，私营部门的参与程度一直是时起时落，大多数情况下还是由公共部门进行采购和提供服务，而不是私营部门。私营部门的供应存在一系列问题，且通常它们很难拿出一个完整的财务方案，以致无法动工。另外，由于工期太长，基础设施投资在技术和法规上存在众多变数。纯粹的私营基础设施项目还可能遭遇网络发展方面的风险，特别是在交通领域（如线路重叠、铁轨规矩之争、河道宽度差异等）。

而纯粹的公共基础设施项目也有其自身的问题：官僚主义作风严重，政治干涉，资金不到位，设施管理和维护不善等等。PPP 致力于取二者之长，既能适时地运用私营部门的创新和商业精神，又能使整体规划、协调以及对基础设施网络的监管控制等权利仍然掌握在公众手中。

激励机制

尽管 PPP 在项目文件准备、融资、税务、转包、技术细节等方面是一项复杂的制度安排，但是其基本理论非常简单，都是围绕着“激励”二字。既然所有“不完整”的合同很难预知和考虑到将要发生的事情，那么建立正确的激励机制便显得非常重要。在几乎任何行之有效的激励方案中，大部分风险都由供应商承担，原因在于只有资金存在风险的一方才有动力做出最好的决定。在

PPP中，将风险和责任转移给私营承包商，而只有在服务成功交付后才付款，这无疑传达了这样一个信息——绝不允许延期、超支或存在质量问题，如果这样的情况发生，报偿体系将受到影响。

PPP合同的每个要素都强化了这一信息。将设施和交付体系的设计责任交给私人承包商，即是鼓励他们选择适用的设计，在改进质量和降低维护与运营成本方面进行创新。同时，将施工和项目管理的责任交给私营实体，激励他们保证施工进度，防止延期和超支现象的发生。私营部门进行项目融资意味着融资方将会监督资金流的安全性和及时性，同时监管运营商，使工程失败的风险降到最低。让私营实体在设计和施工的同时负责运营和维护设施，可以防止他们偷工减料，同时鼓励他们采取措施，使在成本最低的情况下达到维护服务的最优化。

如前所述，PPP正是由于结合了前期工程的设计与融资和后期的施工管理与服务交付使用，从而从激励角度使其具备独特的吸引力。另外，事实证明：私营部门确实对这些信号做出了反应，并能经常做出正确的决定。在PPP出现以前，英国75%的主要基础设施项目不能如期交工或者超支，而在PPP或私人主动融资安排下，75%的项目都能如期并在预算内交工。

对PPP模式的担忧

尽管如此，有人担心基础设施项目中的至少部分私营部门融资和运营不过是私有化的一种变形而已，事实并非如此。私有化是指某项设施的所有方面（所有权、管理、融资、运营等）都永久地交给私营部门，而在PPP中，几乎所有案例的所有权最终都归公共部门所有。此外，公共部门在项目过程中一直扮演重要的角色，有时是服务主要购买方，有时是项目的重要发起方或合作方。在PPP中（如以PPP模式建造的医院或学校），公共部门不是资产的拥有者，其在合同期内应向承包商支付使用设施的费用。一旦合同期满，资产的所有权要么仍然归私营部门承包商所有（在建设—拥有—运营模式下），要么返还公共部门（几乎所有合同都是如此）。公共部门进行项目监管以确保规定的服务项目按照相应的标准交付使用，并确保归还给公共部门的设施得到适当的管理和维护。

也有人担心基础设施项目中私营部门的参与是否会减弱问责制或损害公众利益。我们认为事实恰恰相反。PPP 使我们能够更好地保护公众的利益。传统的公共部门问责制主要是政治问责，涉及一连串的关系，权力由公民转至议员，议员转至部长，部长转至公务员，公务员最终转至切实提供服务的人员。在这个过程中，各级之间责任的关系往往混淆不清，所谓的行政协调也形同虚设，很多决定都是在不透明的情况下做出的。与之相比，在 PPP 的框架下，我们看到的是相关各方公开磋商，很多情况下公众的顾虑能够得到回应和解决。

伙伴关系不是或许永远不会成为获得基础设施的主要方式。因为对很多小型工程来说，这些方式过于复杂而且成本过高，颇有“杀鸡用牛刀”的味道。有些时候伙伴关系超出了公共部门能够驾驭的范围。而对于某些长期项目来讲，很难将最终结果的每项要求都逐条列出。尽管如此，我们坚信 PPP 将继续成为基础设施政策的重要组成部分。

当然，其中竞争至关重要。George Stigler（1968）曾说过“竞争可能只是生活的调味剂，但在经济领域，竞争就是那道主菜”（p. 181）。在基础设施融资、施工和运营领域的私人企业之间引入竞争性招标，有助于我们找到开发市场和规避风险的最佳方案。私人融资则促进创新和与激励机制相适应的支付体系的形成。有效的私人融资依靠潜在运营商之间的竞争，有助于控制成本。可以说，PPP 提供了竞争机制得以实施的框架。

在此基础上，以下几点构成了伙伴关系成功的因素：

- 能够清晰地表明和衡量服务成果；
- 存在一定空间和激励措施以引进设计创新和运营变革，从而提高效率；
- 改进支付体系，鼓励运营商保证服务质量；
- 将项目开发成本和合同监管成本纳入考虑之后，实现资金最佳使用价值；
- 通过服务供应商之间良好的工作关系和沟通提供综合服务；
- 具备透明的问责制实施程序，尊重公共利益。

具有反讽意味的是，恐怕PPP最大的好处之一是它能使我们更加了解传统的采购政策。以往的例子告诉我们，在采购政策方面还有很大的提升空间。公共部门中清晰、持续的目标，更好的评估方法以及更精到的商业预测技术，都被视为成熟的伙伴关系的副产品。而无论是哪种采购方法，基础设施项目最重要的目标就是在低成本高效益的前提下，满足公众的社会和经济需求，这也是伙伴关系得以存在的基础。PPP本身内含激励机制，借助于将市场的约束和激励因素注入基础设施投资政策的方式来实现上述目标。

参考文献

Abdel-Aziz, A. M. and A. D. Russell (2001), "A Structure for Government Requirements in Public-Private Partnerships", *Canadian Journal of Civil Engineering*, 28, 891-909.

Alchian, A. A. (1965), "Some Economics of Property Rights". *Il Politico*, 30, 816.

Allen Consulting Group (2003), *Funding Urban Public Infrastructure Approaches Compared*, Melbourne: The Allen Consulting Group.

Allen, G. (2001), *The Private Finance Initiative (PFI)*, House of Commons Research Paper 01/117, December, London: House of Commons Library.

American Chamber of Commerce (2002), *Public-Private Partnership as a Tool to Develop Infrastructure in Poland*, White Paper, Warsaw: American Chamber of Commerce in Poland.

Andrews, C. (2000), *Contracted and Publicly-managed Prisons: Cost and Staffing Comparisons* 1997—1998, London: HM Prison Senvice.

Argy, F., M. Lindfield, B. Stimson and P. Hollingsworth (1999), *Infrastructure and Economic Development*, CEDA Information Paper No 60, Melbourne: Committee for Economic Development of Australia.

Amdt, R. H. (1998), "Risk Allocation in the Melbourne City Link Project", *The Journal of Project Finance*, Fall, 11-24.

Arrow, K. J. (1965), *Aspects of the Theory of Risk-bearing*. Helsinki: Yrjo Jahnsson Saatio.

Arrow, K. J. and R. C. Lind (1970), "Uncertainty and the Evaluation of Public Investment Decisions", *American Economic Review*, 60, 364-378.

Arthur Andcrscn (2000), *Value for Money Drivers in the Private Finance Initiative*, London: Arthur Andersen and Enterprise LSE.

Aschauer, D. A. (1989), "Is Public Expenditure Productive?" *Journal of Monetary Economics*, 23 (2), 177-200.

Aschauer, D. A. (1995), *Infrastructure and Macro-economic Performance: Direct and Indirect Effects, Investment, Productivity and Employment*, Paris: OECD.

Aschauer, D. A. (2001), "Output and Employment Effects of Public Capital", in *Public Finance and Management, Symposium on Public Capital*, from http://www. spaef. com/PFM_PUB/v ln2. html.

Ashton, T. S. (1955), *An Economic History of England. The 18th Century*, London: Methuen.

Asian Development Bank (1998), *Governance and Regulatory Regimes for Private Sector Infrastructure Development*, prepared by National Economic Research Associates, Manila.

Audit Commission (2001), *Building for the Future-The Management of Procurement under the Private Finance Initiative*, Audit Commission Management Paper, London: Audit Commission Publications.

Barker, T. (1990), *Moving Millions-A Pictorial History of London Transport*, Aylesbury: BPCC Hazell Books Ltd.

Barnekov, T., R. Boyle and D. Rich (1989), *Privatism and Urban Policy in Britain and the United States*, Oxford: Oxford University Press.

Beauregard, R. A. (1998), "Public-Private Partnerships as Historical Chameleons: The Case of the United States", in J. Pierre (ed.), *Partnerships in Urban Governance-European and American Experience*, New York: St Martins Press.

Behn, R. D. (2001), *Rethinking Democratic Accountability*, Washington, DC: Brookings Institution.

Bentick, B. L. and M. K. Lewis (2004), "Real Estate Speculation as a Source of Banking and Currency Instability: Some Different Lessons from the Asian Crisis", *The Economics and Labour Relations Review*, 14 (2): 256-275.

Berg, S. V., M. G. Pollitt and M. Tsuji (2002), *Private Initiatives in Infrastructure*, Cheltenham: Edward Elgar.

Bernardo, J. and A. F. M. Smith (2000), *Bayesian Theory*, New York: Wiley.

Blatt, J. M. (1983), *Dynamic Economic Systems*, New York: Sharpe.

Blum, J. M., B. Catton, E. S. Morgan, A. M. Schlesiner Jr, K. M. Stampp and C. V. Woodward (1963), *The American Experience*, London: Rupert Hart-Davis.

Brealey, R., I. A. Cooper and M. A. Habib (1997), "Investment Appraisal in the Public Sector", *Oxford Review of Economic Policy*, 13 (4), 12-78.

Brealey, R. and S. Myers (2003), *Principles of Corporate Finance*, 7th edn, Boston: Irwin McGraw-Hill.

Briggs, A. (1959), *The Age of Improvement* 1783—1867, London: Longmans.

Broadbent, J. and R. Laughlin (2003), "Public Private Partnerships: An Introduction", *Accounting, Auditing & Accountability Journal*, 16 (3), 332-511.

Brown R. (ed.) (1905), *A History of Accounting and Accountants*, Edinburgh: TC and EC Jack.

Brown R. G. (1962), "Changing Audit Objectives and Techniques", *The Accounting Review*, October, 696-703.

Bruzelius, N., B. Flyvbjerg and W. Rothengatter (1998), "Big Decisions, Big Risks: Improving Accountability in Mega Projects", *International Review of Administrative Services*, 64, 423-440.

Buchanan, J. M. and G. Tullock (1962), *The Calculus of Consent, Logical Foundations of a Constitutional Democracy*, Ann Arbor: University of Michigan Press.

Campbell, D. and D. Harris (1993), "Flexibility in Long-term Contractual Relationships: The Role of Co-operation", *Journal of Law and Society*, 20 (2), 166-191.

Casson, M. (2000a), *Enterprise and Leadership*, Cheltenham: Edward Elgar.

Casson, M. (2000b), *Economics of International Business-A New Research Agenda*,

Cheltenham: Edward Elgar.

Chandler, A. D. Jr (1990), *Scale and Scope-The Dynamics of Industrial Capitalism*, Cambridge, MA. Harvard University Press.

Chapman, C. B. and S. C. Ward (1997), *Project Risk Management-Processes, Techniques and Insights*, Chichester: John Wiley and Sons.

Commission on Public Private Partnerships (2001), *Building Better Partnerships*, London: Institute for Public Policy Research.

Copeland, T. E. and J. E Weston (1988), *Financial Theory and Corporate Policy*, 3rd edn, New York: Addison Wesley.

Cossons, A. (1934), *The Turnpike Roads of Nottinghamshire*, Historical Association Leaflet, No. 97, London: G. Bell and Sons Ltd.

Court, W. H. B. (1962), *A Concise Economic History of Britain. From 1750 to Recent times*, Cambridge: Cambridge University Press.

Crowley, L. G. and M. A. Karim (1995), "Conceptual Model of Partnering", *Journal of Management in Engineering*, Sept/Oct, 33-39.

D & P (2001), *European PPP Survey* 2001, May, Brussels, D & P Secretariat.

Daniels, R. J. and M. J. Trebilcock (1996), "Private Provision of Public Infrastructure: An Organizational Analysis of the Next Privatization Frontier", *University of Toronto Law Journal*, 46, 375-425.

Demsetz, H. (1968), "Why Regulate Utilities?", *Journal of Law and Economics*, 11, 55-65.

Department of Treasury and Finance (2003), *Financial Report of the State of Victoria* 2002-2003, Melbourne.

Dixit, A. K. and R. S. Pindyck (1995), "The Options Approach to Capital Investment", *Harvard Business Review*, 73 (3), 105-116.

Domberger, S. and P. Jensen (1997), "Contracting Out by the Public Sector: Theory, Evidence, Prospects", *Oxford Review of Economic Policy*, 13 (4), 67-78.

Domberger, S. and S. Rimmer (1994), "Competitive Tendering and Contracting in the Public Sector: A Survey", *International Journal of the Economics of Business*, 1 (3), 439-453.

Dmcker, P. (1984), *Innovation and Entrepreneurship*, New York: Harper Collins.

East Asia Analytical Unit (1994), *Tapping into China's Transport Infrastructure Market*, Working Paper Series No. 4, Canberra: Department of Foreign Affairs and Trade.

East Asia Analytical Unit (1998), *Asia's Infrastructure in the Crisis, Harnessing Private Enterprise*, Canberra: Department of Foreign Affairs and Trade.

Engel, E., R. Fischer and A. Galetovic (1999), "The Chilean Infrastructure Concessions Program-Evaluation, Lessons and Prospects for the Future", Universidad de Chile, Center for Applied Economics (CEA), Discussion Paper No. 60 (September).

Engei, E., R. Fischer and A. Galetovic (2001), "Least-Present-Value-of-Revenue Auctions and Highway Franchising", *Journal of Political Economy*, 109 (5), 993-1020.

Estache, A., M. Romero and J. Strong (2000), *The Long and Winding Path to Private Financing and Regulation of Toll Roads*, World Bank Institute Policy Research Working Paper 2387, Washington, DC: World Bank.

European Commission (1995), *Structural Funds and Cohesion Fund*, 1994—1999,

Brussels: European Commission.

European Investment Bank (2004), "The EIB and PPPs", EIB Information, No 116, 22-34.

Fender, I., M. S. Gibson and P. C. Mosser (2001), "An International Survey of Stress Tests", *Current Issues in Economics and Finance*, 7 (10).

FitzGerald, J. (2003), "Public Investment and the Irish Economy", *Irish Banking Review*, Spring, 17-31.

Fitzgerald, P. (2004), *Review of Partnerships Victoria Provided Infrastructure*, Melbourne: Review of Partnerships Victoria.

Flemming, J. and C. Mayer (1997), "The Assessment: Public-sector Investment", *Oxford Review of Economic Policy*, 13 (4), 1-11.

Flyvbjerg, B., N. Bmzelius and W. Rothengatter (2003), *Megaprojects and Risk: An Anatomy of Ambition*, Cambridge: Cambridge University Press.

Flyvbjerg, B., M. S. Holm and S. Buhl (2002), "Underestimating Costs in Public Works Projects-Error or Lie?", *Journal of the American Planning Association*, 68 (3), 279-295.

Fouracre, P. R., R. J. Allport and J. M. Thomson (1990). *The Performance and Impact of Rail Mass Transit in Developing Countries* (TRRL Research Report 278), Crowthorne: Transport and Road Research Laboratory.

Friedman, M. (1962), *Capitalism and Freedom*, Chicago: The University of Chicago Press.

Gallagher, D. and M. E. Edwards (1997), "Prison Industries and the Private Sector", *Atlantic Economic Journal*, 25, 91-98.

Gerrard, M. (1997), *Financing Pakistans Hub Power Project: A Review of Experience for Future Projects*, Washington: World Bank.

Gilibert, P. L. and A. Steinherr (1994), "Private Finance for Public Infrastructures: In Search of a New Framework", *EIB Papers*, 23, 77-90.

Girard, J., H. Gruber and C. Hurst (1994), "A Discussion of the Role of Public Investment in Economic Growth", *EIB Papers*, 23, 13-19.

Goddard, S. (1994), *Getting There: The Epic Struggle Between Road and Rail in the American Century*, New York: Basic Books.

Gramlich, E. M. (1994), "Infrastructure Investment: A Review Essay", *Journal of Economic Literature*, 32 (3), 1176-1196.

Gray, J. (1989), *Limited Government: A Positive Agenda*, London: Institute of Economic Affairs.

Grimsey, D. and R. Graham (1997), "PFI in the NHS", *Engineering, Construction and Architectural Management*, 4 (3), 215-231.

Grimsey, D. and M. K. Lewis, (1999), *Risk Analysis in Public Sector/Private Sector Infrastructure Arrangements*, Stockholm: The Third International Stockholm Seminar on Risk Behaviour and Risk Management.

Grimsey, D. and M. K. Lewis (2002a), "Evaluating the Risks of Public Private Partnerships for Infrastructure Projects", *International Journal of Project Management*, 20 (2), 107-118.

Grimsey, D. and M. K. Lewis (2002b), "Accounting for Public-Private Partnerships",

Accounting Forum, 26 (3), 245–270.

Grimsey, D. and M. K. Lewis (2004a), "The Governance of Contractual Relationships in Public Private Partnerships", *Journal of Corporate Citizenship*, Issue 15, Autumn, 91–109.

Grimsey, D. and M. K. Lewis (eds) (2004b), *The Economics of Public Private Partnerships*, Cheltenham, Edward Elgar (forthcoming).

Grout, P. (1997), "The Economics of the Private Finance Initiative", *Oxford Review of Economic Policy*, 13 (4), 53–66.

Grout, P. A. (2003), "Public and Private Sector Discount Rates in Public-Private Partnerships", *Economic Journal*, 113 (486), C62–C68.

Gruber, H. (1994), "A Brief Survey of Growth Theory", *EIB Papers*, 23, 21–37.

Haarmeyer, D. and A. Mody (1997), "Private Capital in Water and Sanitation", *Finance & Development*, 34 (1), 34–37.

Haley, G. (1992), "Private Finance for Transportation and Infrastructure Projects: A View", *International Journal of Project Management*, 10 (2), 63–68.

Harding, A. (1998), "public-Private Partnerships in the UK", in J. Pierre (ed.), *Partnerships in Urban Governance-European and American Experience*, New York: St Martins Press.

Hart, O. (2003), "Incomplete Contracts and Public Ownership: Remarks, and an Application to Public-Private Partnerships", *Economic Journal*, 113 (486), C69–C76.

Heald, D. (2003), "Value for Money Tests and Accounting Treatment in PFI Schemes", *Accounting, Auditing and Accountability Journal*, 16 (3), 342–371.

Hellard, R. B. (1995), *Project Partnering Principle and Practice*, London: Thomas Telford.

Hieronymi, O. (1993), "Decision-making for Infrastructure: Environmental and Planning Issues", in *Infrastructure Policies for the 1990s*, Paris: OECD.

Hirschleifer, J. (1970), *Investment, Interest and Capital*, Englewood Cliffs, NJ: Prentice Hall.

Hirschleifer, J. and J. Riley (1992), *The Analytics of Uncertainty and Information*, Cambridge: Cambridge University Press.

Hirschman, A. O. (1958), *The Strategy of Economic Development*, New Haven: Yale University Press.

HM Treasury (2003a), *The Green Book-Appraisal and Evaluation in Central Government*, London: TSO.

HM Treasury (2003b), *PFI: Meeting the Investment Challenge*, Norwich: HMSO.

Hodgson, G. J. (1995), "Design and Build-Effects of Contractor Design on Highway Schemes", *Proc Civil Engineers*, 108, 64–76.

Hood, C. (1995), "The 'New Public Management' in the 1980s: Variations on a Theme", *Accounting, Organizations & Society*, 20 (2/3), 93–109.

Homer, R. (1999), "Public Private Partnerships, The Way Forward", *Irish Banking Review*, Summer, 25–34.

Hurdle, D. (1992), "Does Transport Investment Stimulate Economic Activity?", *The Planner*, 78 (9), 7–9.

Hurst, C. (1994), "Infrastructure and Growth: A Literature Review", *EIB Papers*,

23, 57-76.

International Finance Corporation (1999), *Project Finance in Developing Countries*, Washington: World Bank.

Irwin, T., M. Klein, G. E. Perry and M. Thobani (eds) (1997), *Dealing with Public Risk in Private Infrastructure*, Washington: World Bank.

Jacobs, B. (1997), "Networks, Partnerships and European Union Regional Economic Development Initiatives in the West Midlands", *Policy and Politics*, 25 (1), 39-50.

Kagami, M. (2002), "The Third Sector's Failure in Japan", in S. V. Berg, M. G. Pollitt and M. Tsuji (eds) *Private Initiatives in Infrastructure-Priorities, Incentives and Performance*, Cheltenham: Edward Elgar.

Karni, E. (1985), *Decision Making Under Uncertainty: The Case of State Dependent Preferences*, Cambridge, MA: Harvard University Press.

Kay, J. (1993), "Efficiency and Private Capital in the Provision of Infrastructure", in *Infrastructure Policies for the 1990s*, Paris: Organisation for Economic Co-operation and Development, 55-73.

Keating, M. (1998), "Commentary: Public-Private Partnerships in the United States from a European Perspective", in J. Pierre (ed.), *Partnerships in.*

Urban Governance-European and American Experience. New York: St Martins Press.

Kelly, G. (2000), *The New Partnership Agenda*, London: Institute for Public Policy Research.

Kelsey, D. and J. Quiggin (1992), "Theories of Choice Under Ignorance and Uncertainty", *Journal of Economic Surveys*, 6, 133-153.

Kerzner, H. (1989), *Project Management, A Systems Approach to Planning, Scheduling and Controlling*, 3rd edn, New York: Van Nostrand Reinhold.

Keynes, J. M. (1936), *The General Theory of Employment. Interest and Money*, London: Macmillan.

Kindleberger, C. P. (1974), "The Formation of Financial Centres: A Study in Comparative Economic History", *Princeton Studies in International Finance*, 36, November.

Kirby, P. (2000), *Report of the Independent Investigation into the Management and Operations of Victoria Private Prisons*. Melbourne: State of Victoria.

Kirman, A. P. and M. Salmon (eds) (1995), *Learning and Rationality in Economics*, Oxford: Blackwell.

Klein, M. (1997), "Tile Risk Premium for Evaluating Public Projects", *Oxford Review of Economic Policy*, 13 (4), 29-42.

Knight, E (1921), *Risk, Uncertainty and Profit*, Boston: Houghton Mifflin.

Lal, Deepak (1999), *Unintended Consequences: Tile Impact of Factor Endowments, Cuhure, and Politics on Long-run Economic Performance*, Cambridge, MA: MIT Press.

LeRoy, S. F. and L. D. Singell (1987), "Knight on Risk and Uncertainty", *Journal of Political Economy*, 95, 394-406.

Lessard, D. and R. Miller (2001), "Understanding and Managing Risks in Large Engineering Projects", Sloan Working Paper 4001-4214, Cambridge, MA: MIT Sloan School of Management.

Levinson, D. (2002), *Financing Transportation Networks*, Cheltenham: Edward Elgar.

Lewis, M. K. (1992), "Off-the-Balance-Sheet Activities", in P. Newman, M. Milgate, and J. Eatwell (eds), *The New Palgrave Dictionary of Money and Finance*, vol 3, London: Macmillan, pp. 67-72.

Lewis, M. K. (1994). "Banking on Real Estate", in D. E. Fair and R. Raymond (eds), *The Competitiveness of Financial Institutions and Centres im Europe*, Dordrecht: Kluwer.

Lewis, M. K. (2003), "Towards the Networked Firm and the End of Geography", in M. Shanahan and G. Treuren (eds), *Globalisation: Australian Regional Perspectives*, Adelaide: Wakefield Press.

Lewis, M. K. and K. T. Davis (1987), *Domestic and International Banking*. Oxford: Philip Allan.

Lewis, M. K. and p. D. Mizen (2000), *Monetary Economics*, Oxford: Oxford University Press.

Lignieres, P. (2002), *Public Private Partnerships: The Other "French Paradox"*, Paris: Landwell and Associates.

Linder, S. H. (1999). "Coming to Terms With the Public-Private Partnership", *American Behavioral Scientist*, 43 (1), 35-51.

Linder, S. H. (2000), "Coming to Terms With the Public-Private Partnership-A Grammar of Multiple Meanings", in P. V. Rosenau (ed.), *Public Private Policy Partnerships*, Cambridge, MA: MIT Press.

Linder, S. H. and P. V. Rosenau (2000), "Mapping the Terrain of the Public-Private Policy Partnership", in P. V. Rosenau (ed.), *Public Private Policy Partnerships*, Cambridge, MA: MIT Press.

Lindley, D. (1985), *Making Decisions*, 2nd edn, London: John Wiley and Sons Ltd.

Linklaters & Alliance (2001), "PPP in the Netherlands", Linklaters & Alliance, Amsterdam, April.

Lockwood, S. C. (1995), "Public-Private Partnerships in U. S. Highway Finance: ISTEA and Beyond", *Transportation Quarterly*, 49 (1), 5-26.

Lockwood, S. C., R. Verma and M. Schneider (2000), "Public-Private Partnerships in Toll Road Development: An Overview of Global Practices", *Transportation Quarterly*, 54 (2), 77-91.

McDonald, D. C. (1990), "The Cost of Operating Public and Private Correctional Facilities", in D. C. McDonald (ed.), *Private Prisons and the Public Interest*, New Brunswick, NJ: Rutgers University Press.

Machina, M. (1987), *The Economic Theon, of Individual Behaviour Toward Risk: Theory, Evidence and New Directions*, Cambridge: Cambridge University Press.

Mackie, P. and J. Preston (1998), "Twenty-one Sources of Error and Bias in Transport Project Appraisal", *Transport Policy*, 5, 1-7.

Macniel, I. R. (1974). "The Many Futures of Contracts', *SCai Lag" Rev*, 47, 691-716.

Manning, N. (2002), "The New Public Management in Developing Countries", in C. Kirkpatrick, R. Clarke and C. Polidano (eds), *Handbook on Development Policy and Management*, Cheltenham: Edward Elgar.

Marglin, S. A. (1967), *Public Investment Criteria*, London: Allen and Unwin.

Martini, C. A. and D. Q. Lee (1996), "Difficulties in Infrastructure Financing", *Journal of Applied Finance and Investment*, 1 (1), 24-27.

Mayston, D. J. (1999), "The Private Finance Initiative in the National Health Service: An Unhealthy Development in New Public Management?".

Financial Accountability & Management, 15 (3&4), 249-274.

Mema, A. and N. J. Smith (1996), *Privately Financed Concession Contract*. 2nd edn, vols 1 & 2, Hong Kong: Asia Law and Practice.

Milbourne, R., G. Otto and G. Voss (2001), *Public Investment and Economic Growth*, from http://web. uvic. ca/~gvoss.

Miller, R. and D. Lessard (2001), *The Strategic Management of Large Engineering Projects: Shaping Risks, Institutions and Governance*, Cambridge, MA: MIT Press.

Mishan, E. J. (1971), *Cost-Benefit Analysis*, London: Allen and Unwin.

Mott MacDonald (2002), *Review of Large Public Procurement in the UK*, London: HM Treasury.

Mountfield, D. (1976), *The Coaching Age*, London: Robert Hale.

Munnell, A. H. (1992), "Infrastructure Investment and Economic Growth", *Journal of Economic Perspectives*, 6 (4), 189-198.

Musgrave, R. A. (1959), *The Theory of Public Finance-A Study in Public Economy*, New York: McGraw Hill.

National Audit Office (1997), *The PFI Contracts for Bridgend and Fazakerley Prisons*, HC 253 Session 1997—1998, 31 October 1997, London: HMSO.

National Audit Office (1998), *The Private Finance Initiative: The First Four, Design, Build, Finance and Operate Roads Contracts*, HC 476, Parliamentary Session 1997—1998, London: HMSO.

National Audit Office (2000), *The Refinancing of the Fazakerley PFI*, HC 584 Session, 1999—2000, London: HMSO.

National Audit Office (2001), *Managing the Relationship to Secure a Successful Partnership in PFI Projects*, HC 375 Session 2001/2002, London: HMSO.

National Audit Office (2002), *The PFI Contract for the Redevelopment of West Middlesex University Hospital*, HC 49 Session 2002—2003, London: HMSO.

National Audit Office (2003), *PFI: Construction Performance*, Report by the Comptroller and Auditor General, London: HMSO.

North, D. C. (1990), *Institutions, Institutional Change and Economic Performance*, *Cambridge*, MA: Cambridge University Press.

OECD (1993), "Foreword", in *Infrastructure Policies for the 1990s*, Paris: OECD.

OECD (1998), *Institutional Investors in the New Financial Landscape*, Paris: Organisation for Economic Co-operation and Development.

Office of Government Commerce (2002a), *Dispute Resolution Guide*, Norwich: OGC.

Office of Government Commerce (2002b), *Green Public Private Partnerships*, Norwich: OGC.

Officer, R. R. (2003), "The Respective Roles of Government and the Private Sector and Private/Public Partnerships", *Public Private Partnerships Forum*, The Accounting Foundation, The University of Sydney, 8 December.

Parkinson, M. (1981), *The Effect of Road Investment on Economic Development in the UK*, Government Economic Service Working Paper No. 43, London: Department of Transport.

Partnerships Victoria (2001), *Guidance Material*, Melbourne: Department of Treasury and Finance.

Partnerships Victoria (2003), *Use of Discount Rates in the Partnerships Victoria Process-Technical Note*, Melbourne: Department of Treasury and Finance.

Peters, B. G. (1998), "With a Little Help from Our Friends: Public-Private Partnerships as Institutions and Instruments", in J. Pierre (ed.), *Partnerships in Urban Governance: European and American Experience*, Basingstoke: MacMillan.

Pickrell, D. H. (1990), *Urban Rail Transit Projects: Forecast versus Actual Ridership and Cost*, Washington, DC: US Department of Transportation.

Pierson, G. and P. McBride (1996), "Public/Private Sector Infrastructure Arrangements", *CPA Communique*, 73, 1-4.

Pollitt, M. G. (2002), "The Declining Role of the State in Infrastructure Investments in the UK", in S. V. Berg, M. G. Pollitt and M. Tsuji (eds), *Private Initiatives in Infrastructure-Priorities, Incentives and Performance*, Cheltenham: Edward Elgar.

Pollock A. M. (2000), "PFI is Bad for your Health", *Public Finance*, 6 October, 30-31.

Pollock, A. M., M. Dunnigan, D. Gaffney, A. Macfarlane and F. Azeem Majeed (1997), "What Happens when the Private Sector Plans Hospital Services for the NHS: Three Case Studies under the Private Finance Initiative", *British Medical Journal*, 314, 1266-1271.

Pricewaterhouse Coopers (2002), *Study into Rates of Return Bid on PFI Projects*, London: Office of Government Commerce.

Productivity Commission (2001), *Review of the National Access Regime*, Report No. 17, Canberra: AusInfo.

Quiggin, J. (2003), "Risk, PPPs and the Public Comparator", *Public Private Partnerships Forum*, The Accounting Foundation, The University of Sydney, 8 December.

Report of the Auditor General (1997), *Report of the Auditor General on the Statement of Financial Operations*, 1996—1997, Melbourne: Auditor General of Victoria.

Ribault, A. (2001), "Lessons from the French Experience in Public and Private Partnership", *Irish Banking Review*, Spring, 49-60.

Rodrik, D. (2003), "Institutions, Integration and Geography. In Search of the Deep Determinants of Economic Growth", in D. Rodrik (ed.), *In Search of Prosperity: Analytic Country Studies on Growth*, Princeton, NJ: Princeton University Press.

Rondineili, D. (2002), "Public-Private Partnerships", in C. Kirkpatrick, R.

Clarke and C. Polidano, *Handbook on Development Policy and Management*, Cheitenham: Edward Elgar.

Ross, S. R. Thompson. W. Westerfield and B. D. Jordan (2002).

Fundamentals of Corporate Finance. 6th edn, New York: McGraw-Hill.

Runde, J. (1995), "Risk, Uncertainty and Bayesian Decision Theory: A.

Keynesian View. in S. Dow and J. Hillard (eds). *Keynes, Knowledge and Uncertainty*, Aldershot: Edward Elgar.

Sappington, D. E. M. (1991), "Incentives in Principal-Agent Relationships". *Journal of Economic Perspectives*, 5. 45–66.

Schneider, A. L. (2000), "Public-Private Partnerships in the US Prison System", in P. V. Rosenau (ed.), *Public-Private Policy Partnerships*, Cambridge, MA: MIT Press.

Seldon, A. (1990). *Capitalism*, Oxford: Basil Blackwell.

Shackle, G. L. S. (1955), *Uncertainty in Economics and other Reflections*.

Cambridge: Cambridge University Press.

Small, K. A. , C. Winston and C. A. Evans (1989), *Road Work: A New Highway Pricing and Investment Policy*, Washington: Brookings Institution.

Smith, A. J. (1999), *Privatized Infrastructure: The Role of Goverment*. London: Thomas Telford.

Smith, R. C. and I. Walter (1990), *Global Financial Services*, New York: Harper Business.

Start, Paul (1988), "The Meaning of Privatization", *Yale Law attd Policy Review*, 6, 6–41.

Stem, N. H. and H. P. Lankes (1998), "Making the most of markets: The role of IFIs", *EIB Papers*, 3 (2), 103–114.

Stewart-Smith, M. (1995), "Private Financing and Infrastructure Provision in Emerging Markets", *Law and Policy in International Business*, 26 (4), 987–1011.

Stigler, G. (1968). "Competition", *International Encyclopedia of the Social Sciences*. London: Macmillan.

Stoker, G. (1998). "Public-Private Partnerships and Urban Governance", in J. Pierre (ed.), *Partnerships in Urban Governance: European and American Experience*, Basingstoke: MacMillan.

Stone, W. E. (1969), "Antecedents of the Accounting Profession". *The Accounting Review*, April, 284–291.

Taylor, R. and S. Blair (2002), "Public Hospitals-Options for Reform through Public-Private Partnerships", Note Number 241, The World Bank Group Private Sector and Infrastructure Network, Washington, DC.

Taylor, S. (ed.) (2001), *The Moving Metropolis. A History of London's Transport in 1800*, London: Laurence King Publishing.

Thobani, M. (1998), "Private Infrastructure, Public Risk", *Finance and Development*, 36 (1), 50–53.

Threadgold, A. (1996), "Private Financing of Infrastructure and Other Long-term Capital Projects" *Journal of Applied Finance and Investment*. 1 (1), 7–12.

Treasury Committee (1996), *The Private Finance Initiative*, HC 146 1995/1996, London: HMSO.

Treasury Taskforce (1998). *Public Sector Comparators and Value for Money*, Policy Statement No. 2 (February.), London: HMSO.

Treasury Taskforce (1999). *How to Account for PFI Transactions*, PFI Technical Note No. 1 (June), London: HMSO.

Trujillo. A. , R. Cohen, X. Freixas and R. Sheehy (1998), "Infrastructure Financing with Unbundled Mechanisms", *The Financier*. 5 (4), 10–27.

Uher, T. E. and A. R. Toakley (1997), *Risk Management and the Conceptual Phase of the Project Development Cycle*, Sydney: University of New South wales.

United Nations (2002), "A Review of Public-Private Partnerships for Infrastructure Developing. nt in Europe", Economic Commission for Europe, Working Party on International Legal and Commercial Practice, 11-13 March.

United States Government (1958), *Proposed Practices for Economic Analyses of River Basin Projects*, (*Green Book*), Federal Inter-Agency River Basin Committee, Subcommittee on Benefits and Costs, Washington.

von Hirschhausen, C. (2002), *Modernizing Infrastructure in Transformation Economies*, Cheltenham: Edward Elgar.

Walker B. and B. C. Walke (2000), *Privatisation: Sell Off or Sell Out? The Australian Experience. Sydney*: ABC Books.

Watson, D. (2003), "The Rise and Rise of Public Private Partnerships: Challenges for Public Accountability", *Public Private Partnerships Forum*, The Accounting Foundacon, The University of Sydney, 8 December.

Whhitington, G. (1992), "Accounting and Finance", in P. Newman, M. Milgate and J. Eatwell (eds), *The New Palgrave Dictionary of Money and Finance*, London: Macmillan, vol, 1. pp. 6-10.

Williamson, O. E. (1996). *The Mechanisms of Governance*. Oxford: Oxford University Press.

Wilson, R. A., A. D. Songer and J. Diekmann (1995) "Partnering: More than a Workshop, a Catalyst for Change". *Journal of Management in Engineering*. Sept/Oct, 40-45.

World Bank (1994), *world Development Report* 1994: *Infrastructure for Development*, New York: Oxford University Press.

World Bank (1997), *Tool for Private Sector Participation in Water and Sanitation*, Washington: World Bank.

Yeaple S. and S. Golub (2002), *International Productivity Differences Infrastrucrure, and Comparative Advantage*, form http://www. econ. yale. edu/seminar/trade/tdw02/yeaple-021216. pdf.

词汇表

问责（Accountability）。公众（政府和公民）有权在服务交付中就公共资金的标准及使用，对行使权力的政府机构予以过问并追究责任。

年度偿债保障倍数（Annual Debt Service Ratio，ADSCR）。前一年度贷前税后现金流与同期应付贷款本息的比值。

投标人（Bidder）。对征集投标意向书或基于《项目概要》的投标邀请函的响应人。投标人通常是指若干参与方的联合体，其中一个牵头方代表这个联合体竞标，并对提供所有约定服务负责。

建设—拥有—运营（Build，Own，Operate，BOO）。特许期内，开发商负责设施的设计、融资、建设、运营和维护，无须将所有权移交给政府。特许期结束时，原协议会重新协商或订立新协议，或政府出资购买该设施。

建设—拥有—运营—移交（Build，Own，Operate，Transfer，BOOT）。一种合作方式，其中规定由特许经营公司对设施进行设计、融资、建设、运营和维护。特许期内，项目所有权归特许经营者，特许期结束时，所有权及运营权均移交给政府（通常是无偿移交）。

建设—运营—移交（Build，Operate，Transfer，BOT）。一种合作方式，即，特许期内，由特许经营者对设施进行设计、融资、建设、运营和维护。设施的法定所有权可能归属于特许经营公司，也可能不归其所有。

捆绑（Bundling）。PPP 模式中，各功能（设施的设计、建设、融资、运营和维护）的整合，通常采取特殊目的公司的形式。

商业预测（Business Case）。商业预测提供对某种公私合作方式的总览，即在重要资源投入项目开发活动之前，初步展望项目如何交付，分析项目产生的各种影响以及预测该项目潜在的市场前景。

资本资产定价模型（Capital Asset Pricing Model，CAPM）。不同金融资产的市场模型，指资产的价格将是资产收益正好能弥补投资者以完全分散的投资组合持有该资产所承担的风险时的价格。

特许经营（Concession）。特许经营方式是公私合作伙伴关系最古老的形式，根据固定期限特许经营的理念作出多种安排，利用私营部门资源的各种组合对设施进行设计、建造、融资、翻新、运营和维护。在工程结束或特许期结束时，设施的所有权可以仍归政府或移交给政府。

政府合同外包（Contracting Out）。一种“外包”方式，公共机构与外部供应商签订商品采购和/或服务供应的合同。

常规采购（Conventional Procurement）。常规（传统）公共采购合同中公共机构直接获得经费后，随工程进展情况向承包商支付费用。

核心事务（Core Activities）。那些仍归政府保有的作业要素，包括制定关键决策（确立服务策略）和/或服务交付方式。

违约（Default）。一方未能履行合约要求或义务，包括没能满足最后期限要求、没能达到规定的标准、拖欠贷款和未能承担与某种已实际出现的风险相关的义务。

设计—建设—融资（Design，Build，Finance，DBF）。一种利用私人融资采购资产的 PPP 模式，无须私营部门运营和提供相关服务。

设计—建设—融资—运营（Design，Build，Finance，Operate，DBFO）。PFI 模式的主要合同形式，服务供应商负责资产的设计、建造、融资和运营。运营指的是提供与资产使用相关的部分或全部服务。

设计—建设—运营（Design，Build，Operate，DBO）。PPP 模式的一种：公

共部门为一个资本投资项目提供资金，而项目供应商仍负责设计和建造，提供部分或全部运营服务。

贴现率（Discount Rate）。用来计算未来现金流现值的一个比率，通常根据形成未来现金流的投资的资本成本来决定。

贴现现金流量（Discounted Cash Flow）。一个用于分析的通用术语，将未来的现金流进行折算，以计算净现值。

期望值（Expected Value）。某个变量各种可能值的加权平均值，权数为成本估计值的概率。

内部收益率（Internal Rate of Return，IRR）。使一个项目的净现值等于零的贴现率。

合资（Joint Venture，JV）。PPP 模式的一个独特的法律形式，其中公共机构和私营机构在 PPP 中各持有某些形式的股权。

关键绩效指标（Key Performance Indicators，KPI）。在绩效管理体制下开发的用于说明特定绩效目标实现程度的衡量标准。

贷款寿命保障倍数（Loan Life Cover Ratio，LLCR）。自某一特定日期到高级贷款到期清偿完毕期间，融资前的税后现金流的净现值与该特定日期的未偿贷款余额的比值。

国家审计署（National Audit Office，NAO）。英国国家审计署代表议会对政府公共开支进行审核。它完全独立于政府之外，所审计的对象不仅包括所有政府部门和政府机构，还包括多数其他公共机构，向议会报告政府机构使用公共资金是否经济、有效率和有效果。

国家卫生局（National Health Service，NHS）。英国国家卫生局成立于 1948 年，主要靠综合税款的资助为国民提供医疗服务。

NHS 信托（NHS Trust）。英国为管理单个医院所采用的组织结构。

净现值（Net Present Value，NPV）。表示未来所有成本或收益的贴现值。

NPV 常用来描述所有成本的现值和所有收益的现值之间的差别。

政府商务办公室（Office of Government Commerce，OGC）。OGC 成立于 2000 年 4 月，与英国政府部门合作以实现商务活动中资金价值的最大化。其主要职责包括制定中央政府采购政策、发展与私营部门的采购合作关系。

乐观偏向（Optimism Bias）。评估者表现出来的一种系统化趋向，即过于乐观估计关键的项目参数，包括资本成本、运营成本、工程持续时间和收益实现。

产品说明书（Output Specification）。产品说明书规定了政府采购的服务范围和每一种此类服务所要求的绩效水准。

英国合作伙伴关系组织（Partnerships UK）。英国合作伙伴关系组织前身是英国财政部专责小组（Treasury Taskforce）。它与政府合作研究发展 PPP 政策和合约的标准化，协助项目评估和实施，协助解决 PPP 过程中的难题。它还在地方政府项目中与 4P 机构合作（4P 机构是旨在帮助当地管理当局开发和使用 PPP 模式而设立的地方性政府机构）。

维多利亚伙伴政策（Partnerships Victoria）。该政策由澳大利亚维多利亚州政府制定，致力于通过合理使用公共部门和私营部门的资源，使基础设施建设开支达到最优化水平。资金最佳使用价值和公共利益是该政策强调的重点。

私人主动融资（Private Finance Initiative，PFI）。该模式是英国推行的一种制度安排，其中，私营部门合作伙伴组成联合体，按合约规定向公共机构提供基于资产的公共服务。

私营方（Private Party）。系指在 PPP 模式下，与政府订立合约的私营部门实体。通常一个私营方是为某个项目而特别成立的特殊目的公司。

正直（Probity）。在处理事情时表现出的正直、诚实、适当和道德的行为和得体的动作。常被政府称为“良好表现”（good process）。

采购（Procurement）。这是委托过程的一部分，专门处理从供应商处购买服务的事宜。一旦决定需要获得什么结果或产品，就会发生采购行为，而且涉及合同的谈判。

项目概要（Project Brief）。项目概要描述政府的目标、服务交付要求、政策和商业事宜、资料背景信息以及方案呈递和评估的程序。

项目融资（Project Finance）。这是一种资本项目融资方式，融资还本付息的保证依赖于该项目本身的预期现金流，而不是借贷方或任何第三方的担保。

项目寿命保障倍数（Project Life Cover Ratio，PLCR）。在自某一特定日期到项目结束前的期间，融资前的预计税后现金流的净现值与该特定日期的所有未偿贷款余额的比值。

公共利益测试（Public Interest Test）。评估该项目对有效性、可问责性和透明度、受影响的个体和社区、公平性、消费者权利、信息的公共获取、安全和隐私的影响

政府与社会资本合作（Public Private Partnership，PPP）。这是一种在公共部门与一个或多个来自私营部门和/或志愿性部门的合作伙伴之间建立的共同愿景、风险分担的合作关系，其目的是提供公众同意的成果和/或公共服务。

公共部门（Public Sector）。指由国家出资、拥有和控制的公共机构和企业。

公共部门比较值（Public Sector Comparator，PSC）。这是一个构建的假定基准，用于评估在常规融资采购和私营部门融资方案两种情况下提供公共服务的资金最佳使用价值。

风险（Risk）。如果一个经济实体在未来可能要面临出现的各种情况，这种随机性可以通过特定的数字概率（客观或主观）来表示，那么这个经济实体就面临着风险。

风险分担（Risk Allocation）。指的是责任的分担，即处理合约中的任何一方面临的各种风险造成的后果，或各方同意通过特定的风险分摊机制来处理风

险的方法。

敏感性分析（Sensitivity Analysis）。对重要变量预期值变动的影响进行评价的一种分析方法。

影子收费（Shadow Toll）。由政府而不是公路使用者，根据每公里项目公路的交通量，遵照一种预设的收费结构支付的公路使用费用。在英国，该收费制度已被可使用性和绩效评估所补充或取代。

特殊目的公司（Special Purpose Vehicle，SPV）。这类组织作为独立的法律实体而成立，将 PPP 模式所涉及的公司结合在一起，目的在于管理项目、分担风险、共享收益。

系统风险（Systematic Risk）。因与经济周期波动相关而无法分散的那类风险。

不确定性（Uncertainty）。当一个经济实体不能对可能发生的事件给予实际概率时，将存在不确定性。

单一支付（Unitary Payment）。在 PFI 或 PPP 模式下，用以支付 SPV 提供的服务的费用。

资金最佳使用价值（Value-For-Money）。对项目全寿命周期成本、风险、完成时间和质量进行最优组合，以满足公众需要。

全寿命周期成本（Whole-of-life Cycle）。在某一设施的经济寿命期内，与该设施持续发生的修理和维护相关的成本。

译后记

作为致力于将 PPP 模式应用于中国基础设施和公用事业的专业咨询机构，济邦公司从近几年的咨询实践中深切地感受到，较之于国内正在如火如荼地开展的形式各异的大量 PPP 实践操作（涉及城市水务与环保、公路桥隧、公交、轨道交通、城市燃气、供热、港口机场、医疗卫生等几乎所有市政公用与基础设施领域），却鲜见对 PPP 的本质、起源、框架协议、核心机理及项目管理等问题的系统认识和论述，这在相当程度上制约了各种 PPP 模式在中国基础设施和公共服务提供机制上的广泛应用和准确适用，影响了最终效果。

他山之石，可以攻玉。我们为什么不从 PPP 的发源地或者应用相对成熟的其他国家借鉴学习呢?

为此，在广泛搜集和精心比选后，我们特从国外引进一本集理论阐述与实践经验于一体的基础设施 PPP 经典著作《公私合作伙伴关系：基础设施供给和项目融资的全球革命》，并组织人员翻译和出版。

本书因其较强的专业性，准确理解它需要较为深厚的基础设施民营化和项目融资的专业功底，而其语言行文又较为灵活，翻译难度比较大，为此，我们深感压力。但是，考虑到本书对推广 PPP 理念，促进我国基础设施进一步深化改革可以发挥的重要作用，我们克服了翻译过程中的种种困难，在繁忙的日常业务之余花了三个多月时间完成了这项颇具意义的工作。可以肯定的是，读者能够从中获得有关 PPP 的最新实践方法和研究成果，而我们自己也因参与翻译出版过程受益匪浅，至感欣慰。

承担本书翻译、校对工作的人员有：王会峰（前言、第1章、第2章、第3章）；顾燕平（中文版序、第4章、第5章、第8章）；毛元秀（第6章、第7章）；安华宏（第9章、第10章）。最后由张燎、王会峰审校统稿。

我们要感谢本书英文版的两位原作者，普华永道公司合伙人达霖·格里姆赛先生和南澳大利亚大学莫文·K·刘易斯教授。他们应济邦的邀请，为本书的中译本撰写了分析细致入理、热情洋溢的序言，特别对中国读者寄予很大的期望，其孜孜以求的专业精神令人感佩。

翻译出版过程中另一位让我们非常感动的是中银国际证券公司的高级副总裁、首席经济学家曹远征先生，他在百忙之中通读全书，拨冗为本书所作的精彩长序是少见的针对PPP议题的美文，可谓满篇珠玑、启人心智，为本书增色良多。

最后，我们要向中国人民大学出版社的刘晶、闫景两位编辑致谢，她们为本书的及时出版做了大量耐心和卓有成效的工作。尽管如此，由于翻译人员的学识水平有限，加之时间仓促等原因，本书亦难免有不尽如人意甚至谬误之处，欢迎广大读者及业内同人批评指正。

济邦咨询公司

2007年10月30日

再版后记

“忽如一夜春风来，千树万树梨花开。”

政府和社会资本合作（PPP）自 2014 年始迅速获得我国政府的高度重视，对如我们这样从事 PPP 咨询工作多年的人，也是比较惊喜和意外的。社会各界学习 PPP 的热情随之高涨，济邦咨询公司 2007 年初翻译的这本书受到读者的关注与追捧。中国人民大学出版社的编辑告诉我们，尽管加印了几次，本书仍然售罄脱销，加之也希望将一些概念和名词结合新一轮 PPP 发展需要进行更新，所以有了再版需求。

借着再版机会，我想谈谈当初翻译这本书的初衷，以及对当下国内 PPP 发展的作用。

2002—2007 年，原建设部和交通部分别在市政公用和收费公路领域引入市场化机制、开展投融资体制的改革。济邦咨询公司一方面给市场主体提供相关咨询服务，另一方面也在寻找系统的理论支持，以帮助我们深入理解基础设施和公共服务领域市场化改革的基本原理与方法。我们在阅读国外文献和进行国际交流时发现，PPP（当时有译“公私合作伙伴关系”“公私合营”等等）正是一套非常适合的政策理论体系。我们遂从接触的大量国外 PPP 出版物中比较、挑选了（英国）达霖·格里姆赛和（澳大利亚）莫文·K·刘易斯教授两人的著作，从 2007 年 7 月开始联系购买版权、组织翻译后安排于当年年底在国内出版，时间非常紧凑。

尽管我们在联系版权、翻译中遇到了很多困难（比如 Business Case，Value for Money 的翻译，国内当时的 PPP 实践中都没有对应的概念，很难找到恰当的译法），但我们都一一克服了。济邦以一家民营机构推出当时还少人问津的公共管理和政府治理的国外扛鼎译作，着实有些“自不量力”。然而正是济邦人的这种勇气，让原书作者答应为我们专门撰写中文版序，邀请到原体改委官员、后任中国银行首席经济学家，曾操刀 2004 年深圳公用事业国企改制招商的财务顾问曹远征教授不吝赞誉之辞为本书作序。

本书出版后很长一段时间，都是国内仅有的两本 PPP 正式译著之一（另一本是周志忍教授主持翻译的萨瓦斯的名著——《民营化与 PPP 模式：推动政府和社会资本合作》），但凡要研究学习 PPP 的，往往都从这两本中译本开始了解国际 PPP 的“真经”。

2014 年以来的国内新一轮 PPP 热潮，是在强调控制地方政府债务、激活社会资本力量、推进供给侧改革的大背景下掀起的一场基础设施和公共服务领域的革命。其政策力度之大、覆盖范围之广前所未有，业界特别需要了解 PPP 的国际经验，本书也因此影响了包括财政部、国家发改委在内的政策制定者。中国国家领导人近年来提出的“一带一路”战略，毫无疑问，交通、能源等基础设施须先行，PPP 是国际通行的一种基建项目市场化运作模式。中国企业也亟须熟悉了解 PPP 和基础设施项目融资的国际规则和通行惯例。希望本译本有效促进国内中资企业在走出去过程中善于运用 PPP 模式开发和经营基建项目。

最后感谢中国人民大学出版社编辑的精心编校，和济邦咨询公司的同事徐辛、李志广的耐心协调。没有他们的努力，本书不可能如此顺利再版。

张　燎

2015 年 12 月 26 日于上海

Public Private Partnerships: The Worldwide Revolution in Infrastructure Provision and Project Finance by Darrin Grimsey, Mervyn K. Lewis

图书在版编目（CIP）数据

PPP 革命：公共服务中的政府和社会资本合作/（英）格里姆赛，（澳）刘易斯著；济邦咨询公司译. —北京：中国人民大学出版社，2016.4
ISBN 978-7-300-22092-5

Ⅰ.①P… Ⅱ.①格…②刘…③济… Ⅲ.①政府投资-合作-社会资本-国家行政机关-社会服务-研究-中国 Ⅳ.①D630.1

中国版本图书馆 CIP 数据核字（2015）第 250217 号

PPP 革命
公共服务中的政府和社会资本合作
［英］达霖·格里姆赛（Darrin Grimsey）
［澳］莫文·K·刘易斯（Mervyn K. Lewis） 著
济邦咨询公司 译
PPP Geming

出版发行	中国人民大学出版社		
社　　址	北京中关村大街 31 号	**邮政编码**	100080
电　　话	010－62511242（总编室）		010－62511770（质管部）
	010－82501766（邮购部）		010－62514148（门市部）
	010－62515195（发行公司）		010－62515275（盗版举报）
网　　址	http://www.crup.com.cn		
	http://www.ttrnet.com（人大教研网）		
经　　销	新华书店		
印　　刷	涿州市星河印刷有限公司		
规　　格	170 mm×230 mm　16 开本	**版　　次**	2016 年 4 月第 1 版
印　　张	20.25 插页 2	**印　　次**	2017 年 3 月第 3 次印刷
字　　数	270 000	**定　　价**	58.00 元